기출복원 모의고사 (2024 ~ 2021년) IBK기업은행 필기시험

〈문항 수 및 시험시간〉

영역		문항 수	시험시간	모바일 OMR 답안채점 / 성적분석
NCS 직업기초능력		객관식 40문항	120분	
직무수행능력	금융일반	객관식 30문항 주관식 5문항		
	디지털			

※ 해당 모의고사의 문항 수 및 시험시간은 2024년 하반기 채용공고 기준입니다.

※ 해당 모의고사는 2024년부터 2021년까지의 기출을 복원 및 변형한 문제로 구성하였으므로, 실제 문제와 다소 차이가 있을 수 있으며,

IBK기업은행 필기시험

기출복원 모의고사

문항 수 : 75문항
시험시간 : 120분

제 1 영역 NCS 직업기초능력

| 2024년 하반기

01 다음 글의 내용으로 가장 적절한 것은?

> 대출심사는 금융기관이 대출 신청자의 신용도와 상환 능력을 평가하는 중요한 과정으로 이 과정에서는 신청자의 소득, 직업, 자산, 부채, 신용 이력 등 다양한 요소를 종합적으로 고려한다. 최근에는 인공지능(AI)과 빅데이터 기술을 활용하여 더욱 정확하고 신속한 심사가 가능해졌으며, 이러한 기술의 도입으로 과거에는 파악하기 어려웠던 비정형 데이터까지 분석할 수 있게 되어, 심사의 정확도가 크게 향상되었다.
> 대출심사의 주요 목적은 금융기관의 리스크를 관리하고 건전한 대출 포트폴리오를 유지하는 것이다. 심사 결과에 따라 대출 승인 여부, 대출 한도, 이자율 등이 결정되며, 일반적으로 신용점수가 높고 안정적인 소득이 있는 신청자는 더 유리한 조건으로 대출을 받을 수 있다. 그러나 최근에는 신용점수 외에도 소득대비 대출비율(LTI; Lone To Income ratio), 총부채상환비율(DTI; Debt To Income ratio) 등 다양한 대안적 지표들을 활용하여 신청자의 상환 능력을 평가하는 추세이다.
> 많은 금융기관들은 대출심사 과정에서 신청자의 상환 의지와 능력을 판단하기 위해 면담을 실시하기도 한다. 면담 과정을 통해 신청자의 재무 상황과 대출 목적에 대해 더 자세히 파악할 수 있으며, 일부 기관에서는 비대면 화상 면담 시스템을 도입하여 신청자의 편의성을 높이고 있다.
> 대출심사는 금융기관뿐만 아니라 대출 신청자에게도 중요한 과정이다. 신청자는 자신의 재무 상황을 객관적으로 평가받고, 적절한 대출 상품을 선택하는 데 도움을 받을 수 있다. 또한, 일부 금융기관에서는 대출 거절 시 그 이유를 상세히 설명하고 개선 방안을 제시하여 신청자의 재무 건전성 향상을 돕고 있다.
> 최근에는 환경, 사회, 지배구조(ESG) 요소를 대출심사에 반영하는 금융기관들이 늘어나고 있다. 이는 기업의 지속가능성과 사회적 책임을 평가하여 장기적인 리스크를 관리하고자 하는 노력의 일환이다.

① 대출심사에서 신용점수는 여전히 유일한 평가 기준으로 사용되고 있다.
② 모든 금융기관은 대출 거절 시 그 이유와 개선 방안을 상세히 제공하고 있다.
③ ESG 요소의 반영은 대출심사의 객관성을 떨어뜨리는 요인으로 작용하고 있다.
④ 일부 금융기관에서는 비대면 화상 면담 시스템을 도입하여 신청자의 편의성을 높이고 있다.

02 다음은 IBK 기업은행의 채권상품인 IBK2024특판중금채에 대한 상품설명서이다. 이에 대한 설명으로 옳은 것은?

〈IBK2024특판중금채〉

구분	세부사항
상품특징	• 우대조건이 쉬운 특판 거치식 상품 • 중소기업금융채권
상품과목	• 일시예치식, 채권
가입금액	• 1인당 1백만 원 이상 10억 원 이내(원 단위)
가입대상	• 실명의 개인(법인사업자, 외국인 비거주자 제외) ※ 계좌 수 제한 없음
계약기간	• 1년, 2년, 3년
금리	• 기본금리 – 12개월 : 연 3.74% – 24개월 : 연 3.62% – 36개월 : 연 3.62% • 우대금리 : 아래 조건 중 하나 이상을 충족하고 만기해지하는 경우 최대 연 0.2%p (1) 최초신규고객 ㄱ. 실명등록일로부터 3개월 이내 ㄴ. 가입일 직전월 기준 6개월간 총수신평잔 0원 (2) 마케팅 동의 가입 시점에 상품서비스 마케팅 문자 수신이 동의 상태인 경우(기존 미동의 고객이 계좌신규 이후 동의한 경우는 불가) (3) 'IBK청년희망적금' 만기해지고객 가입 시점에 IBK청년희망적금 만기해지 이력을 보유한 경우(중도해지 및 특별중도해지 인정 불가)
이자지급방법	• 만기일시지급식 • 만기(후) 또는 중도해지 요청 시 이자를 지급
가입방법	• 영업점, i-ONE 뱅크
유의사항	• 비과세종합저축 가입 가능 • 계약기간 만료일 이후의 이자는 과세됨

① 가입 가능한 계좌 수의 제한은 없으며, 가입 가능한 금액은 계좌당 1백만 원 이상 10억 원 이내이다.
② 해당 상품은 법인사업자와 외국인의 가입은 불가능한 상품이다.
③ 해당 상품에 가입 시 적용받을 수 있는 최대 금리는 연 3.94%이다.
④ 최초 상품 가입일에 마케팅을 미동의한 고객은 최대 우대금리 혜택을 적용받을 수 없다.

※ 다음은 I은행의 공정거래 자율준수에 대한 자료이다. 이어지는 질문에 답하시오. **[3~4]**

1. **공정거래 자율준수 프로그램 운영 원칙**

(1) 협력회사에 대한 원칙
- 협력회사와 상호존중을 바탕으로 공정하게 거래한다.
- 협력회사에 부당하게 유리 또는 불리한 취급을 하거나 경제상 이익을 요구하지 않는다.
- 부당한 요구나 원하지 않는 거래조건을 협력회사에게 강제하지 않는다.
- 협력회사의 기술, 지적재산권을 부당하게 요구하거나 침해하지 않는다.

(2) 고객에 대한 원칙
- 고객의 입장에서 오인성이 없도록 금융상품 정보를 바르게 전달한다.
- 법적 기준에 맞게 표시·광고한다.
- 공정한 약관을 사용하고 누구나 접근가능하도록 명시한다.

(3) 경쟁사에 대한 원칙
- 경쟁사와 자유롭고 공정한 경쟁을 한다.
- 불공정한 방법으로 경쟁사의 기술을 이용하거나 이익을 침해하지 않는다.
- 담합을 하지 않는다.
- 부당한 방법으로 경쟁사의 고객을 유인하지 않는다.

2. **교육시스템**

구분	부서자체교육	부서입점교육	상담	집합교육
주기	분기 1회	수시	수시	반기 1회
교육시간	1시간	1시간	–	2시간
교육대상	전직원	전직원	전직원	법위반 가능성이 높은 부서 임직원
교육내용	• 공정경쟁제도의 도입 목적과 체계의 이해 • 공정거래 관련 법규 및 사례 • 자율준수편람	• 자율준수 체크리스트 내용 이해 • 관련업무 분야별 사례 • 감독 및 규제기관 동향	• 실무 관련 의문사항 상담 및 처리방향 지도 • 공정거래 관련 법규 및 최신사례 설명	• 내/외부전문가 강의 • 공정경쟁 현안내용 전달 • 공정거래 위반 의심 사례 발생 시 업무처리 방향 지도

| 2024년 상반기

03 다음 중 위 자료를 보고 추론할 수 있는 내용으로 가장 적절한 것은?

① 자사의 거래조건을 협력회사가 원하지 않을 경우 수정하여야 한다.
② 고객 입장에서 혼란을 줄 수 있는 정보는 기재하지 않아야 한다.
③ 경쟁사를 이용하고 있는 고객에게 자사의 상품을 이용하도록 유도해서는 안 된다.
④ 법위반 가능성이 높은 부서 임직원은 정기 교육을 연간 6회 받는다.

| 2024년 상반기

04 다음 중 위 자료의 내용으로 적절하지 않은 것은?

① 협력회사만이 유리하거나 자사만이 유리한 거래는 지양하여야 한다.
② 협력회사의 기술이나 지적재산권의 사용이 필요할 때는 정당한 대가를 지불하여야 한다.
③ 이득을 취하기 위해 경쟁사와 미리 의논하거나 합의하여서는 안 된다.
④ 불공정거래가 의심이 될 때에는 상담을 통하여 처리방향을 지도받아야 한다.

05 다음 기사를 추론한 내용 중 박스 포스(BOX POS)에 대한 설명으로 가장 적절한 것은?

I은행의 무선 결제 단말시스템 박스 포스(BOX POS)가 소자본으로 사업을 시작하는 창업자에게 인기를 얻고 있다. 특히 단말기 실물 없이도 신용・체크카드, 간편 결제, 모바일 상품권 등 다양한 결제 수단을 활용할 수 있는 만능 스마트폰 앱(App)이라는 평가를 받으며 디지털 결제 활성화에 기여하고 있다.
일반 포스기는 비용, 시간 등을 지불하고 복잡한 서류 절차를 거쳐야 사용 가능하다는 불편함이 있지만, 박스 포스는 회원가입 후 전화 인증 및 간편한 기본 서류 제출을 통해 법정 카드 수수료를 제외한 설치비와 통신비, 유지 비용 등을 모두 무료로 이용할 수 있다. 특히, 창업을 시작하는 사업자 및 기존에 일반 포스기기를 쓰는 사업자도 박스 포스를 함께 사용할 수 있다.
박스 포스는 사업자들에게 디지털 영수증이 발급되는 만능 결제기로 불리며 만족도를 높이고 있다. 박스 포스는 판매자가 있는 현장에서 직접 배달・이동 결제가 가능하고, 언제・어디서나 24시간 결제가 되는 과정에서 장소와 시간에 구애받지 않는다는 편리성까지 더해져 서비스 도입 이후 8만 명이 넘는 사업자들이 이용하는 등 활용도가 높아지고 있다.
박스 포스는 결제 환경 개선에도 도움을 주고 있다. 1인 여성기업 교육으로 8년간 코칭 서비스를 운영하고 있는 H코칭센터의 박원장은 "그동안 단말기 없이 회사를 운영했는데, 비대면 사회 영향 탓인지 1대 1 코칭 수요가 증가함에 따라 단말기 구매가 불가피해졌고, 설치부터 사용까지 모두 무료라는 박스 포스를 이용하면서 다양한 결제를 받을 수 있었다."라며 "나처럼 1인 기업이나 소자본 창업을 시작하는 대표들은 이동의 편리함과 비용 부담에 대한 어려움이 모두 해소되어 박스 포스에 큰 매력을 느낄 것"이라고 말했다.
학원 및 공부방 창업을 하는 사업자들의 박스 포스(BOX POS) 사용도 이어지고 있다. G시에서 공부방을 운영하고 있는 이대표는 "박스 포스의 원격결제로 부모들에게 직접 결제를 받을 수 있기 때문에 아이들에게 실물 카드를 전달하는 모습을 요즘 보기 어렵고, 학부모가 원하는 제로 페이 등 다양한 결제 수단이 지원되는 박스 포스를 도입하여 편리하게 이용하고 있다."라고 말했다.
한편, I은행 측은 "박스 포스가 지난 2021년 서비스 도입 후 이용자가 꾸준하게 증가하고 있으며, 2023년에는 마케팅을 강화할 계획이다."라고 밝혔다.

① 박스 포스를 결제 단말로 활용하면 일체의 비용이 발생하지 않는다.
② 박스 포스는 인증이 필요없는 결제 단말 시스템이다.
③ 고객을 직접 대면하지 않고 결제를 받을 수 있다.
④ 사용가능한 결제 수단에 제한이 없다.

06 다음 중 중앙은행 디지털 화폐(CBDC)에 대한 설명으로 가장 적절한 것은?

> 중앙은행 디지털 화폐(CBDC)는 중앙은행을 뜻하는 'Central Bank'와 디지털 화폐(Digital Currency)를 합친 용어로, 실물 명목화폐를 대체하거나 보완하기 위해 각국 중앙은행이 발행한 디지털 화폐를 뜻한다. 여기서 디지털 화폐는 내장된 칩 속에 돈의 액수가 기록돼 있어, 물품이나 서비스 구매 시 사용액만큼 차감되는 전자화폐를 가리킨다.
> CBDC는 블록체인이나 분산원장기술 등을 이용해 전자적 형태로 저장한다는 점에서 암호화폐와 유사하지만, 중앙은행이 보증한다는 점에서 비트코인 등의 민간 암호화폐보다 안정성이 높다. 또 국가가 보증하기 때문에 일반 지폐처럼 가치 변동이 거의 없다는 점에서 실시간으로 가격 변동이 큰 암호화폐와 차이가 있다. CBDC는 전자적 형태로 발행되므로 현금과 달리 거래의 익명성을 제한할 수 있으며, 정책 목적에 따라 이자 지급·보유한도 설정·이용시간 조절이 가능하다는 장점이 있다.
> 한편, 2019년 페이스북의 암호화폐인 리브라가 공개되면서 이에 위기를 느낀 각국 중앙은행은 디지털 화폐 개발 경쟁에 본격적으로 뛰어들기 시작했다. 특히 중국 중앙은행인 인민은행은 달러 중심의 국제 금융질서를 재편한다는 목적으로 2014년부터 디지털 화폐를 연구하기 시작해 이 분야에서 상당히 앞서 있으며, 스웨덴은 2020년부터 디지털 화폐 'e-크로나' 테스트를 본격 가동하고 있다. 여기에 유럽중앙은행(ECB)과 영란은행(BOE)·일본은행(BOJ)·캐나다은행·스웨덴 중앙은행·스위스국립은행은 2020년 1월 CBDC에 대해 공동으로 연구하는 그룹을 만들기로 한 바 있다. 특히 2020년부터 전 세계로 확산된 코로나19 사태로 현금 사용이 줄고 온라인 결제가 급증하면서, 많은 국가들이 디지털 화폐 개발에 관심을 기울이는 추세다. 한국은행도 여러 시중은행과 CBDC 테스트를 하고 있다.
> 글로벌 금융기관도 도입 테스트를 활발하게 하고 있다. 국제결제은행(BIS)은 지난 8월 15일부터 9월 23일까지 파일럿테스트를 했다. 국제은행간통신협회(SWIFT·스위프트)는 내년에 중앙·시중은행 14곳이 중앙 허브에 이어지는 시스템을 갖추고 진전된 시험을 계획 중이다.

① 실물 화폐와는 명목 가치가 다르다.
② 관련 연구에 민간기관들이 참여하고 있다.
③ 저장의 형태 측면에서 민간 암호화폐와는 큰 차이가 있다.
④ 현금을 은행에 입금하면 그로 인해 늘어난 잔고도 여기에 포함된다.

07 다음 기사에 언급된 '벤처대출'에 대한 설명으로 가장 적절한 것은?

> 금리인상 등으로 투자심리가 급격히 위축되면서 벤처업계가 자금조달에 심각한 어려움을 겪고 있는 가운데 정부가 15조 원 규모의 성장지원 펀드를 조성해 자금을 공급하고, I은행을 통해 '실리콘밸리식 대출'도 지원하기로 했다. 24일 김위원장은 서울 마포구에 위치한 창업지원기관 '마포프론트원'에서 벤처기업인, 벤처투자업계, 금융권과 함께 간담회를 개최하고 이같은 정부지원 방안을 공개했다.
> 김위원장은 "벤처기업은 우리 경제 성장잠재력 확충과 고용창출의 중심"이라며 "최근과 같은 '투자혹한기'에 경쟁력과 혁신성을 가진 기업들이 창업과 성장을 지속할 수 있어야 한다."라고 강조했다. 그는 이어 "금융위와 정책금융기관은 성장잠재력 있는 혁신적 벤처기업에 대한 지원과 민간자금공급의 마중물 역할을 강화할 것"이라고 밝혔다. 이날 간담회에서 금융위는 혁신성장펀드를 5년간 총 15조 원 규모로 조성해 반도체, 인공지능(AI) 등 신산업 분야의 중소·벤처기업을 지원하고 벤처기업이 유니콘기업으로 성장하는 데 필요한 자금을 지원하겠다고 밝혔다.
> 혁신성장펀드는 오는 2023년부터 2027년까지 5년간 매년 3조 원씩 15조 원 규모로 조성된다. 정부지원은 이 중 10%인 1조 5,000억 원(연간 3,000억 원) 규모다. 투자분야는 반도체, AI, 항공우주 등 신산업·전략산업 분야의 혁신산업 분야와 창업·벤처기업의 유니콘기업 등을 지원하는 성장지원 분야로 나뉜다.
> 정부는 투자기준에 민간 의견을 적극 반영하고, 경쟁 공모를 통해 민간의 모펀드 운용 참여를 확대하는 등 민간 자율성을 최대한 활용해 펀드를 운용한다는 방침이다. 정책금융기관(산은, 기은, 신보)에서는 재무제표와 담보가치에서 벗어나 성장성 중심의 심사를 통해 창업·벤처기업에 자금을 공급하는 6조 3,000억 원 규모의 프로그램을 신설한다.
> 아울러 I은행은 벤처기업의 자금난 해결을 위해 일반 대출에 '0% 금리'의 신주인수권부사채를 결합한 실리콘밸리은행식 벤처대출을 도입한다. 이를 통해 벤처기업들이 초기 투자유치 이후 후속투자를 받기까지 자금이 부족한 기간에 시중금리보다 낮은 금리로 대출을 이용할 수 있도록 한다는 계획이다.
> 벤처대출은 초기투자 유치 이후 후속투자 유치 전까지 자금이 필요한 기업이 대상이다. 우수 벤처캐피탈(VC)·액셀러레이터(AC)로부터 추천받은 기업이 주요 대출 대상이 된다. 신속하게 필요자금을 조달하면서 금리부담을 낮추고 싶은 기업이나, 더 높은 기업가치를 위해 후속투자 유치를 미루고 싶은 기업 등이 해당 대출을 이용하면 유리하다.
> I은행은 기술력·성장잠재력 중심의 심사를 실시해 담보가 부족하거나 신용등급이 다소 낮더라도 대출지원을 한다는 계획이다. 한도는 최근 1년 이내 투자유치금액의 50% 수준이며 창업 3년 이내 기업은 100%까지 대출을 받을 수 있다. 금리는 일반대출(정상 금리)에 신주인수권부사채(0% 금리)를 혼합하는 방식이다. 결합 비중에 따라 금리는 달라질 수 있다.
> 김위원장은 정부의 이 같은 지원책과 함께 금융업계에도 벤처업계에 더욱 적극적인 자금공급과 창업기업의 보육·육성을 위한 인프라를 구축해 달라고 당부했다. 그는 이어 "관련 예산확보와 법률개정이 원활히 이루어질 수 있도록 국회논의에 적극 협력하고 벤처업계, 중기부 등 관계부처와 지속적으로 소통해 추가적인 지원방안도 검토하겠다."라고 약속했다.

① 과거 투자유치실적에 따라 대출한도가 결정된다.
② 조건을 갖춘 기업들은 0% 금리로 대출을 받을 수 있다.
③ 벤처캐피탈이나 액셀러레이터로부터의 추천이 반드시 필요하다.
④ 자금난에 시달리는 기업을 위해 전액 정부지원으로 조성된 펀드가 대출금의 원천이다.

08 다음은 IBK D-day적금 상품의 특약이다. 이에 대한 설명으로 적절하지 않은 것은?

〈IBK D-day적금〉 특약

제1조(약관의 적용)
IBK D-day적금(이하 '이 적금'이라 한다) 거래는 이 특약을 적용하고 이 특약에서 정하지 아니한 사항은 '적립식예금약관', '예금거래기본약관'을 적용합니다.

제3조(가입대상)
이 적금의 가입대상은 실명의 개인(개인사업자 및 외국인비거주자 제외)으로 동일인당 최대 3계좌까지 가입할 수 있습니다.

제4조(계약기간)
이 적금의 계약기간은 6개월 이상 12개월 이하 일단위로 거래할 수 있습니다.

제5조(월 적립금액)
이 적금의 월 적립금액은 계좌당 최소 1만 원 이상 월 20만 원 이하 1천 원 단위로 거래할 수 있습니다.

제6조(목표금액)
이 적금은 만기일까지 적립하고자 하는 목표금액을 신규시점에 별도로 설정합니다. 목표금액은(월 적립금액 한도 20만 원×만기까지의 개월 수)의 값 이내로 설정해야 하며, 만기시점에 목표금액 이상 적립여부에 따라 우대금리를 제공합니다.

제8조(우대금리)
이 적금은 계약기간 중 다음 각호의 요건을 충족하고 만기해지하는 경우 해당 우대금리를 제공합니다.
1. 당행 입출금식 계좌에서 이 적금으로 자동이체를 통해 3회 이상 납입하고 만기일 전일까지 목표금액 이상 납입하는 경우 연 1.0%p
2. 가입시점에 아래 2가지 조건 중 1가지 이상 충족하는 최초 거래고객인 경우 연 0.5%p
   - 실명등록일로부터 3개월 이내
   - 가입일 직전월 기준 6개월간 총수신평잔 0원

제11조(만기자동해지)
이 적금은 만기자동해지를 신청한 경우 만기일에 자동해지하여 세후 원리금을 고객이 지정한 본인명의 입출금식 계좌로 이체합니다. 다만, 질권설정 또는 압류 등 출금제한이 등록된 계좌는 자동해지가 불가합니다.

제12조(제한사항)
이 통장은 비대면채널 전용상품으로 영업점 창구를 통해서 가입할 수 없으며, 실물통장이 발급되지 않습니다.

① 이 적금에 가입하고자 하는 개인사업자는 최대 3계좌를 가입할 수 있다.
② 월 55,000원을 적립하는 방식으로 가입이 가능하다.
③ 최대 1.5%p의 우대금리를 적용받을 수 있다.
④ 압류된 계좌의 경우, 만기가 되어도 자동해지가 되지 않는다.

※ 다음은 I은행 고객 기록에 대한 자료이다. 이어지는 질문에 답하시오. **[9~10]**

〈기록 체계〉

고객구분	업무	업무내용	접수창구
ㄱ	X	a	01

고객구분		업무		업무내용		접수창구	
ㄱ	개인고객	X	수신계	a	예금	01	1번창구
				b	적금	02	2번창구
ㄴ	기업고객			A	대출상담	03	3번창구
		Y	대부계	B	대출신청	04	4번창구
ㄷ	VIP고객			C	대출완료	05	5번창구
						00	VIP실

※ 업무내용은 대문자·소문자끼리만 복수선택이 가능하다.

※ 개인·기업 고객은 일반창구에서, VIP고객은 VIP실에서 업무를 본다.

※ 수신계는 a, b의 업무만, 대부계는 A, B, C의 업무만 볼 수 있다.

〈기록 현황〉

ㄱXa01	ㄴYA05	ㄴYB03	ㄱXa01	ㄱYB03
ㄱXab02	ㄷYC00	ㄴYA01	ㄴYA05	ㄴYAB03
ㄱYAB03	ㄱYA04	ㄱXb02	ㄷYB00	ㄱXa04

| 2024년 하반기

09 I은행을 방문한 OO기업 대표인 VIP고객이 대출신청을 하였다면, 기록 현황에 기재할 내용으로 옳은 것은?

① ㄴXB00　② ㄴYB00
③ ㄷYA00　④ ㄷYB00

| 2024년 하반기

10 기록 현황에 순서대로 나열되어 있지 않은 'A', 'B', 'Y', 'ㄴ', '04' 메모가 발견되었다. 이 기록에 대한 내용으로 옳은 것은?

① 예금과 적금 업무로 수신계 4번 창구를 방문한 기업고객
② 예금과 적금 업무로 대부계 4번 창구를 방문한 기업고객
③ 대출 업무로 대부계 4번 창구를 방문한 기업고객
④ 대출 상담 및 신청 업무로 대부계 4번 창구를 방문한 기업고객

※ 다음은 기존주택 전세임대주택에 대한 자료이다. 이어지는 질문에 답하시오. **[11~12]**

〈기존주택 전세임대주택〉

<table>
<tr><th>구분</th><th>내용</th></tr>
<tr><td>임대기간</td><td>• 2년(최대 20년 거주 가능하며, 최초 임대기간 경과 후 2년 단위로 최대 9회 재계약)
• 신혼부부Ⅱ에 해당하는 경우, 2회 재계약으로 최대 6년 거주 가능하며, 자녀가 있는 경우 2회 추가 계약을 통해 최대 10년 거주 가능</td></tr>
<tr><td>면적</td><td>• 국민주택규모(전용 85m^2 이하)이며, 다음과 같은 경우 예외로 한다.
– 1인 가구일 경우 60m^2 이하
– 공고일 기준 태아 포함 세 명 이상의 다자녀 가구일 경우 85m^2 초과 가능</td></tr>
<tr><td>종류</td><td>단독주택, 다가구주택, 공동주택, 주거용 오피스텔</td></tr>
<tr><td>지원한도액</td><td>• 기존주택, 신혼부부Ⅰ, 신혼부부Ⅱ로 구분하여 차등 적용
<table>
<tr><th>구분</th><th>기존주택</th><th>신혼부부Ⅰ</th><th>신혼부부Ⅱ</th></tr>
<tr><td>지원한도액</td><td>1억 3,000만 원 / 호</td><td>1억 4,500만 원 / 호</td><td>2억 4,000만 원 / 호</td></tr>
<tr><td>실지원금액</td><td>최대 1억 2,350만 원 / 호
(지원한도액의 95%)</td><td>최대 1억 3,775만 원 / 호
(지원한도액의 95%)</td><td>최대 1억 9,200만 원 / 호
(지원한도액의 80%)</td></tr>
<tr><td>입주자부담금</td><td colspan="3">지원한도액 범위 내 전세보증금의 5% 해당액은 입주자 부담
(단, 신혼부부Ⅱ의 경우 지원한도액 범위 내 전세보증금의 20% 부담)</td></tr>
<tr><td>보증금한도액</td><td>최대 3억 2,500만 원 / 호
(지원한도액의 250%)</td><td>최대 3억 6,250만 원 / 호
(지원한도액의 250%)</td><td>최대 6억 원 / 호
(지원한도액의 250%)</td></tr>
</table></td></tr>
<tr><td>신청자격</td><td>• 기존주택, 신혼부부Ⅰ, 신혼부부Ⅱ로 구분하여 차등 적용
– 기존주택 유형
<table>
<tr><th>우선순위</th><th>대상</th></tr>
<tr><td>1순위</td><td>생계·의료 수급자, 한부모가족, 주거지원 시급가구, 만 65세 이상 고령자, 가구당 월평균소득 70% 이하 장애인</td></tr>
<tr><td>2순위</td><td>가구당 월평균소득 50% 이하, 가구당 월평균소득 100% 이하 장애인</td></tr>
</table>
– 신혼부부Ⅰ·Ⅱ 유형
<table>
<tr><th>우선순위</th><th>대상</th></tr>
<tr><td>1순위</td><td>공고일 기준 임신 및 출산·입양 등으로 미성년 자녀가 있는 신혼부부 및 예비신혼부부, 만 6세 이하 자녀가 있는 한부모가족</td></tr>
<tr><td>2순위</td><td>자녀가 없는 신혼부부 및 예비신혼부부</td></tr>
<tr><td>3순위</td><td>만 6세 이하 자녀가 있는 혼인가구</td></tr>
</table></td></tr>
<tr><td>소득 및
자산보유기준</td><td>• 소득기준 및 자산기준을 초과할 경우 지원자격이 주어지지 않는다.
– 소득기준 : 전년도 도시근로자 가구당 월평균소득
<table>
<tr><th>구분</th><th>50%</th><th>70%</th><th>100%</th></tr>
<tr><td>1인 가구</td><td>1,741,482원</td><td>2,438,075원</td><td>3,482,964원</td></tr>
<tr><td>2인 가구</td><td>2,707,856원</td><td>3,790,998원</td><td>5,415,712원</td></tr>
<tr><td>3인 가구</td><td>3,599,325원</td><td>5,039,054원</td><td>7,198,649원</td></tr>
<tr><td>4인 가구</td><td>4,124,234원</td><td>5,773,927원</td><td>8,248,467원</td></tr>
<tr><td>5인 가구</td><td>4,387,536원</td><td>6,142,550원</td><td>8,775,071원</td></tr>
</table></td></tr>
</table>

소득 및 자산보유기준	– 자산기준

구분		내용
총자산	기존주택	세대구성원 전원이 보유하고 있는 총자산가액 합산기준 2억 4,100만 원 이하
	신혼부부	세대구성원 전원이 보유하고 있는 총자산가액 합산기준 3억 4,500만 원 이하
자동차		세대구성원 전원이 보유하고 있는 개별 자동차가액 3,708만 원 이하 (단, 자동차를 보유하지 않는 경우 해당 항목은 자산 산정에서 제외한다)

ㅣ 2024년 상반기

11 다음 〈보기〉의 기존주택 전세임대주택 신청자 중 유형에 관계없이 우선순위 2순위에 해당하는 사람은?

〈보기〉

〈기존주택 전세임대주택 신청자〉

신청자	유형	가구 구성	가구당 월평균소득	비고
A	신혼부부 I	3인 가구	1,876,735원	만 5세, 만 3세 자녀가 있는 한부모가정
B	기존주택	1인 가구	2,257,385원	만 70세 이상의 고령자
C	신혼부부 II	2인 가구	4,437,586원	자녀가 없는 예비신혼부부
D	신혼부부 I	4인 가구	6,678,032원	만 4세, 만 2세 자녀가 있는 혼인가구

① A
② B
③ C
④ E

ㅣ 2024년 상반기

12 다음은 기존주택 전세임대주택의 지원자격이 주어지지 않은 사람의 정보이다. 신청자격이 주어지지 않은 이유로 가장 적절한 것은?

- 만 12세, 만 8세의 자녀가 있는 4인 혼인가구
- 월평균소득 4,057,786원인 기존주택 유형
- 총자산가액 3억 5,000만 원
- 자가용이 없어 대중교통 이용 중

① 한부모가족이 아니다.
② 가구당 월평균소득 3,790,998원을 초과하였다.
③ 총자산가액 2억 4,100만 원을 초과하였다.
④ 자동차를 보유하지 않아 정확한 자산 산정이 불가능하다.

※ 다음은 탄력적 근로시간제와 초과수당 산정방법에 대한 자료이다. 이어지는 질문에 답하시오. **[13~14]**

〈탄력적 근로시간제〉

- 탄력적 근로시간제는 법정 근로시간을 채우기만 하면 근로자의 출·퇴근시간의 제약 없이 근무를 허용하는 제도이다.
- 탄력적 근로시간제는 2주 이내 유형과 3개월 이내 유형이 있으며 다음과 같이 적용한다.

유형	내용
2주 이내	• 2주 이내의 단위기간을 평균하여 1주 평균 근무시간이 40시간을 초과하지 않는 범위에서 특정 주에 40시간, 특정일에 8시간을 초과하여 근무한다. • 특정 주의 근무시간은 48시간을 초과할 수 없다. • 일일 최대 12시간을 초과하여 근무할 수 없다.
3개월 이내	• 3개월 이내 일정한 기간(1개월, 3개월 등)을 단위기간으로 운용하며, 단위기간을 평균하여 1주 평균 근무시간이 40시간을 초과하지 않는 범위에서 특정 주에 40시간, 특정일에 8시간을 초과하여 근무한다. • 특정 주의 근무시간은 48시간을 초과할 수 없다. • 일일 최대 12시간을 초과하여 근무할 수 없다.

- 탄력적 근로시간제를 통해 오후 6시를 초과하여 근무할 경우 초과수당을 지급한다.

  예 2주 이내 유형을 적용할 때, 다음과 같이 근무시간을 조정할 수 있다.

구분	월	화	수	목	금	총근무시간
1주	8	10	8	12	9	47
2주	9	11	5	4	4	33
단위기간 평균 근무시간				$\frac{47+33}{2}$=40시간		

  2주 차 수요일에 오후 3시 ~ 오후 8시를 근무한다면 2시간에 해당하는 초과수당을 지급한다.

〈초과수당 산정방법〉

- 사용자는 근로자가 오후 6시를 초과하여 근무할 경우 통상시급의 50%를 가산하여 초과로 근무한 시간만큼 지급한다.
- 통상시급은 [(월 기본급)+(월 고정수당)+{(연간 상여금)÷12)}]÷209시간으로 산정한다.

Ⅰ 2024년 상반기

13 다음은 A ~ D 네 명이 탄력적 근로시간제의 2주 이내 유형을 적용하여 근무한 근무시간표이다. 2월 16일에 근무한 시간이 두 번째로 긴 사람은?

〈A ~ D 근무시간〉

(단위 : 시간)

근무일 / 직원	1주					2주				
	2/5	2/6	2/7	2/8	2/9	2/12	2/13	2/14	2/15	2/16
A	7	10	9	8	10	6	5	8	7	
B	5	6	7	7	9	12	10	10	9	
C	8	7	7	7	11	10	9	10	5	
D	6	6	10	9	8	7	8	6	9	

① A
② B
③ C
④ D

Ⅰ 2024년 상반기

14 E가 탄력적 근로시간제를 적용하여 오전 11시부터 9시간 동안 근무하였을 때, 다음 〈조건〉에 따라 E가 받게 되는 초과근무수당은?

〈조건〉

- 점심시간(휴게시간)은 오후 1시부터 오후 2시까지로 근무시간에 포함되지 않는다.
- E의 월 기본급은 275만 원이다.
- E의 월 고정수당은 20만 원이며, 연간 상여금은 144만 원이다.

① 약 64,286원
② 약 66,101원
③ 약 68,745원
④ 약 71,072원

※ 다음은 IBK 탄소제로적금에 대한 자료이다. 이어지는 질문에 답하시오. **[15~16]**

〈IBK 탄소제로적금〉

구분	세부내용
상품특징	• 거주세대의 전기사용량 절약 여부에 따라 금리혜택을 제공하는 적금상품
가입금액	• 신규금액 : 최소 1만 원 이상 • 납입한도 : 매월 100만 원 이하(천 원 단위)
계약기간	• 1년제
가입대상	• 실명의 개인(개인사업자 제외) • 1인 1계좌
이자지급방법	• 만기일시지급식
약정이율	• 연 3.0%
우대금리	• 최고 연 4.0%p • 계약기간 동안 아래 조건을 충족하고 만기해지 시 우대금리 제공 ① 에너지 절감 : 적금가입월부터 10개월 동안 적금가입월의 전기사용량(kWh) 대비 월별 전기사용량(kWh) 절감횟수가 다음에 해당하는 경우("아파트아이" 회원가입을 통해 등록된 주소에 대한 관리비명세서의 전기사용량(kWh)만 인정되며 주소가 변경될 경우 "아파트아이"에서 주소변경을 완료해야만 변경된 주소의 실적이 반영 가능하며, 주소변경은 연 3회로 제한한다) – 3회 이상 : 연 1.0%p – 5회 이상 : 연 2.0%p ② 최초거래고객 : 가입 시 아래 요건 중 1가지 충족 시, 연 1.0%p – 실명등록일로부터 3개월 이내 – 가입일 직전월 기준 6개월간 총수신평잔 0원 ③ 지로 / 공과금 자동이체 : 본인 명의 입출금식 통장에서 지로 / 공과금 자동이체 실적이 3개월 이상인 경우, 연 1.0%p
중도해지금리	• 만기일 이전에 해지할 경우 입금액마다 입금일부터 해지일 전일까지의 기간에 대하여 가입일 당시 IBK 적립식중금채의 중도해지금리를 적용 • 납입기간 경과비율 – 10% 미만 : 가입일 현재 계약기간별 고시금리×5% – 10% 이상 20% 미만 : 가입일 현재 계약기간별 고시금리×10% – 20% 이상 40% 미만 : 가입일 현재 계약기간별 고시금리×20% – 40% 이상 60% 미만 : 가입일 현재 계약기간별 고시금리×40% – 60% 이상 80% 미만 : 가입일 현재 계약기간별 고시금리×60% – 80% 이상 : 가입일 현재 계약기간별 고시금리×80% ※ 모든 구간 최저금리 연 0.1% 적용
만기 후 금리	• 만기일 당시 IBK 적립식중금채의 만기 후 금리를 적용 – 만기 후 1개월 이내 : 만기일 당시 IBK 적립식중금채의 계약기간별 고시금리×50% – 만기 후 1개월 초과 6개월 이내 : 만기일 당시 IBK 적립식중금채의 계약기간별 고시금리×30% – 만기 후 6개월 초과 : 만기일 당시 IBK 적립식중금채의 계약기간별 고시금리×20%

15 **다음 중 위 자료의 내용으로 적절하지 않은 것은?**

① 신규금액을 제외하고 최대 납입 가능한 금액은 1,200만 원이다.

② 계약기간 동안에 주소변경을 하기 위해서는 "아파트아이" 계정이 필요하다.

③ 자신이 세대주가 아닐 경우, 지로/공과금 자동이체 우대금리를 적용받기 위해서는 세대주 명의의 입출금식 통장을 개설하여야 한다.

④ 최대 이율을 적용받는 사람이 납입기간 50%를 경과하고 중도해지할 경우 적용받는 금리는 이전보다 5.8%p 적다.

16 **다음은 IBK 탄소제로적금에 가입한 A고객의 가입정보이다. 제시된 자료를 근거로 할 때, A고객이 지급받을 이자는 총 얼마인가?(단, A는 "아파트아이"에 회원가입하여 주소를 등록하였고, 계약기간 동안 주소변경은 하지 않았으며, 만기일 당시 IBK 적립식중금채의 고시금리는 연 3.0%이다)**

〈A고객의 가입정보〉

- 가입상품 : IBK 탄소제로적금
- 가입금액
  - 최초 납입금액 : 30만 원
  - 추가 납입금액 : 70만 원(2022.11.1)
- 계약기간 : 1년(2022.5.1 ~ 2023.4.30)
- 우대금리 관련 사항
  ① 월별 전기사용량

연도/월	22/5	22/6	22/7	22/8	22/9	22/10
전기사용량(kWh)	448	436	478	481	442	430
연도/월	22/11	22/12	23/1	23/2	23/3	23/4
전기사용량(kWh)	452	466	485	447	440	447

  ② 최초거래고객 : 실명등록일(2022.3.25)
  ③ 지로/공과금 자동이체 : 본인 명의 입출금식 통장으로 월 아파트관리비 총 5회 자동이체
- 적금 실제 해지일 : 2023.10.31

① 64,500원
② 50,000원
③ 45,500원
④ 43,500원

※ 다음은 IBK W소확행통장에 대한 자료이다. 이어지는 질문에 답하시오. **[17~18]**

〈IBK W소확행통장〉

구분	세부내용
상품특징	• 레저업종(BC 가맹점기준)에서 당행카드 사용 시 사용건수 또는 이용대금에 따라 금리우대
가입금액	• 신규금액 : 최소 1만 원 이상 • 납입한도 : 매월 100만 원 이하(1만 원 단위)
계약기간	• 1년제, 2년제, 3년제
기본금리	• 12개월 이상 24개월 미만 : 연 3.40% • 24개월 이상 36개월 미만 : 연 3.50% • 36개월 이상 : 연 3.65%
우대금리	• 최대 연 2.40%p • 당행 BC카드(체크 · 신용 모두 포함) 및 자동이체로 1회 이상(금액제한 없음) 납입하고, 연평균하여 아래 조건을 충족한 경우 만기해지 시 해당 우대금리 제공(2가지 중 1가지만 충족해도 해당 우대금리 제공)

우대조건			
'금액' 조건 (온누리상품권 구매금액+레저업종 카드사용금액)	또는	'건수' 조건 (레저업종 카드사용 건수)	제공 우대금리
20만원 이상	또는	5건 이상	연 1.00%p
50만원 이상	또는	15건 이상	연 1.70%p
100만원 이상	또는	30건 이상	연 2.40%p

※ 단, 온누리상품권 구매금액의 경우 본인 명의의 구매 건만 인정

※ BC카드 가맹점 분류기준에 따라 아래 나열된 경우를 '레저업종'으로 인정 : 헬스클럽, 골프연습장, 수영장, 볼링장, 당구장, 테니스장, 스키장(통상 헬스클럽 기준으로 요가, 필라테스, 기타업종으로 VR, 스크린야구 등 업종이 포함될 수도 있음)

※ BC카드 레저업종 실적인정 기준(다음 3가지 항목을 모두 충족한 경우 유효한 카드실적으로 인정)
1) 당행계좌를 결제계좌로 등록한 당행 개인카드(체크 · 신용)를 사용
2) 상기 명시된 국내 레저업종 가맹점에서 직접 결제한 경우(단, 카카오페이, 네이버페이 등 일부 간편결제 및 PG · 소셜커머스를 통한 결제 등 가맹점 직접 결제가 아닌 경우 실적인정 불가)
3) 당일자, 당일 가맹점 사용실적은 최대 1회(금액은 최대금액 1건) 인정

구분	세부내용
중도해지금리	• 만기일 이전에 해지할 경우 입금액마다 입금일부터 해지일 전일까지의 기간에 대하여 가입일 당시 IBK 적립식중금채의 중도해지금리를 적용 • 납입기간 경과비율 – 10% 미만 : 가입일 현재 계약기간별 고시금리×5% – 10% 이상 20% 미만 : 가입일 현재 계약기간별 고시금리×10% – 20% 이상 40% 미만 : 가입일 현재 계약기간별 고시금리×20% – 40% 이상 60% 미만 : 가입일 현재 계약기간별 고시금리×40% – 60% 이상 80% 미만 : 가입일 현재 계약기간별 고시금리×60% – 80% 이상 : 가입일 현재 계약기간별 고시금리×80% ※ 모든 구간 최저금리 연 0.1% 적용
만기 후 금리	• 만기일 당시 IBK 적립식중금채의 만기 후 금리를 적용 – 만기 후 1개월 이내 : 만기일 당시 IBK 적립식중금채의 계약기간별 고시금리×50% – 만기 후 1개월 초과 6개월 이내 : 만기일 당시 IBK 적립식중금채의 계약기간별 고시금리×30% – 만기 후 6개월 초과 : 만기일 당시 IBK 적립식중금채의 계약기간별 고시금리×20%

| 2023년 하반기

17 다음 중 위 자료의 내용으로 적절하지 않은 것은?

① 만기해지 시 위 상품에서 적용 가능한 최대금리와 최저금리의 차이는 2.65%p이다.

② 온누리상품권을 구입하는 것보다는 레저업종에 카드를 사용하는 것이 우대금리에 적용에 더 유리하다.

③ 당일에 동일 가맹점에서 레저업종에 100만 원 이상 사용 시에는 한 번에 결제하는 것보다 나눠서 결제하는 것이 우대금리 적용에 더 유리하다.

④ 1년제 상품 만기 후 1개월 이내 해지 시 적용되는 만기 후 금리는 만기 후 6개월 초과 후 해지 시 적용되는 만기 후 금리의 2.5배이다.

| 2023년 하반기

18 다음은 IBK W소확행통장에 가입한 A고객의 가입정보이다. 위 자료를 근거로 할 때, A고객이 지급받을 이자는 총 얼마인가?(단, 10원 미만은 절사한다)

〈A고객의 가입정보〉

- 가입상품 : IBK W소확행통장
- 최초 납입금액 : 50만 원
- 추가 납입금액
  - 100만 원(21.8.1)
  - 100만 원(22.2.1)
- 계약기간 : 2년제(20.8.1 ~ 22.7.31)
- 결제내역
  - 매 짝수 월 초 30만 원 헬스클럽 결제
  - 매월 초 20만 원 골프연습장 결제
  - 매 연말 본인 명의 온누리상품권 100만 원 구매
  - 매 연초 가족 명의 온누리상품권 100만 원 구매
  - 매년 3, 6, 9, 12월 월말 수영장 이용료 30만 원 결제

  (단, A고객은 모든 결제 건을 보유하고 있는 당행 BC신용카드로 결제하고, 자동이체로 납입하였다)
- 해지일 : 22.10.31

① 65,000원　　② 70,270원

③ 135,250원　　④ 136,560원

※ 다음은 김대리가 자택에서 사무실로 출근할 때 이동수단별 걸리는 시간에 대한 자료이다. 이어지는 질문에 답하시오. [19~20]

〈김대리의 이동수단별 소요 시간〉

이동수단	버스	지하철	자가용
자택에서 인근 정류장 / 역까지 걸리는 시간	도보 1분	도보 3분	–
인근 정류장 / 역에서 사무실까지 걸리는 시간	도보 3분	도보 2분	–
이동수단별 이동시간	정류장당 4분	지하철역당 2분	19분
비고	환승이 불필요하며, 탑승 후 4번째로 도착하는 정거장에서 하차	탑승 후 2번째로 도착하는 역에서 1회 환승하여 4번째로 도착하는 역에서 하차(환승으로 2분 추가)	도착 후 주차로 인해 2분 추가

| 2023년 하반기

19 다음 중 김대리가 자택에서 사무실까지 지하철을 이용하여 출근할 때 걸리는 시간은?

① 15분
② 17분
③ 19분
④ 21분

| 2023년 하반기

20 다음 중 김대리의 자택에서 사무실까지의 편도 이동시간이 가장 짧은 이동수단을 순서대로 바르게 나열한 것은?

① 버스 – 지하철 – 자가용
② 지하철 – 버스 – 자가용
③ 지하철 – 자가용 – 버스
④ 자가용 – 버스 – 지하철

21 다음은 IBK기업은행에서 운영하고 있는 i-ONE 직장인스마트론대출 상품에 대한 설명의 일부이다. 대출을 받고자 하는 A～D씨 조건이 〈보기〉와 같을 때, 대출이 가능한 사람은?

- 계약기간 : 일시상환 / 수시상환(마이너스 대출) 1년
  매월 원리금균등분할상환 : 최대 15년 이내 연 단위 선택(일부 대상 고객에 한함)
  ※ 신용등급, 연 소득에 따라 일시상환 / 수시상환 선택이 제한될 수 있음
- 이자 계산 방법 : 1년을 365일(윤년은 366일)로 보고 1일 단위로 계산
- 이자 지급 방법 : 이자 납입일을 정하여 매월 이자 납입
- 대출한도 : 최소 1백만 원～최대 150백만 원
  ※ 개인 신용 평점, 은행 내부 신용 등급, 기존 신용 대출 금액, 현금서비스 등에 따라 고객별로 다를 수 있음
- 대출금리 (2023년 2월, 대출금액 1억 5천만 원, 대출기간 1년, 일시상환 기준)

구분	고정금리(%)	변동금리(%)
기준금리(+)	3.761	3.760
가산금리(+)	1.474～6.056	1.492～6.073
감면금리(−)	0.000～0.200	0.000～0.200
대출금리	최저 5.035～최고 9.500	최저 5.034～최고 9.374

※ 00시～06시 중 대출 실행 시 일자별 금리 변동으로 인해 안내금리와 실행시점의 금리가 다를 수 있음
- 대출대상 : 다음 조건을 모두 충족하는 고객
  1. 현 직장에 6개월 이상 재직 중인 고객
  2. 개인 CB점수 KCB 520점 이상이고, NICE 600점 이상인 고객
  ※ 당행에 휴대폰 번호가 정상 등록되어 있어야 하며, 은행 내부 신용 등급 등의 사유에 따라 거절될 수 있음
- 대출 신청 시기 : 영업일(휴・공휴일 제외) 01:00～24:00까지 가능
- 대출금 지급 : 신청 당일 고객 지정계좌로 지급
- 유의사항 : 본 상품은 최대 3건(동일인당)까지 실행이 가능하니, 대출 신청 시 유의하시기 바랍니다.

〈보기〉

〈i-ONE 직장인스마트론대출 신청자 현황(23.02.06)〉

신청자	비고
A	• L사 재직 중(21년 6월 입사) • KCB 점수 500점, NICE 점수 550점 • 당행에 본인 명의의 휴대폰 번호 등록
B	• 10일 전 S사 퇴사 • KCB 점수 700점, NICE 점수 734점 • 당행에 본인 명의의 휴대폰 번호 등록
C	• H사 재직 중(22년 7월 입사) • KCB 점수 820점, NICE 점수 857점 • 당행에 본인 명의의 휴대폰 번호 미등록
D	• J사 재직 중(22년 6월 입사) • KCB 점수 650점, NICE 점수 697점 • 당행에 본인 명의의 휴대폰 번호 등록

① A ② B
③ C ④ D

※ 다음은 공무원 가족 국외여비 지급 기준표이다. 이어지는 질문에 답하시오. **[22~23]**

〈공무원 가족 국외여비 지급 기준표〉

<table>
<tr><th>지급 사유</th><th>지급액</th></tr>
<tr><td>1. 부임 또는 전근하는 경우 소속 장관의 허가를 받아 가족을 근무지로부터 새로운 근무지까지 동반해야 할 때</td><td rowspan="6">가. 12세 이상의 가족에 대해서는 본인이 여행하는 때와 같은 등급의 철도운임 · 선박운임 · 항공운임 및 자동차 운임 및 준비금의 전액과 일비 · 숙박비 및 식비의 3분의 2에 상당하는 금액
나. 12세 미만의 가족에 대해서는 본인이 여행하는 때와 같은 등급의 철도운임 · 선박운임 · 항공운임 및 자동차 운임 및 준비금의 전액과 일비 · 숙박비 및 식비의 3분의 1에 상당하는 금액</td></tr>
<tr><td>2. 외국 근무 중 소속 장관의 허가를 받아 한 차례에 한정하여 가족을 그 근무지로 불러오거나 본국으로 귀국시킬 때</td></tr>
<tr><td>3. 외국에서 4년 이상 계속 근무한 공무원이 소속 장관의 명에 따라 본국에서 재교육을 받기 위하여 배우자와 18세 미만 자녀와 함께 일시 귀국할 때(단, 4년마다 한 차례로 한정한다)</td></tr>
<tr><td>4. 주재국의 급격한 정세변화로 인하여 동반 가족을 철수시킬 때</td></tr>
<tr><td>5. 외국 근무 중 소속 장관의 허가를 받아 배우자를 동반한 공무여행을 할 때</td></tr>
<tr><td>6. 소속 장관의 허가를 받아 본인을 대신하여 가족 중 1명 또는 본인과 동반하여 배우자가 일시 귀국할 때</td></tr>
<tr><td>7. 근무조건이 매우 불리하다고 외교부장관이 인정하는 지역에서 근무 중인 공무원이 소속 장관의 허가를 받아 연간 한 차례만 가족 동반으로 다른 지역에서 휴양을 할 때 또는 의료검진을 받을 때</td><td rowspan="2">본인이 여행하는 때와 같은 등급의 철도운임 · 선박운임 · 항공운임 및 자동차 운임 전액</td></tr>
<tr><td>8. 근무조건이 매우 불리하다고 외교부장관이 인정하는 고산지역에서 근무 중인 공무원이 소속 장관의 허가를 받아 연간 23일의 범위에서 분기별로 한 차례 가족동반으로 저지대(低地帶)에서 요양을 할 때</td></tr>
</table>

* 가족은 본인을 포함한 구성원을 지칭함

** 취업 후 독립하여 생계를 유지하는 자녀 및 26세 이상 자녀는 특수한 경우를 제외하고 지급하지 아니함

| 2023년 상반기

22 **다음 중 운임 비용 전액을 국외여비로 받을 수 있는 상황은?(단, 모든 상황은 소속 장관의 허가를 받았으며 예외는 없다)**

① 출장지역에서 내전으로 인해 근무환경에 위협을 받아 급하게 귀국하는 공무원 A씨

② 근무지인 노르웨이로 6살 딸을 불러오려는 공무원 B씨

③ 배우자 지인의 상(喪)으로 베이징에서 배우자와 급하게 귀국하려는 공무원 C씨

④ 해발 5,500m 지역에서 근무하다 1분기 휴가 때 가족과 함께 14일간 바닷가에서 쉬려는 공무원 D씨

23 해외로 발령받은 4명의 공무원은 소속 장관의 허가하에 가족을 동반하여 I항공을 이용해 근무지로 가고자 한다. 〈보기〉를 토대로 공무원과 지급받을 국외여비가 바르게 연결되지 않은 것은?(단, 천 원 단위에서 올림한다)

〈I항공 운임 및 기내식 비용〉

구분	운임 비용	기내식 비용
S CLASS	성인 : 1,200,000원 소인 : 성인의 80%	기내식 무료 제공
A CLASS	성인 : 900,000원 소인 : 성인의 80%	성인 : 15,000원 소인 : 무료 제공
B CLASS	성인 : 750,000원 소인 : 성인의 80%	20,000원 (소인 구분 없음)
C CLASS	700,000원	20,000원 (소인 구분 없음)

* C CLASS의 운임 비용은 성인과 소인의 구분이 없음
** 소인은 18세 미만의 청소년을 지칭함
*** 8세 미만의 어린이는 모든 CLASS에서 운임 비용을 받지 않음

〈보기〉

구분	동반가족(공무원 본인 포함)	CLASS 신청사항	기내식 신청 여부
H부장	5인 (16세, 10세, 7세 자녀 있음)	A CLASS	신청
J과장	4인 (독립하지 않은 23세, 21세 자녀 있음)	S CLASS	신청
L대리	2인	B CLASS	미신청
K주임	4인 (6세, 4세 자녀 있음)	C CLASS	신청

공무원	지급여비
① H부장	1,940,000원
② J과장	3,200,000원
③ L대리	1,000,000원
④ K주임	1,440,000원

※ 다음은 I은행의 직장인우대MY통장에 대한 자료이다. 이어지는 질문에 답하시오. **[24~25]**

〈직장인우대MY통장(적립식중금채)〉

자산관리가 필요한 직장인을 우대하는 적립식 상품

<table>
<tr><th>구분</th><th>내용</th></tr>
<tr><td>가입대상</td><td>• 실명의 개인(1인 1계좌)
※ 개인사업자 제외</td></tr>
<tr><td>계약기간</td><td>• 1년제</td></tr>
<tr><td>가입금액</td><td>• 신규금액 : 최소 1만 원 이상
• 납입한도 : 매월 20만 원 이하(만 원 단위)
※ 총적립금액 : 240만 원</td></tr>
<tr><td>이자지급시기</td><td>• 만기일시지급식</td></tr>
<tr><td>약정이율</td><td>• 연 3.20%</td></tr>
<tr><td>우대금리</td><td>최대 연 1.8%p(세전)
• 계약기간 동안 아래 조건을 충족한 고객이 만기해지하는 경우 각각 제공

[직장인 우대금리] : 연 0.3%p
• 가입시점에 직장인으로 확인되는 경우
<table>
<tr><th>가입채널</th><th>직장인 자격확인 방법</th></tr>
<tr><td>영업점 창구</td><td>재직확인서류* 징구 또는 급여이체 실적 보유
(직전 3개월 內 급여이체 50만 원 이상 1건 이상 있을 경우)
* 건강보험자격득실확인서, 재직증명서에 한함(1개월 이내 발급분)</td></tr>
<tr><td>i-ONE Bank</td><td>국민건강보험공단의 재직정보를 검증하여 '직장가입자'로 확인되는 경우
(스크래핑 방식 활용)</td></tr>
</table>
[최초고객 우대금리] : 연 0.3%p
• 당행 실명등록일로부터 3개월 이내 신규 또는 상품가입 직전월 기준 6개월 총수신평잔 0원

[주거래 우대금리] : 연 0.7%p
• 급여이체 실적보유 : 연 0.5%p
– 계약기간 동안 6개월 이상 급여이체 실적(50만 원 이상)이 있는 경우
• 카드결제 실적보유 : 연 0.2%p
– 계약기간 동안 당행 신용(체크)카드 이용실적이 3백만 원 이상인 경우
(단, 이용실적은 매출표 접수기준으로 결제계좌가 당행인 경우 한함. 현금서비스 실적은 제외)

[마이데이터 동의] : 연 0.5%p
• 만기일 전일까지 계약기간 中 i-ONE 자산관리 內 마이데이터 동의이력 보유
(단, 만기일 전일까지 마이데이터 동의이력 보유만 인정)</td></tr>
<tr><td>중도해지이금리</td><td>가입일 당시 영업점 및 인터넷 홈페이지에 고시한 IBK적립식중금채의 중도해지금리를 적용
• 납입기간 경과비율 10% 미만 : 가입일 현재 계약기간별 고시금리×5%
• 납입기간 경과비율 10% 이상 20% 미만 : 가입일 현재 계약기간별 고시금리×10%
• 납입기간 경과비율 20% 이상 40% 미만 : 가입일 현재 계약기간별 고시금리×20%
• 납입기간 경과비율 40% 이상 60% 미만 : 가입일 현재 계약기간별 고시금리×40%
• 납입기간 경과비율 60% 이상 80% 미만 : 가입일 현재 계약기간별 고시금리×60%
• 납입기간 경과비율 80% 이상 : 가입일 현재 계약기간별 고시금리×80%
(단, 모든 구간 최저금리 연 0.1% 적용)</td></tr>
</table>

만기 후 금리	만기일 당시 영업점 및 인터넷 홈페이지에 고시한 IBK적립식중금채의 만기 후 금리 적용 • 만기 후 1개월 이내 : 만기일 당시 계약기간별 고시금리×50% • 만기 후 1개월 초과 6개월 이내 : 만기일 당시 계약기간별 고시금리×30% • 만기 후 6개월 초과 : 만기일 당시 계약기간별 고시금리×20%

| 2022년 하반기

24 **다음 중 직장인우대MY통장에 대한 설명으로 적절하지 않은 것은?**

① 가입기간 동안 적립할 수 있는 금액에 제한이 있다.

② 직장인 우대금리를 적용받으려면 반드시 재직여부를 검증할 수 있는 서류를 제출해야 한다.

③ 만기일 전날 마이데이터 제공 동의를 철회하게 되면, 마이데이터 동의 우대금리를 적용받을 수 없다.

④ 만기 후 해지하지 않고 오래 보유할 경우 시간이 지남에 따라 점차 금리가 낮아진다.

| 2022년 하반기

25 **A씨는 2년째 회사의 급여를 받고 있는 I은행 계좌에 연동하여 적금을 가입하고자 한다. A씨의 상황이 다음과 같을 때, A씨가 만기해지 시점에서 받게 되는 이자는 얼마인가?**

> A씨는 2021년 12월 1일에 i-ONE Bank 모바일 앱을 통해 직장인우대MY통장을 개설하였고, 이후 매월 1일마다 10만 원씩을 납입하였다. A씨의 월급여는 300만 원이며, 월 50만 원의 고정지출인 교통비, 통신비, 아파트관리비는 I은행의 신용카드로 지불하고 있다. 마이데이터 동의를 해달라는 안내를 수시로 받고 있지만, 은행이 타사의 내 정보를 마음대로 들여다보지 않을까 하는 우려에 어떤 기관에서도 마이데이터 사용에 동의하지 않고 있다.

① 24,700원
② 27,300원
③ 29,250원
④ 32,500원

※ 다음은 IBK 평생한가족통장[적금_정액적립식]에 대한 자료이다. 이어지는 질문에 답하시오. **[26~27]**

IBK 평생한가족통장[적금_정액적립식]

상품종류	정액적립식
가입금액	1만 원 이상 월 200만 원 이하
가입기간	1년, 2년, 3년
가입대상	실명의 개인

기본금리

구분	계약기간	금리
약정이율	12개월 이상 24개월 미만	2.45%
	24개월 이상 36개월 미만	2.6%
	36개월	2.7%

우대금리

- 적용금리=고시금리+고객별 우대금리+주거래 우대금리
- 고객별 우대금리 : 최고 연 0.1%p

구분	내용	우대금리
최초거래 고객	가입일 당시 최초 실명등록을 한 고객	연 0.1%p
재예치 고객	상품 출시일 이후 당행 예·적금 만기해지일로부터 1개월 이내에 IBK 평생한가족통장(적립식 또는 거치식)을 가입한 고객	연 0.1%p
장기거래 고객	당행에 실명등록한 날로부터 3년이 경과한 고객	연 0.1%p

- 주거래 우대금리 : 최고 연 0.3%p
  - 제공조건 : 계약기간 중 다음 주거래 실적조건 6개 중 2개 이상을 충족하고 만기해지하는 경우 주거래 우대금리 제공

  [주거래 실적조건]

  ① 급여이체 실적(월 50만 원 이상) 또는 연금수급* 실적이 3개월 이상인 경우

  * 4대 연금(국민연금, 공무원연금, 군인연금, 사학연금), 장해연금(근로복지공단), 기초(노령)연금만 인정

  ② 해당 통장(적립식, 거치식) 만기해지일 직전월로부터 3개월 동안 당행 입출금식* 상품 평잔이 1백만 원 이상인 경우

  * I PLAN급여통장, IBK급여통장, 新IBK급여통장, 新서민섬김통장(입출식), IBK생활비통장, IBK평생한가족통장(입출식)에 한함

  ③ (新)IBK아파트관리비 자동이체 또는 지로공과금 자동이체 월 3건 이상 실적이 3개월 이상 있는 경우(단, 현금서비스 이용실적은 제외됨)

  ④ 당행 신용(체크)카드 월 30만 원 이상 이용실적이 3개월 이상 있는 경우(단, 현금서비스 이용실적은 제외됨)

  ⑤ 당행 개인대출을 보유한 이력이 있는 경우

  ⑥ 당행 본인 적립식 상품(적금, 펀드, 주택청약, 적립식중금채)에 월 10만 원 이상 자동이체 실적이 있는 경우

특별중도해지 금리

다음의 사유로 인해 중도해지하는 경우 관련 증빙서류(발생 전·후 3개월 이내)를 제출한 고객에 한하여 가입일 당시 은행이 고시한 가계우대정기적금의 경과기간에 해당하는 고시금리를 적용

구분	증빙서류(예시)
대학교 입학(본인, 자녀)	합격통지서
취업 또는 창업(본인, 자녀)	취업(취업통지서), 창업(사업자등록증 등)
결혼(본인, 자녀*)	청첩장, 예식장 계약서
출산(본인)	주민증록등본(또는 출생증명서 등)
주택구입(본인)	매매계약서 등
사망(본인)	사망진단서, 기본증명서

* 자녀의 경우에는 가족관계확인서류(주민등록등본, 가족관계증명서) 추가 징수

이자지급방법	만기일시지급식 : 만기(후) 또는 중도해지 요청 시 이자를 지급
중도해지금리	만기일 이전에 해지할 경우 입금액마다 입금일부터 해지일 전일까지의 기간에 대하여 가입일 당시 가계우대정기적금의 중도해지금리를 적용 • 납입기간 경과비율 10% 미만 : 가입일 현재 계약기간별 고시금리×5% • 납입기간 경과비율 10% 이상 20% 미만 : 가입일 현재 계약기간별 고시금리×10% • 납입기간 경과비율 20% 이상 40% 미만 : 가입일 현재 계약기간별 고시금리×20% • 납입기간 경과비율 40% 이상 60% 미만 : 가입일 현재 계약기간별 고시금리×40% • 납입기간 경과비율 60% 이상 80% 미만 : 가입일 현재 계약기간별 고시금리×60% • 납입기간 경과비율 80% 이상 : 가입일 현재 계약기간별 고시금리×80% ※ 모든 구간 최저금리 연 0.1% 적용
만기 후 금리	만기일 당시 가계우대정기적금의 만기 후 금리를 적용 • 만기 후 1개월 이내 : 만기일 당시 정기적금 계약기간별 고시금리×50% • 만기 후 1개월 초과 6개월 이내 : 만기일 당시 정기적금 계약기간별 고시금리×30% • 만기 후 6개월 초과 : 만기일 당시 정기적금 계약기간별 고시금리×20%

I 2022년 상반기

26 다음 중 IBK 평생한가족통장[적금_정액적립식]에 대한 설명으로 가장 적절한 것은?

① 당행 거래 고객만 가입이 가능하다.

② 1년부터 3년까지 월단위로 가입이 가능하다.

③ 기본금리 이외에 조건에 맞는 고객별 우대금리, 주거래 우대금리를 추가로 받을 수 있다.

④ 자녀의 결혼으로 인해 중도해지하는 경우 결혼 전·후 3개월 이내에 청첩장과 예식장 계약서를 제출하면 가계우대정기적금의 경과기간에 해당하는 금리를 적용받을 수 있다.

I 2022년 상반기

27 2022년 8월 A씨는 3년 만기 IBK 평생한가족통장[적금_정액적립식]에 가입하였다. A씨에 대한 정보가 다음과 같을 때, 만기 시 A씨의 적용금리는?

- 2019년 3월부터 당행 통장으로 급여를 받고 있다.
- 2019년 7월 당행 3년 만기 예금에 가입했다.
- 2020년 B은행에서 전세 대출을 받았다.

① 2.7%

② 2.8%

③ 2.9%

④ 3.1%

| 2022년 상반기

28 I사의 갑, 을, 병, 정은 각각 다른 팀에 근무하며, 각 팀은 2층, 3층, 4층, 5층에 위치하고 있다. 〈조건〉을 참고할 때, 다음 중 항상 참인 것은?

〈조건〉

- 갑, 을, 병, 정 중 2명은 부장, 1명은 과장, 1명은 대리이다.
- 대리의 사무실은 을보다 높은 층에 있다.
- 을은 과장이다.
- 갑은 대리가 아니다.
- 갑의 사무실이 가장 높다.

① 부장 중 1명은 반드시 2층에 근무한다.
② 갑은 부장이다.
③ 대리는 4층에 근무한다.
④ 을은 2층에 근무한다.

| 2024년 하반기

29 다음은 A ~ E 5개 등산로의 길이, 평균 등산 속도, 완주 시간에 대한 자료이다. 가장 짧은 등산로와 완주 시간이 가장 짧은 등산로를 바르게 짝지은 것은?

〈등산로별 길이, 평균 등산 속도, 완주 시간〉

구분	길이	평균 등산 속도	완주 시간
A	( )	3.6km/h	3시간 20분
B	16km	3.2km/h	( )
C	14.3km	3.9km/h	( )
D	12.35km	3.8km/h	3시간 15분
E	( )	3.5km/h	3시간 30분

	가장 짧은 등산로	가장 짧은 완주 시간
①	A	C
②	A	D
③	D	A
④	D	D

30 I회사의 기획팀 부장 1명, 대리 2명, 주임 3명, 사원 2명이 회의실을 이용하고자 한다. 다음 〈조건〉에 따라 자리에 앉을 수 있는 경우의 수는?

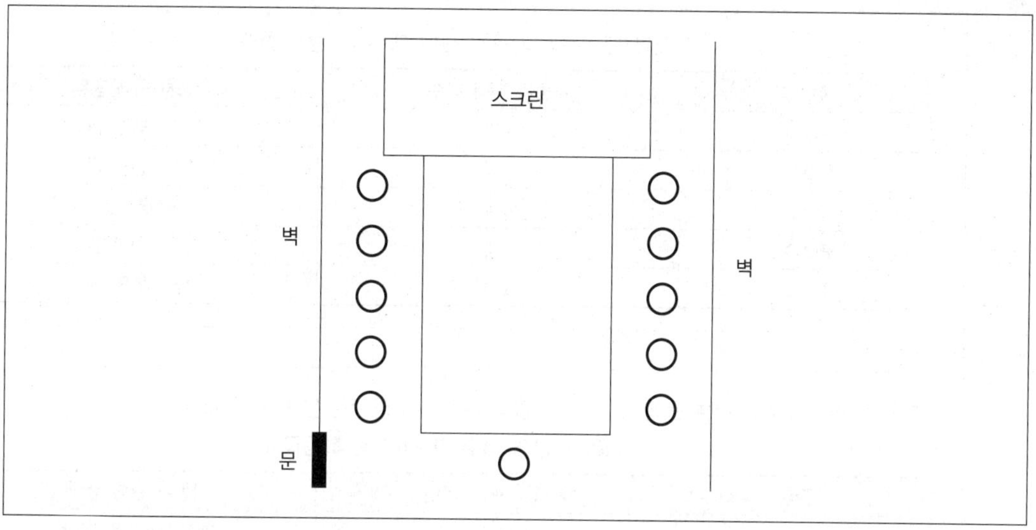

〈조건〉

- 스크린의 맞은편에는 부장이 앉는다.
- 스크린과 가장 가까운 자리 중 하나는 노트북을 연결해야 하므로 앉을 수 없다.
- 대리 2명은 부장과 가장 가까운 자리에 앉는다.
- 사원은 대리 바로 옆에 앉아야 한다.

① 480가지 ② 960가지

③ $2\times9!$가지 ④ $\frac{11!}{2}$가지

31 다음은 I자동차 대리점에 근무하는 직원 5명의 2024년 2분기 자동차 판매 대수 및 판매 총액에 대한 자료이다. 성과급 지급 기준이 다음 〈조건〉과 같을 때, 직원들이 받는 성과급은 총 얼마인가?

〈2024년 2분기 자동차 판매 대수 및 판매 총액〉

직원	자동차 판매 대수	자동차 판매 총액
권○○	7대	9천 6백만 원
김○○	12대	1억 4천만 원
류○○	4대	9천만 원
오○○	6대	2억 2천만 원
표○○	1대	4천 8백만 원

〈조건〉

- 자동차 판매 대수에 따른 등급 및 자동차 판매 총액에 따른 등급은 다음과 같다.

〈자동차 판매 대수 및 판매 총액 등급표〉

구분	자동차 판매 대수	자동차 판매 총액
A^+	10대 이상	2억 5천만 원 이상
A	7대 이상 10대 미만	1억 5천만 원 이상 2억 5천만 원 미만
B	5대 이상 7대 미만	1억 원 이상 1억 5천만 원 미만
C	2대 이상 5대 미만	5천만 원 이상 1억 원 미만
D	2대 미만	5천만 원 미만

- 자동차 판매 대수 등급과 자동차 판매 총액 등급이 B등급 이상일 때, 자동차 판매 총액 등급에 따라 성과급을 차등 지급한다.
  - B등급 : 자동차 판매 총액의 2%
  - A등급 : 자동차 판매 총액의 3%
  - A^+등급 : 자동차 판매 총액의 5%

① 868만 원
② 904만 원
③ 940만 원
④ 976만 원

32 다음은 I은행의 2019 ~ 2023년 인터넷뱅킹 이용 실적 및 이용 금액에 대한 자료이다. 이에 대한 설명으로 옳지 않은 것은?

〈I은행 인터넷뱅킹 이용 실적〉

(단위 : 만 건)

구분	2019년	2020년	2021년	2022년	2023년
계(이체+대출)	248	260	278	300	334
모바일뱅킹	177	190	214	238	272
이체	247.9	259.7	277.5	299.3	333.1
대출	0.1	0.3	0.5	0.7	0.9

〈I은행 인터넷뱅킹 이용 금액〉

(단위 : 억 원)

구분	2019년	2020년	2021년	2022년	2023년
계(이체+대출)	96,164	121,535	167,213	171,762	197,914
모바일뱅킹	19,330	27,710	40,633	44,658	57,395
이체	95,677	120,398	165,445	169,368	195,151
대출	487	1,137	1,768	2,394	2,763

① 2020 ~ 2023년 동안 전년 대비 전체 인터넷뱅킹 이용 실적과 이용 금액 모두 매년 증가하였다.
② 2019 ~ 2023년 동안 전체 인터넷뱅킹 이용 실적 중 모바일뱅킹 이용 실적은 매년 70% 이상이었다.
③ 2019 ~ 2023년 동안 전체 인터넷뱅킹 이용 금액 중 모바일뱅킹 이용 금액은 매년 30% 미만이었다.
④ 2020 ~ 2023년 동안 전년 대비 전체 인터넷뱅킹 대출 이용 실적 건수당 대출 금액은 매년 증가하였다.

33 다음은 2023년 7 ~ 12월의 미국, 중국, 일본의 환율에 대한 자료이다. 이에 대한 설명으로 옳은 것은?

〈2023년 7 ~ 12월 미국 · 중국 · 일본 환율〉

구분	2023년 7월	2023년 8월	2023년 9월	2023년 10월	2023년 11월	2023년 12월
미국 (원 / 달러)	1,308	1,346	1,357	1,375	1,331	1,329
중국 (원 / 위안)	188	191	192	193	190	192
일본 (원 / 엔)	9.27	9.3	9.19	9.2	8.88	9.23

① 2023년 8 ~ 12월 동안 미국의 전월 대비 환율은 꾸준히 상승하였다.
② 2023년 8 ~ 12월 동안 중국과 일본의 전월 대비 환율의 증감 추이는 같다.
③ 2023년 7 ~ 12월 동안 위안화 대비 엔화는 항상 20엔/위안 이상이다.
④ 2023년 7월 대비 2023년 12월의 환율 증가율이 가장 큰 국가는 미국이다.

※ 다음은 2022년 1 ~ 3분기 A국의 일부 산업별 명목 GDP 및 국민총소득을 나타낸 자료이다. 이어지는 질문에 답하시오. **[34~35]**

〈2022년 1 ~ 3분기 A국 일부 산업별 명목 GDP 및 국민총소득(GNI)〉

(단위 : 십억 원)

산업	2022년 1분기	2022년 2분기	2022년 3분기
농림어업	6,792.7	9,360.4	8,149.0
제조업	133,669.9	142,678.5	143,102.1
건설업	20,731.4	28,163.2	28,113.2
서비스업	301,111.9	303,933.9	315,549.4
명목 GDP	509,565.8	540,700.8	546,304.5
국민총소득(GNI)	515,495.5	542,408.3	555,165.9

* 명목 GDP : 당해 생산된 재화의 단위 가격에 생산량을 곱하여 산출한 경제 지표임

** 국민총소득(GNI) : 국민이 얻은 모든 소득의 합계이며 일반적으로 명목 GDP와 국외 순수취 요소 소득의 합계임

❙ 2023년 상반기

34 다음 중 위 자료에 대한 설명으로 옳지 않은 것은?

① 모든 분기에서 명목 GDP 비중이 가장 큰 산업은 서비스업이다.

② 제조업의 생산량이 꾸준히 감소하였다면 생산된 재화의 단위 가격은 증가하였다.

③ 건설업의 생산 단가가 일정하였다면 생산량은 증가하였다가 감소하였다.

④ 국외 순수취 요소 소득은 꾸준히 증가하였다.

35 농림어업, 제조업, 건설업, 서비스업의 명목 GDP 변화 추세를 그래프로 변환하였을 때 적절하지 않은 것은?

① 〈농림어업〉

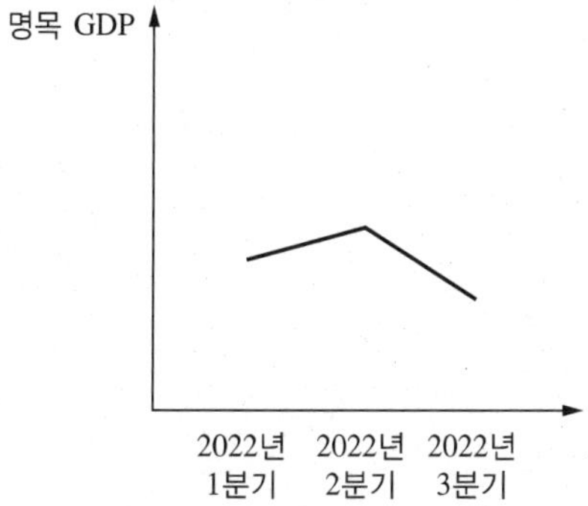

② 〈제조업〉

③ 〈건설업〉

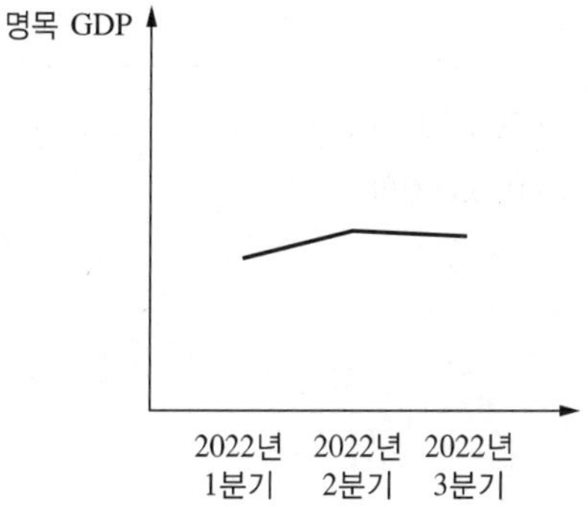

④ 〈서비스업〉

36 I사에서 근무하는 B과장은 30개월 전에 가입하였던 적금을 불가피한 사정으로 해지하려고 한다. 가입한 상품의 정보가 다음과 같을 때, 환급금은 얼마인가?

〈상품 정보〉

- 상품명 : I은행 함께적금
- 가입기간 : 6년
- 가입금액 : 1,500만 원
- 이자지급방식 : 만기일시지급, 단리식
- 기본금리 : 연 2.5%
- 중도해지금리(연 %, 세전)
  - 12개월 미만 : 0.2
  - 18개월 미만 : 0.3
  - 24개월 미만 : (기본금리)×40%
  - 36개월 미만 : (기본금리)×60%

① 15,050,000원 ② 15,562,500원
③ 15,737,500원 ④ 15,975,000원

37 이자를 포함해 4년 후 2,000만 원을 갚기로 하고 돈을 빌리고자 한다. 연이율 8%가 적용된다면 단리를 적용할 때와 연 복리를 적용할 때 빌릴 수 있는 금액의 차이는 얼마인가?(단, $1.08^4=1.36$으로 계산하고, 금액은 천의 자리에서 반올림한다)

① 43만 원 ② 44만 원
③ 45만 원 ④ 46만 원

38 다음은 I은행의 계좌 송금 진행 과정에 대한 순서도이다. L씨가 상대방에게 송금하기 위해 정보를 입력하였을 때, [4번 알림창]을 보게 되었다. 그 이유로 가장 적절한 것은?

〈순서도 기호〉

기호	설명	기호	설명
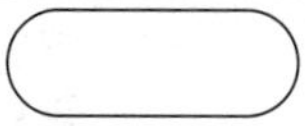	시작과 끝을 나타낸다.	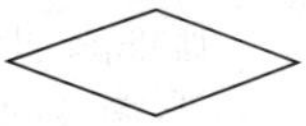	어느 것을 택할 것인지를 판단한다.
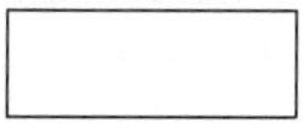	데이터 입력 및 계산 등의 명령을 처리를 한다.		선택한 값을 출력한다.

〈순서도〉

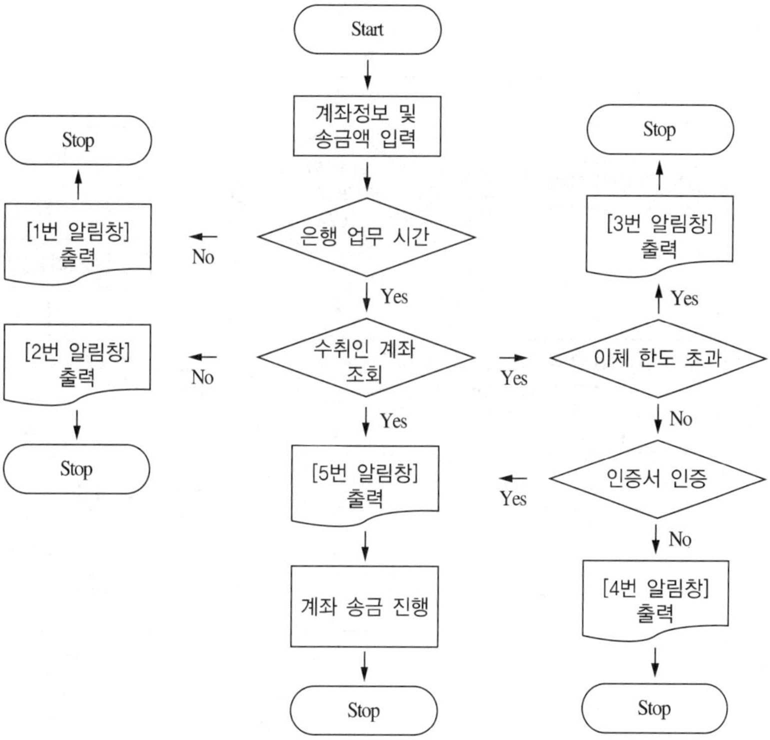

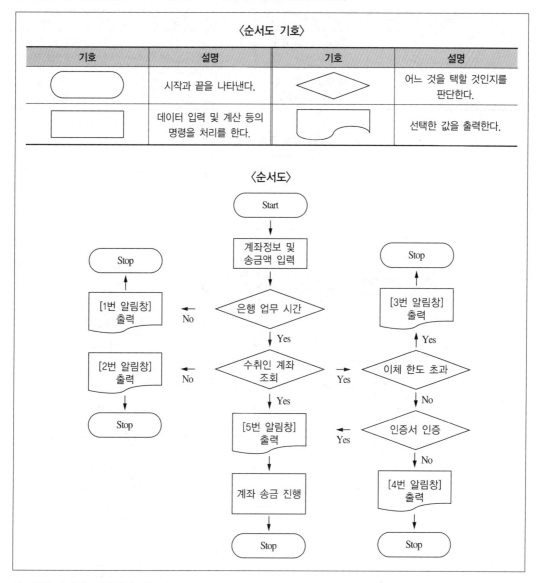

① 수취 계좌가 존재하지 않는다.

② 이체 한도가 초과되었다.

③ 인증서 인증 과정을 거치지 못하였다.

④ 은행 업무 시간이 아니다.

※ 다음은 고객코드를 조회하는 시스템에 대한 순서도이다. 이어지는 질문에 답하시오. **[39~40]**

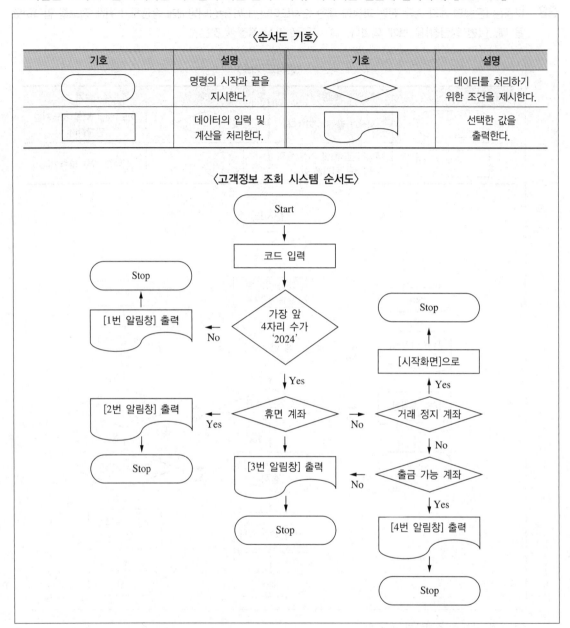

〈순서도 기호〉

기호	설명	기호	설명
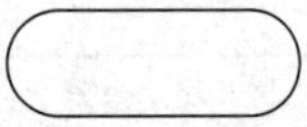	명령의 시작과 끝을 지시한다.	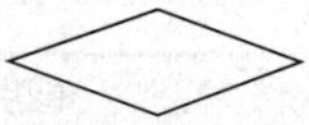	데이터를 처리하기 위한 조건을 제시한다.
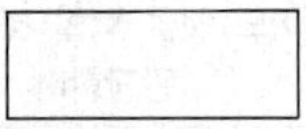	데이터의 입력 및 계산을 처리한다.	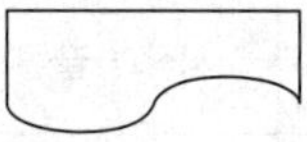	선택한 값을 출력한다.

〈고객정보 조회 시스템 순서도〉

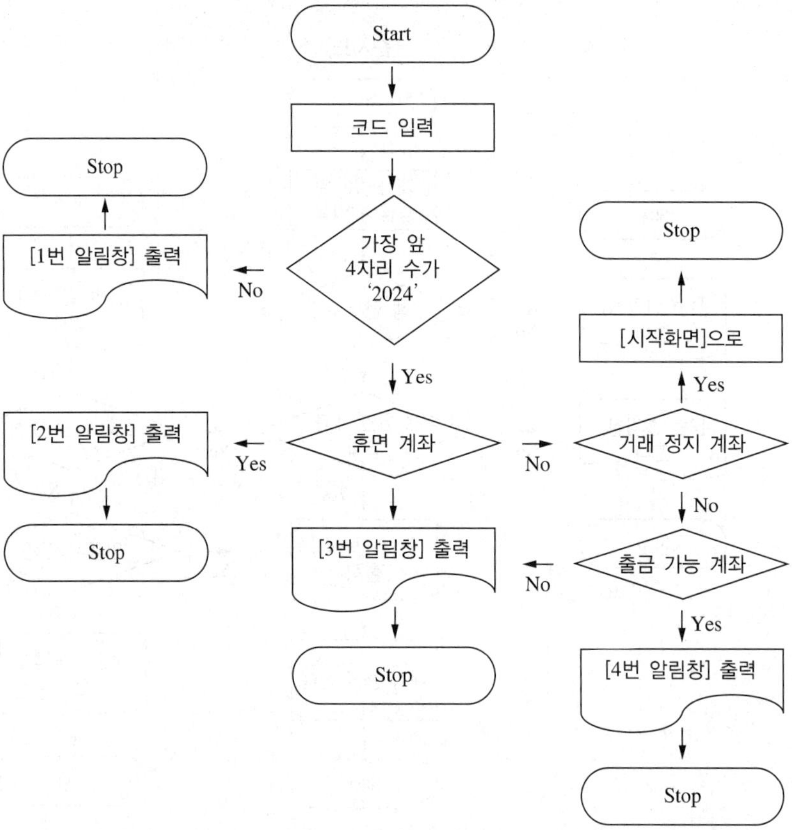

39 고객코드 '2024001'의 정보가 다음과 같을 때, 위 순서도를 통해 조회하여 출력되는 값은?

> • 휴면 계좌로 전환되지 않았다.
> • 거래 정지 계좌가 아니다.
> • 출금 가능 계좌이다.

① 1번 알림창
② 2번 알림창
③ 3번 알림창
④ 4번 알림창

40 고객코드 '2024120'의 정보가 다음과 같을 때, 위 순서도를 통해 조회하여 출력되는 값은?

> • 휴면 계좌로 전환되었다.
> • 거래 정지 계좌이다.
> • 출금 불가능한 계좌이다.

① 1번 알림창
② 2번 알림창
③ 3번 알림창
④ 4번 알림창

| 금융일반 - 객관식 |

| 2024년 하반기

01 다음 중 주가배수모형에 해당하지 않는 것은?

① 고든의 성장모형
② PER
③ PBR
④ PSR

| 2024년 하반기

02 다음은 재화별 경합성과 배제성을 나타낸 자료이다. 이에 대한 설명으로 옳지 않은 것은?

구분	경합성 있음	경합성 없음
배제성 있음	A	C
배제성 없음	B	D

① A재화는 일상에서 흔히 사용되는 재화가 해당한다.
② B재화는 막히는 무료도로 등과 같은 재화가 해당한다.
③ C재화는 무료 인터넷 등과 같은 재화가 해당한다.
④ D재화는 국방 서비스 등과 같은 재화가 해당한다.

| 2024년 하반기

03 다음 중 옵션의 특징에 대한 설명으로 옳지 않은 것은?

① 옵션이란 특정일에 서로 약정한 가격으로 자산을 사고팔 수 있는 권리가 부여된 것을 말한다.
② 거래대상이 금, 은, 원유 등인 경우 상품옵션이라고 한다.
③ 거래대상이 주식, 채권, 통화 등인 경우 금융옵션이라고 한다.
④ 옵션 프리미엄은 내재가치에서 시간가치를 차감한 값이다.

04 다음 중 테일러 준칙에 대한 설명으로 옳지 않은 것은?

① 중앙은행이 설정하는 명목이자율의 기준이 된다.

② 인플레이션율, 잠재산출량 등을 고려하여 명목이자율을 설정한다.

③ 인플레이션이 1%p 올랐을 경우 명목이자율도 1%p 올려야 한다.

④ 인플레이션과 산출량이 목표치보다 높은 수준인 경우 긴축적 통화정책을 권장한다.

| 2024년 하반기

05 다음을 참고하여 정률법으로 감가상각비를 계산하면 얼마인가?

• 취득원가 : 1억 원	• 잔존가액 : 5,000만 원
• 감가상각누계액(기초) : 4,000만 원	• 상각률 : 5%

① 300만 원 ② 500만 원

③ 800만 원 ④ 1,000만 원

| 2024년 상반기

06 다음 중 공유자원에 해당하는 것으로 볼 수 있는 것은?

① 깨끗한 물 ② 소방 서비스

③ 의류 ④ 치안

07 다음 중 우월전략에 대한 설명으로 옳지 않은 것은?

① 전략형 게임에서 상대방의 전략과 관계없이 자신의 몫을 더욱 크게 만드는 전략을 말한다.
② 우월전략 균형은 내쉬균형이라고 하며, 유일한 균형이 된다.
③ 우월전략 균형은 항상 파레토 최적의 상태를 나타낸다.
④ 모든 게임에서 우월전략이 존재하는 것은 아니다.

| 2024년 상반기

08 다음을 참고하여 매출원가를 계산하면 얼마인가?

- 기초재고액 : 2,000만 원
- 당기순매입액 : 1,000만 원
- 기말재고액 : 2,000만 원

① 1,000만 원
② 3,000만 원
③ 4,000만 원
④ 5,000만 원

| 2024년 상반기

09 다음 중 신규시장에 신제품을 출시하여 시장을 개척하는 전략은?

① 다각화전략
② 시장침투전략
③ 신제품 개발전략
④ 신시장 개척전략

| 2024년 상반기

10 **다음 중 내쉬균형에 대한 설명으로 옳지 않은 것은?**

① 게임이론에서 모든 참여자가 자신의 선택을 최적화하여 상호 작용하는 상태를 의미한다.

② 2인 게임에서 서로 상대의 최선반응을 최선반응으로 대응할 경우, 한쪽의 전략은 폐기된다.

③ 한 참여자가 다른 참여자의 선택에 따라 자신의 선택을 조정하면 새로운 균형이 형성된다.

④ 내쉬균형과 모두의 이익은 상충될 수 있다.

| 2024년 상반기

11 **다음 중 시장개발 전략을 통해 얻을 수 있는 긍정적 효과로 볼 수 없는 것은?**

① 고객과의 관계 구축을 통해 고객 충성도를 높일 수 있다.

② 많은 비용을 투자하여 높은 가격으로 제품 및 서비스를 판매할 수 있다.

③ 제품 및 서비스에 대한 소비자 수요를 확대하여 수익을 증대시킬 수 있다.

④ 제품 및 서비스를 홍보하는 데 모든 자원을 활용하여 효율성을 높일 수 있다.

| 2023년 하반기

12 **다음 중 소비자물가지수(CPI)에 대한 설명으로 옳지 않은 것은?**

① 소비자가 구입하는 상품이나 서비스의 가격변동을 나타내는 지수이다.

② 우리나라는 한국은행이 CPI를 조사한다.

③ 일반적으로 CPI는 물가상승을 과대평가하는 경향이 있다.

④ GDP디플레이터와 함께 한국은행이 통화정책을 결정하는 기초지수이다.

| 2023년 하반기

13 **다음 중 이자율탄력성과 정책효과의 관계에 대한 설명으로 옳은 것은?**

① 투자의 이자율탄력성이 클수록 재정정책의 효과는 작아진다.

② 투자의 이자율탄력성이 작을수록 금융정책의 효과는 커진다.

③ 화폐수요의 이자율탄력성이 클수록 재정정책의 효과는 작아진다.

④ 화폐수요의 이자율탄력성이 작을수록 금융정책의 효과는 작아진다.

| 2023년 하반기

14 **다음 중 랜덤워크 이론에 부합하는 설명으로 옳은 것은?**

① 주가는 기업가치에 수렴하므로 기업가치를 분석하면 주가를 알 수 있다.

② 기업가치를 포함한 모든 정보는 주가에 포함되어 있다.

③ 주식시장에서 주식은 가치가 아닌 가격으로 거래되는 것이다.

④ 주가는 예측할 수 없으며, 주식시장에서 초과수익률은 기대할 수 없다.

| 2023년 하반기

15 **다음 중 묶어팔기 판매전략의 전제조건에 해당하지 않는 것은?**

① 제품의 수량이 모두 동일하다.

② 고객의 수요가 서로 다르다.

③ 고객의 희망수요 정보를 사전에 파악할 수 없다.

④ 기업이 여러 가지 제품을 함께 판매한다.

| 2023년 하반기

16 **다음 중 코즈의 정리에 대한 설명으로 옳은 것은?**

① 소유권 귀속에 따른 소득효과가 발생한다.
② 협상을 할 때 비용이 존재하는 것으로 가정한다.
③ 외부성이 존재하더라도 재산권이 명확하면 효율적인 자원배분이 가능하다.
④ 자원에 대한 재산권이 확립된 경우 재산권이 누구에게 귀속되는지가 중요하다.

| 2023년 상반기

17 **다음 중 마이클 포터 5포스 모델의 5가지 요소에 해당하지 않는 것은?**

① 산업 내 경쟁
② 구매자의 구매력
③ 소비자의 교섭력
④ 대체재의 위협

| 2023년 상반기

18 **다음 중 배당성향 모형에 대한 설명으로 옳지 않은 것은?**

① 배당성향은 배당금을 순이익으로 나눈 값으로 구한다.
② 배당성향이 낮아지면 사내유보율이 낮아지고 자본금은 늘어날 수 있다.
③ 배당성향이 높아지면 기업 재무 상태에 부정적인 영향을 미칠 수 있다.
④ 당기순이익이 클수록 배당성향은 높아지는 경향이 나타난다.

| 2023년 상반기

19 다음 중 대손충당금에 대한 설명으로 옳은 것은?

① 국제회계기준은 회사별로 동일한 대손충당금 적립률을 요구한다.
② 대출채권의 디폴트 위험을 재무상태표에 나타낸 것을 말한다.
③ 대출채권의 디폴트 위험을 손익계산서에 나타낸 것을 말한다.
④ 미래의 손실을 예측하여 당기비용으로 처리한다.

| 2023년 상반기

20 다음을 참고하여, A기업의 배당 이후 PER을 구하면?

- A기업 : 발행주식수 10,000,000주, 당기순이익 30억 원, 주가 20,000원
- 주당 100원의 현금배당 실시

① 70 ② 100
③ 200 ④ 300

| 2023년 상반기

21 다음 〈보기〉의 내용을 참고할 때, 가장 효율적인 투자안을 고르면?(단, 법인세율은 동일하다)

〈보기〉

- A투자안 : 자기자본비용 100, 자기자본 200, 타인자본비용 200, 타인자본 200
- B투자안 : 자기자본비용 200, 자기자본 300, 타인자본비용 100, 타인자본 200
- C투자안 : 자기자본비용 200, 자기자본 200, 타인자본비용 100, 타인자본 300
- D투자안 : 자기자본비용 100, 자기자본 300, 타인자본비용 100, 타인자본 200

① A투자안 ② B투자안
③ C투자안 ④ D투자안

ㅣ2022년 하반기

22 다음 중 재무제표의 표시에 대한 설명으로 옳지 않은 것은?

① 재무제표가 한국채택국제회계기준의 요구사항을 모두 충족한 경우가 아니라면 한국채택국제회계기준을 준수하여 작성되었다고 기재하여서는 안 된다.

② 비용을 기능별로 분류하는 기업은 감가상각비, 기타 상각비와 종업원급여비용을 포함하여 비용의 성격에 대한 추가 정보를 공시한다.

③ 기업이 재무상태표에 유동자산과 비유동자산으로 구분하여 표시하는 경우, 이연법인세자산은 유동자산으로 분류하지 않는다.

④ 수익과 비용의 어느 항목은 포괄손익계산서 또는 주석에 특별손익 항목으로 별도 표시한다.

ㅣ2022년 하반기

23 다음 중 가중평균자본비용(WACC)에 대한 설명으로 옳지 않은 것은?

① 가중평균자본비용(WACC)은 기업의 자본비용을 시장가치 기준에 따라 총자본 중에서 차지하는 가중치로 가중 평균한 것이다.

② 일반적으로 기업의 자본비용은 가중평균자본비용을 의미한다.

③ 가중치를 시장가치 기준의 구성 비율이 아닌 장부가치 기준의 구성 비율로 하는 이유는 주주와 채권자의 현재 청구권에 대한 요구수익률을 측정하기 위해서이다.

④ 기업자산에 대한 요구수익률은 자본을 제공한 채권자와 주주가 평균적으로 요구하는 수익률을 의미한다.

24 다음은 ㈜종로의 매출 및 매입 관련 자료이다. 2021년의 매출총이익률을 이용하여 구한 2022년의 기말 재고자산 가액은 얼마인가?

〈㈜종로 매출 및 매입〉

(단위 : 원)

구분	2021년	2022년
매출액	400,000	500,000
매출에누리 및 환입	40,000	20,000
기초재고	100,000	110,000
당기매입	280,000	400,000
매입에누리 및 환출	0	10,000
기말재고	110,000	×××

① 140,000원
② 150,000원
③ 160,000원
④ 162,500원

25 다음 재무상태표를 바탕으로 계산한 경영비율 중 적절하지 않은 것은?

재무상태표(2022년 7월 31일 현재)

(단위 : 원)

유동자산	100억	부채	100억
현금 매출채권 재고자산	50억 30억 20억	유동부채 비유동부채	50억 50억
비유동자산	100억	자본	100억
유형자산 무형자산	60억 40억	자본금 자본잉여금 이익잉여금 (당기순이익 10억 포함)	40억 30억 30억
자산총계	200억	부채와 자본총계	200억

① 유동비율은 50%이다.
② 당좌비율은 160%이다.
③ 자기자본비율은 50%이다.
④ 총자산순이익률(ROA)은 5%이다.

| 2022년 하반기

26 **다음 두 사례에 공통으로 나타난 전략으로 옳은 것은?**

> [사례 1]
> L사는 오랫동안 꾸준히 사랑받아 온 아이스크림 수박바의 형태를 위아래 거꾸로 바꾸어 출시하면서 기존 수박바의 아랫부분을 좋아하던 소비자들의 큰 관심을 받고 있다. 이뿐만 아니라 대표 아이스크림인 죠스바를 떠먹는 형태로 새로 출시하여 큰 인기를 끌고 있다.

> [사례 2]
> 드라마와 뮤지컬로 제작된 인기 만화 ○○이 게임캐릭터로 등장해 인기를 끌고 있다. 이처럼 최근 하나의 콘텐츠가 다양한 상품으로 파생되는 '원 소스 멀티 유즈(One Source Multi-use)' 전략이 등장하고 있다.

① 레드오션(Red Ocean)
② 블루오션(Blue Ocean)
③ 퍼플오션(Purple Ocean)
④ 그린오션(Green Ocean)

| 2022년 상반기

27 **총투자금액 10억 원을 A, B, C, D 네 개의 증권에 각각 10%, 20%, 30%, 40% 비중으로 분산 투자하려고 하며, A, B, C, D증권의 기대수익률은 차례대로 20%, 15%, 10%, 5%이다. 이 포트폴리오의 기대수익률은 얼마인가?**

① 6%
② 8%
③ 10%
④ 12%

| 2022년 상반기

28 **다음 중 옵션에 대한 설명으로 적절하지 않은 것은?**

① 풋옵션은 정해진 가격으로 기초자산을 팔 수 있는 권리가 부여된 옵션이다.
② 미국식 옵션은 만기시점 이전이라도 유리할 경우 행사가 가능한 옵션이다.
③ 콜옵션은 기초자산의 가격이 낮을수록 유리하다.
④ 풋옵션은 행사가격이 높을수록 유리하다.

| 2021년 상반기

29 다음은 ㈜시대의 매출과 관련된 자료이다. 이에 따른 ㈜시대의 당좌비율(Q)은 얼마인가?(단, 1년은 360일이고 회전율은 매출액에 대하여 계산한다)

매출채권	200억 원
유동부채	140억 원
유동비율	200%
재고자산회전율	18회
매출채권회수기간	40일

① 1
② $\frac{4}{6}$
③ $\frac{9}{7}$
④ $\frac{17}{12}$

| 2021년 상반기

30 다른 조건이 일정할 때, 다음 자료에 따른 시대은행의 부채 듀레이션(D_L)의 값으로 적절한 것은?(단, 시장가치 기준을 사용한다)

〈시대은행〉

자산	금액	듀레이션	부채 · 자본	금액	듀레이션
현금	1,200억 원	2년	고객예금	1,400억 원	2.0억 원
고객대출	800억 원	1.2년	발행사채	400억 원	3.5억 원
회사채	800억 원	6.0년	자기자본	1,000억 원	-

① 4.5
② 3.5
③ 2.5
④ 1.5

| 금융일반 - 주관식 |

| 2024년 하반기

01 다음을 참고하여 전년대비 국내 GDP 증가액을 구하면?

> • 한계소비성향 0.8
> • 직전연도 정부지출 50조 원
> • 당해 연도 정부지출 80조 원

(조 원)

| 2024년 상반기

02 다음 중 화폐수량설에 대한 설명으로 옳은 것을 모두 고르면?

> ㉠ 고전학파의 이론으로 물가와 화폐공급은 비례한다고 본다.
> ㉡ 통화량, 화폐유통속도, 물가수준, 거래량을 통해 계산할 수 있다.
> ㉢ 화폐수요는 이자율과 산출량에 의해 결정된다.
> ㉣ 노동시장이 항상 완전고용 상태임을 가정한다.

( )

| 2023년 하반기

03 다음을 참고할 때, 마을버스의 최적 운행대수는?

> • 지자체가 운영하는 I운수는 A와 B지역을 대상으로 마을버스를 운행할 예정이다.
> • 마을버스에 대한 A지역 주민의 수요함수 : $P_a=8-Q$
> • 마을버스에 대한 B지역 주민의 수요함수 : $P_b=6-2Q$
> • 한계비용(MC)=5

(대)

04 다음 빈칸에 들어갈 용어로 옳은 것을 〈보기〉에서 순서대로 고르면?

- 미국 실리콘밸리은행(SVB) 파산으로 부실우려가 높아진 미국 내 주요 은행들에 대해 ___A___ 을/를 늘려야 한다는 지적이 최근 나오고 있다.
- 미국 기준금리 인상의 선행지표는 실업률, ___B___, WTI지수 등이 있으며, ___B___ 이/가 상승하는 모습을 보이면 향후 기준금리 인상을 예상할 수 있다.

〈보기〉

㉠ 대손충당금
㉡ 소비자물가지수(CPI)
㉢ 대손상각비
㉣ 생산자물가지수(PPI)
㉤ GDP 디플레이터

(A : , B :)

05 다음 자료에 대한 〈보기〉의 설명 중 옳은 것을 모두 고르면?

- 초코기업과 파이기업은 사업 분야가 유사하다. 초코기업과 파이기업이 합병하면 시너지 효과가 생겨 초코기업에게 파이기업의 가치는 실제 가치의 1.5배가 되므로 초코기업은 파이기업을 인수할 의향이 있다.
- 초코기업은 '파이기업의 주주가 이미 자기 기업의 실제 가치를 정확히 알고 있다.'는 사실을 파악하고 있다. 그러나 초코기업은 파이기업의 실제 가치가 정확히 얼마인지는 아직 모르고 단지 각각 1/3의 확률로 0원, 1만 원, 2만 원 중 하나일 것으로만 추측하고 있다.
- 초코기업은 인수를 통해 이득을 극대화하고자 한다. 파이기업의 주주는 Ⓐ <u>초코기업이 제시한 인수 금액</u>이 자사의 실제 가치보다 크거나 같으면 인수에 동의한다.

〈보기〉

㉠ Ⓐ가 1만 원이고 파이기업의 실제 가치가 2만 원이면 인수가 성사된다.
㉡ Ⓐ가 1만 원이면 초코기업이 생각하는 인수 확률은 2/3이다.
㉢ Ⓐ가 1만 원이면 초코기업이 기대하는 이득은 0.5만 원이다.
㉣ 초코기업이 합리적이라면 파이기업의 실제 가치가 얼마든지 Ⓐ는 0원이다.

( )

| 디지털 - 객관식 |

| 2024년 하반기

01 다음 중 리눅스 권한 허가권 변경을 기호모드로 작성할 때, 문자와 그 기능이 바르게 연결되지 않은 것은?

① r : 읽기
② w : 쓰기
③ + : 권한 추가
④ g : 사용자 허가권

| 2024년 하반기

02 다음 중 리눅스 명령어 'chmod 755'에 대한 설명으로 옳지 않은 것은?

① 소유자에게 읽기, 쓰기, 실행 권한을 주고 그룹 및 기타 사용자에게는 읽기 권한만 부여한다.
② chmod 명령어는 파일이나 디렉토리의 권한을 변경하는 데 사용한다.
③ 7은 소유자 권한을 의미한다.
④ 두 번째 5는 그룹 사용자 권한을 의미한다.

| 2024년 하반기

03 다음 파이썬 프로그램을 실행하였을 때 출력되는 값으로 옳은 것은?

```
a="5"
b="7"
print(a+b)
```

① 5
② 12
③ 12
④ 57

04 다음 파이썬 프로그램을 실행하였을 때 출력되는 값으로 옳은 것은?

```
string='abcd'
string.replace('b', 'B')
print(string)
```

① abcd ② aBcd

③ B ④ acd

05 다음과 같이 Java 코드로 Queue 클래스를 구현할 때 빈칸에 들어갈 명령어로 옳은 것은?

```
import java.util.LinkedList;
import java.util.Queue;

public class Main {

    public static void main(String[ ] args) {
        Queue<Integer> queue=________________;

        queue.offer(1);
        queue.offer(2);
        queue.offer(3);
        queue.offer(4);
        queue.offer(5);

        while(!queue.isEmpty( )) {
            System.out.println(queue.poll( ));
        }

    }

}
```

① Queue<Integer>( ) ② LinkedList<Integer>( )

③ new LinkedList<Integer>( ) ④ List<Integer>( )

| 2024년 상반기

06 다음 중 SVM(Support Vector Machine)에 대한 설명으로 옳지 않은 것은?

① 모형 구축 시간이 짧다.

② 고차원 데이터에서도 작동한다.

③ 회귀분석, 분류, 이상치 탐색에도 사용되는 머신러닝 분야 중 하나이다.

④ 데이터 마이닝 기법 및 인공지능에 쓰이는 대표적인 알고리즘 중 하나이다.

| 2024년 상반기

07 다음 중 HRN 스케줄링 방식에 대한 설명으로 옳지 않은 것은?

① 선점 방식으로 이루어진다.

② 대기 시간이 긴 프로세스의 경우 우선순위가 높아진다.

③ 우선순위를 Ready－Queue에서 대기한 시간까지 고려하여 결정한다.

④ SJF 스케줄링 방식에서 발생할 수 있는 기아 상태를 해결하기 위해 고안된 방식이다.

| 2024년 상반기

08 선점 스케줄링 방식과 비선점 스케줄링 방식의 차이에 대한 설명으로 옳지 않은 것은?

① 비선점형 스케줄링 방식은 모든 프로세스를 공정하게 처리한다.

② 비선점형 스케줄링 방식은 우선순위가 높은 프로세스를 빠르게 처리할 수 있다.

③ 선점형 스케줄링 방식은 우선순위가 높은 프로세스들이 지속적으로 들어오는 경우 시간지연이 발생한다.

④ 선점형 스케줄링 방식은 어떤 프로세스가 CPU를 할당받아 실행 중이여도 운영체제가 CPU를 강제로 빼앗을 수 있는 스케줄링 방식이다.

| 2024년 상반기

09 다음 중 데이터베이스의 정규화 과정에 대한 설명으로 옳지 않은 것은?

① 제2정규형은 2NF를 만족하여야 한다.

② 제1정규형의 모든 값은 단일한 값을 가진다.

③ 일반적으로 제3정규형까지 적용한 것을 '정규화되었다'고 한다.

④ 테이블 간의 정보는 서로 중복되지 않아야 하므로 정규화를 통해 중복성을 제거한다.

| 2024년 상반기

10 **다음 중 자연어 이해(NLU)에 대한 설명으로 옳지 않은 것은?**

① 자연어 처리(NLP)와 같은 의미이다.
② NLU 기술의 예로 자동 언어 번역이 있다.
③ 자연어 이해는 인간과 컴퓨터 사이의 의사소통 격차를 해소할 수 있다.
④ 인공지능 분야에서 자연어로 된 입력을 이해하고 처리하는 과정을 말한다.

| 2024년 상반기

11 **다음 중 데이터 샘플링에 대한 설명으로 옳지 않은 것은?**

① 단순 랜덤은 가장 기초적인 샘플링으로 데이터를 빠르고 직접적으로 표현하는 경우 유용하다.
② 계통 샘플링은 첫 하나의 샘플을 임의로 고르고, 일정한 간격으로 다음 샘플을 고르는 방법이다.
③ 다단계 샘플링은 원하는 샘플 크기에 도달할 때까지 여러 단계의 샘플링 과정을 수행하는 과정이다.
④ 유층 샘플링은 전체 모집단을 여러 군집으로 나눈 후 일부 군집을 무작위로 선택하고, 선택한 군집에서 다시 일부를 무작위로 선택하는 방법이다.

| 2024년 상반기

12 **다음 중 데이터 분석 기술에 대한 설명으로 옳지 않은 것은?**

① 공간분석은 공간적 차원과 관련된 속성들을 시각화하는 분석이다.
② 시각화는 가장 낮은 수준의 분석이지만 복잡한 분석보다 더 효과적일 수 있다.
③ 통계분석은 대용량의 자료로부터 정보를 요약하고 미래에 대한 예측을 목표로 유용한 지식을 추출하는 방법이다.
④ 탐색적 자료 분석은 다양한 차원과 값을 조합해가며 특이점이나 의미 있는 사실을 도출하고 분석의 최종 목적을 달성해가는 과정이다.

| 2023년 하반기

13 **다음 중 블록체인(Block Chain) 기술에 대한 설명으로 옳지 않은 것은?**

① 개방형 블록체인은 중앙기관이나 중개기관의 개입 없이 다수의 참여자(Peer)가 공개 기반으로 연결되는 분산화된 구조를 이룬다.
② 프라이빗(Private) 블록체인은 퍼블릭(Public) 블록체인보다 처리 속도가 빠르다.
③ 블록체인은 기존 데이터의 수정이 간편하고 자유로우며, 저장 공간 또한 많이 차지하지 않는다.
④ 블록체인은 분산기반을 통해 비용을 절감하는 등 금융 업무의 효율성을 크게 개선함으로써 금융 구조의 혁신을 촉진할 수 있는 기술이다.

| 2023년 하반기

14 다음 개체 – 관계 다이어그램(ERD; Entity Relationship Diagram)에 대한 〈보기〉의 설명 중 옳지 않은 것을 모두 고르면?

〈보기〉

ㄱ. ERD는 데이터베이스의 도식화 기법으로서 데이터베이스의 구조를 시각적으로 이해하는 데 도움을 준다.
ㄴ. ERD에서 개체(Entity)는 데이터베이스에서 정보를 저장하려는 대상으로서 식별 가능한 물리적 또는 추상적 개체를 뜻한다.
ㄷ. ERD에서 속성(Attribute)은 2개 이상의 의미 있는 정보로 묶인 단위로서 파일 구조에서의 ‘레코드(Record)’에 대응된다.
ㄹ. ERD에서 관계(Relationship)는 개체와 개체 사이의 의미 있는 연관성, 즉 대응 관계를 가리킨다.
ㅁ. ERD에서 개체는 타원으로, 속성은 마름모로, 관계는 사각형으로 표현한다.
ㅂ. ERD의 표기 규칙에 따라 “A가게에는 B라는 상품이 1개 또는 없을 수도 있다.”는
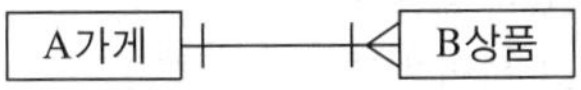

으로 표현된다.

① ㄱ, ㄴ, ㄷ
② ㄱ, ㄹ, ㅁ
③ ㄴ, ㄹ, ㅂ
④ ㄷ, ㅁ, ㅂ

| 2023년 하반기

15 다음 중앙처리장치(CPU) 스케줄링 기법에 대한 〈보기〉의 설명 중 옳지 않은 것을 모두 고르면?

〈보기〉

ㄱ. 스케줄링은 선점형과 비선점형으로 구분되는데, 선점형 스케줄링은 프로세스에 이미 할당된 CPU를 강제로 빼앗을 수 없다.
ㄴ. FCFS 방식은 CPU 스케줄링 알고리즘 중에 제일 간단한 알고리즘으로, 준비 상태 큐에 도착한 순서에 따라 차례로 CPU를 할당한다.
ㄷ. SJF 방식은 시간이 오래 걸리는 작업이 앞에 있고 간단한 작업이 뒤에 있으면 순서를 바꾸어 실행하며, 스케줄링 알고리즘 중에 평균 대기 시간이 최소가 되는 방식이다.
ㄹ. HRN 방식은 작업을 위해 기다린 시간과 CPU 사용 시간을 고려해 스케줄링하는 방식으로, 대기 중인 프로세스 중 우선순위가 가장 낮은 것부터 높은 순서로 선택한다.
ㅁ. SRT 방식은 현재 실행 중인 프로세스의 남은 시간과 준비 상태 큐에 새로 도착한 프로세스의 실행 시간을 비교해 가장 긴 실행 시간을 요구하는 프로세스에 CPU를 할당한다.
ㅂ. 라운드 로빈(RR) 방식은 준비 상태 큐에 먼저 도착한 프로세스에 먼저 CPU를 할당하지만, 각 프로세스는 시간 할당량 동안만 실행된 후 실행이 완료되지 않으면 다음 프로세스에 CPU를 넘겨주고 준비 상태 큐의 가장 뒤로 배치된다.
ㅅ. 다단계 피드백 큐(MFQ) 방식은 프로세스를 특정 그룹으로 분류할 수 있을 경우 그룹에 따라 각기 다른 여러 개의 준비 상태 큐를 사용하는 방식으로, 각각의 큐는 자신의 스케줄링을 수행하며, 큐와 큐 사이에서 우선순위를 부여한다.

① ㄱ, ㄹ, ㅂ
② ㄴ, ㄷ, ㅅ
③ ㄱ, ㄹ, ㅁ, ㅅ
④ ㄴ, ㄷ, ㅁ, ㅂ

16 다음은 I종합병원에서 위암 검사를 받은 사람들의 검사 전의 예측과 검사 후의 실제 결과를 혼동행렬로 시각화한 자료이며, 〈보기〉는 혼동행렬의 예측 정확성을 평가하는 지표들에 대한 설명이다. 주어진 자료를 바탕으로 ㉠~㉣의 값을 바르게 계산한 것은?

〈2023년 I종합병원 내원객들의 위암 검사 전후의 혼동행렬〉

실젯값 \ 예측값	위암 환자가 맞을 것이다 (Positive)	위암 환자가 아닐 것이다 (Negative)
위암 환자가 맞다 (Positive)	400명	100명
위암 환자가 아니다 (Negative)	600명	900명

- 진양성(TP) : 실제 위암 환자를 위암 환자일 것이라고 옳게(True) 예측함
- 위음성(FN) : 실제 위암 환자인데도 위암 환자가 아닐 것이라고 틀리게(False) 예측함
- 위양성(FP) : 실제 위암 환자가 아닌데도 위암 환자일 것이라고 틀리게(False) 예측함
- 진음성(TN) : 실제 위암 환자가 아니며 위암 환자가 아닐 것이라고 옳게(True) 예측함

〈보기〉

㉠ 정확도(Accuracy) : 전체 샘플 중 얼마나 올바르게 예측했는지, 즉 예측한 전체 건수 중에서 사실에 적중한 것의 비율을 뜻한다.

㉡ 정밀도(Precision) : 양성(Positive)으로 예측한 결과 중에서 실제 양성인 비율, 즉 양성이라고 예측한 것 중에서 적중한 비율을 뜻한다.

㉢ 재현율(Recall) : 실제 양성(Positive) 중에서 얼마나 많은 것을 양성으로 예측했는지, 즉 실제로 양성일 때 예측 결과도 양성인 비율을 뜻한다.

㉣ 특이도(Specificity) : 실제 음성(Negative) 중에서 얼마나 많은 것을 음성으로 예측했는지, 즉 음성을 대상으로 예측한 것 중에서 적중한 비율을 뜻한다.

	㉠	㉡	㉢	㉣
①	0.65	0.3	0.8	0.7
②	0.65	0.4	0.8	0.6
③	0.75	0.3	0.7	0.6
④	0.75	0.4	0.7	0.7

17 다음 〈조건〉에 따라 페이지 기반 메모리 관리시스템에서 LRU(Least Recently Used) 페이지 교체 알고리즘을 구현하였다. 주어진 참조열의 모든 참조가 끝났을 경우 최종 스택(Stack)의 내용으로 옳은 것은?

〈조건〉

- LRU 구현 시 스택을 사용한다.
- 프로세스에 할당된 페이지 프레임은 4개이다.
- 메모리 참조열 : 1 2 3 4 5 3 4 2 5 4 6 7 2 4

①

스택 top	7
	6
	4
스택 bottom	5

②

스택 top	2
	7
	6
스택 bottom	4

③

스택 top	5
	4
	6
스택 bottom	2

④

스택 top	4
	2
	7
스택 bottom	6

18 다음 순서도가 의미하는 알고리즘에 대한 설명으로 옳지 않은 것은?(단, N은 양의 정수이다)

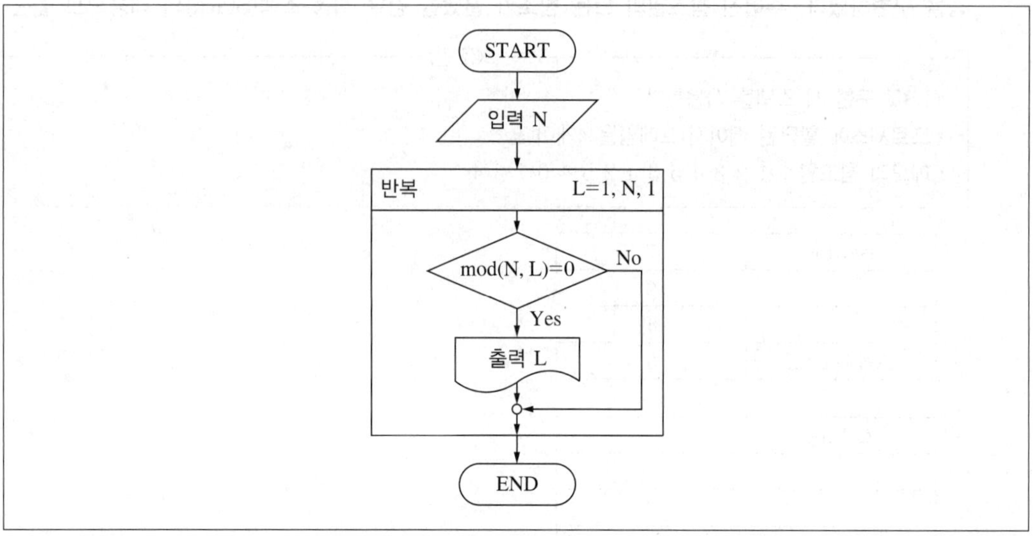

① 알고리즘이 반복되는 동안 L값이 출력되는 횟수는 총 N회이다.

② 출력되는 L값은 입력값과 관계없이 1개 이상이다.

③ N값이 1보다 클 때, 출력된 L값의 합은 항상 N보다 크다.

④ mod(N, L)는 N을 L로 나눈 나머지 값을 출력한다.

| 2022년 하반기

19 데이터베이스에서 정보 부재를 명시적으로 표시하기 위해 사용하는 특수한 데이터 값은?

① 샵(#)　　② 영(Zero)

③ 공백(Blank)　　④ 널(Null)

| 2022년 하반기

20 SQL에서 데이터 검색을 할 경우 검색된 결괏값의 중복 레코드를 제거하기 위해 사용되는 옵션은?

① CASCADE　　② DISTINCT

③ ALL　　④ *

| 2022년 하반기

21 **다음 중 시스템의 보안 취약점을 활용한 공격방법에 대한 설명으로 옳지 않은 것은?**

① Sniffing 공격은 네트워크상에서 자신이 아닌 다른 상대방의 패킷을 엿보는 공격이다.
② Exploit 공격은 공격자가 패킷을 전송할 때 출발지와 목적지의 IP 주소를 같게 하여 공격 대상 시스템에 전송하는 공격이다.
③ SQL Injection 공격은 웹 서비스가 예외적인 문자열을 적절히 필터링하지 못하도록 SQL문을 변경하거나 조작하는 공격이다.
④ XSS(Cross Site Scripting) 공격은 공격자에 의해 작성된 악의적인 스크립트가 게시물을 열람하는 다른 사용자에게 전달되어 실행되는 취약점을 이용한 공격이다.

| 2022년 상반기

22 **다음 중 DMA 명령어 사이클에 대한 설명으로 적절하지 않은 것은?**

① 간접 사이클은 피연산 데이터가 있는 기억 장치의 유효 주소를 계산하는 과정이다.
② 인터럽트 사이클은 요청된 서비스 프로그램을 수행하여 완료할 때까지의 과정이다.
③ 패치 사이클은 주기억 장치로부터 명령어를 꺼내어 디코딩하는 과정이다.
④ 실행 사이클은 연산자 코드의 내용에 따라 연산을 수행하는 과정이다.

| 2022년 상반기

23 **다음 중 사이클 스틸(Cycle Steal)에 대한 설명으로 적절하지 않은 것은?**

① DMA가 기억장치 버스를 점유하여 CPU의 기억장치 액세스를 잠시 중지시키는 기능이다.
② CPU가 메이저 사이클을 반복하고 있는 상태에서 DMA 제어기가 하나의 워드(Word) 전송을 위해 일시적으로 CPU 사이클을 훔쳐서 사용하는 것이다.
③ 기억장치와 입출력 장치 사이에서 직접적인 전송이 이루어진다.
④ 사이클 스틸은 CPU의 상태를 보존할 필요가 없지만 인터럽트는 CPU의 상태를 보존해야 한다.

| 2022년 상반기

24 **다음 중 RAID(Redundant Array of Independent Disks)에 대한 설명으로 적절하지 않은 것은?**

① 하드디스크, CD-ROM, 스캐너 등을 연결해 주는 기술
② 단순히 하드디스크의 모음뿐만 아니라 자동으로 복제해 백업 정책을 구현해 주는 기술
③ 서버(Server)에서 대용량의 하드디스크를 이용하는 경우에 필요로 하는 기술
④ 여러 개의 하드디스크를 모아서 하나의 하드디스크처럼 보이게 하는 기술

❙ 2022년 상반기

25 다음 중 채널(Channel)에 대한 설명으로 적절하지 않은 것은?

① DMA와 달리 여러 개의 블록을 입출력할 수 있다.
② 시스템의 입출력 처리 능력을 향상시키는 기능을 한다.
③ 멀티플렉서 채널은 저속인 여러 장치를 동시에 제어하는 데 적합하다.
④ 입출력 동작을 수행하는 데 있어서 CPU의 지속적인 개입이 필요하다.

❙ 2022년 상반기

26 다음 중 컴퓨터에서 사용하는 캐시메모리에 대한 설명으로 가장 적절한 것은?

① 캐시메모리에 있는 데이터와 메인 메모리에 있는 데이터가 항상 일치하지는 않는다.
② 주기억장치와 하드디스크의 속도 차이를 극복하기 위하여 사용한다.
③ 주기억장치보다 큰 프로그램을 불러와 실행할 때 유용하다.
④ 캐시메모리는 접근 속도가 빠른 동적 램(DRAM)을 사용한다.

❙ 2021년 하반기

27 키는 개체 집합에서 고유하게 개체를 식별할 수 있는 속성이다. 데이터베이스에서 사용되는 키의 종류에 대한 다음 설명 중 적절하지 않은 것은?

① 후보키 : 개체들을 고유하게 식별할 수 있는 속성
② 슈퍼키 : 한 개 이상의 속성들의 집합으로 구성된 키
③ 기본키 : 후보키 중에서 선택한 주 키
④ 대체키 : 후보키 중에서 대표로 선정된 키

❙ 2021년 하반기

28 다음 중 통신환경의 변화 방향에 대한 설명으로 적절하지 않은 것은?

① 다양한 시스템 간의 액세스가 발생하는 환경으로 변화하고 있다.
② 가상화 기술의 활성화로 네트워크에 연결된 서버의 수가 급증하고 있다.
③ 트래픽 패턴이나 동시 접속자 수 등 네트워크 규모의 예측이 쉬워지고 있다.
④ 특정 메이저 장비의 제조사 중심으로 통신 시장이 형성되고 있다.

29 데이터베이스의 특징 중 다음 설명에 해당하는 것은?

> 어느 한 시점에서 데이터베이스가 저장하고 있는 내용은 곧 데이터베이스의 상태를 의미한다. 데이터베이스의 상태는 정적이 아니라 동적이다. 즉 데이터베이스는 새로운 데이터의 삽입, 삭제, 갱신을 통해 현재의 정확한 자료를 유지하면서 변화한다는 것이다.

① Real – Time Accessibility

② Concurrent Sharing

③ Content Reference

④ Continuous Evolution

30 다음 제시된 스택(Stack)의 연산 종류와 Ⓐ ~ Ⓔ 각 문항에서 설명하는 내용이 바르게 연결된 것을 고르면?

> 〈스택(Stack)의 연산 종류〉
>
> (A) push( )
> (B) isfull( )
> (C) isempty( )

> Ⓐ 스택의 맨 위에 있는 데이터 값을 반환한다.
> Ⓑ 스택에 데이터를 삽입한다.
> Ⓒ 스택에서 데이터를 삭제하여 반환한다.
> Ⓓ 스택에 원소가 없으면 true 값을 반환하고 있으면 false 값을 반환한다.
> Ⓔ 스택에 원소가 없으면 false 값을 반환하고 있으면 true 값을 반환한다.

	(A)	(B)	(C)
①	Ⓐ	Ⓔ	Ⓓ
②	Ⓓ	Ⓒ	Ⓔ
③	Ⓐ	Ⓑ	Ⓒ
④	Ⓑ	Ⓔ	Ⓓ

| 디지털 - 주관식 |

| 2024년 하반기

01 어느 창고에서 들어온 물건에 $1 \sim n$번까지 고유한 일련번호를 순서대로 배정한 뒤, 정렬하여 납품하려고 한다. 또한 납품을 위해 물건이 들어오는 '입력' 과정과 물건이 납품되는 '출력' 과정이 있으며, 납품할 물건은 일련번호 순서대로 창고에 들어오고 후입선출에 따라 납품한다. 물건들을 납품하는 순서가 다음과 같을 때, 물건들이 들어오는 순서와 나가는 순서를 정리한 〈보기〉의 표에서 A ~ F에 들어갈 알맞은 수를 모두 더하면?

3 2 1 4 5 8 7 6

〈보기〉

구분	입	입	입	출	출	출	입	출	입	출	입	입	입	출	출	출
일련번호	1	2	3	A	2	1	B	C	5	5	D	7	E	F	7	6

※ 입 : 입력 / 출 : 출력

(   )

| 2024년 상반기

02 다음 Java 프로그램에 '1,450'을 입력하였을 때 출력되는 값은?

```
import java.util.Scanner;

public class Main
{
    public static void main(String[] args) {
        Scanner scan=new Scanner(System.in);
        int total=scan.nextInt();
        int minCoinCnt=0;
        int coins[]={500, 100, 50, 10};

        for (int coin : coins){
            minCoinCnt+=(total/coin);
            total %=coin;
        }

        System.out.println("result=" +minCoinCnt);
    }
}
```

(   )

Ⅰ 2023년 하반기

03 다음 리눅스(Linux)에 대한 〈보기〉의 설명 중 옳은 것을 모두 고르면?

〈보기〉

㉠ 리눅스는 프로그램 소스 코드가 무료로 공개되어 있기 때문에 사용자는 자신이 원하는 대로 특정 기능을 추가할 수 있다.
㉡ 리눅스는 전 세계의 프로그래머들이 지속적인 개발에 참여하기 때문에 성능과 안정성 면에서 유닉스를 능가하거나 대등한 평가를 받는다.
㉢ 리눅스의 구성 요소인 커널(Kernel)은 셸(Shell)과 사용자를 연결하는 인터페이스로서, 명령어를 이해·실행하는 도구이다.
㉣ CLI(Command Line Interface) 체제를 기반으로 한 리눅스의 경우 누구나 간단하고 손쉽게 운영·관리할 수 있다.
㉤ 리눅스는 유닉스와 대부분 호환이 가능하며, 데스크톱의 용도 외에도 모바일 기기, 임베디드 기기, 사물인터넷 디바이스 등 다양한 분야에서 활용되고 있다.

(   )

Ⅰ 2023년 상반기

04 다음 글에서 알 수 있는 CPU 스케줄링 방식을 〈보기〉에서 고르면?

어떤 프로세스가 CPU를 할당받으면 그 프로세스가 종료되거나 입력 및 출력 요구가 발생할 때까지 계속 실행되도록 보장한다. 순차적으로 처리되는 공정성이 있고 다음에 처리해야 할 프로세스와 관계없이 응답시간을 예상할 수 있으며 일괄처리(Batch Processing)에 적합하다. CPU 사용 시간이 긴 하나의 프로세스가 CPU 사용 시간이 짧은 여러 프로세스를 오랫동안 대기시킬 수 있으므로, 처리율이 떨어질 수 있다는 단점이 있다. 선입선출 스케줄링(FCFS; First－Come First－Served), 최단작업 우선 스케줄링(SJF; Shortest－Job First) 등이 이 스케줄링에 속한다.

〈보기〉

㉠ 선점형 스케줄링	㉡ 비선점형 스케줄링
㉢ 라운드 로빈 스케줄링	㉣ FCFS 스케줄링

(   )

05 다음 프로그램을 실행했을 때 결괏값을 구하면?

```
public class test {
public static void main(String[ ] args) {
int i=0;
int c=0;

while (i<10) {
i++;
c*=i;
}
System.out.println(sum);
}
}
```

( )

2권

제1회
IBK기업은행 필기시험

제1영역 NCS 직업기초능력
제2영역 직무수행능력

〈문항 수 및 시험시간〉

<table>
<tr><th colspan="2">영역</th><th>문항 수</th><th>시험시간</th><th>모바일 OMR
답안채점 / 성적분석</th></tr>
<tr><td colspan="2">NCS 직업기초능력</td><td>객관식 40문항</td><td rowspan="3">120분</td><td rowspan="3"></td></tr>
<tr><td rowspan="2">직무수행능력</td><td>금융일반</td><td rowspan="2">객관식 30문항
주관식 5문항</td></tr>
<tr><td>디지털</td></tr>
</table>

www.sdedu.co.kr

IBK기업은행 필기시험

제1회 모의고사

문항 수 : 75문항
시험시간 : 120분

제 1 영역 NCS 직업기초능력

01 다음 글의 주제로 가장 적절한 것은?

정부는 탈원전·탈석탄 공약에 발맞춰 2030년까지 전체 국가 발전량의 20%를 신재생에너지로 채운다는 정책 목표를 수립하였다. 목표를 달성하기 위해 신재생에너지에 대한 송·변전 계획을 제8차 전력수급기본계획에 처음으로 수립하겠다는 게 정부의 방침이다.
정부는 기존의 수급계획이 수급안정과 경제성을 중점적으로 수립된 것에 반해, 8차 계획은 환경성과 안전성을 중점으로 하였다고 밝히고 있으며, 신규 발전설비는 원전, 석탄화력발전에서 친환경, 분산형 재생에너지와 LNG 발전을 우선시하는 방향으로 수요관리를 통합하여 합리적 목표수용 결정에 주안점을 두었다고 밝혔다. 그동안 많은 NGO 단체에서 에너지 분산에 대한 다양한 제안을 해왔지만 정부 차원에서 고려하거나 논의가 활발히 진행된 적은 거의 없었으며 명목상으로 포함하는 수준이었다. 그러나 이번 정부에서는 탈원전·탈석탄 공약을 제시하는 등 중앙집중형 에너지 생산시스템에서 분산형 에너지 생산시스템으로 정책의 방향을 전환하고자 한다.
중앙집중형 에너지 생산시스템은 환경오염, 송전선 문제, 지역 에너지 불균형 문제 등 다양한 사회적인 문제를 야기하였다. 하지만 그동안은 값싼 전기인 기저전력을 편리하게 사용할 수 있는 환경을 조성하고자 하는 기존 에너지계획과 전력수급계획에 밀려 중앙집중형 발전원 확대가 꾸준히 진행되었다. 그러나 현재 대통령은 중앙집중형 에너지 정책에서 분산형 에너지정책으로 전환되어야 한다는 것을 대선 공약사항으로 밝혀 왔으며, 현재 분산형 에너지정책으로 전환을 모색하기 위한 다각도의 노력을 하고 있다. 이러한 정부의 정책변화와 아울러 석탄화력발전소가 국내 미세먼지에 주는 영향과 일본 후쿠시마 원자력 발전소 문제, 국내 경주 대지진 및 포항 지진 문제 등으로 인한 원자력에 대한 의구심 또한 커지고 있다.
제8차 전력수급계획안에 의하면, 우리나라의 에너지 정책은 격변기를 맞고 있다. 우리나라는 현재 중앙집중형 에너지 생산시스템이 대부분이며, 분산형 전원 시스템은 그 설비용량이 극히 적은 상태이다. 또한 우리나라의 발전설비는 2016년 말 105GW이며, 2014년도 최대 전력치를 보면 80GW 수준이므로 25GW 정도의 여유가 있는 상태이다. 25GW라는 여유는 원자력발전소 약 25기 정도의 전력생산 설비가 여유 있는 상황이라고 볼 수 있다. 또한 제7차 전력수급기본계획의 2015 ~ 2016년 전기수요 증가율을 4.3 ~ 4.7%라고 예상하였으나 실제 증가율은 1.3 ~ 2.8% 수준에 그쳤다는 점은 우리나라의 전력 소비량 증가량이 둔화하고 있는 상태라는 것을 나타내고 있다.

① 에너지 분권의 필요성과 방향
② 중앙집중형 에너지 정책의 한계점
③ 중앙집중형 에너지 생산시스템의 발전 과정
④ 전력수급기본계획의 내용과 수정 방안 모색

02 다음 글의 서술 방식으로 가장 적절한 것은?

사람들은 어떤 결과에는 항상 그에 상응하는 원인이 존재한다고 생각한다. 원인과 결과의 필연성은 개별적인 사례들을 통해 일반화될 수 있다. 가령, A라는 사람이 스트레스로 병에 걸렸고, B도 스트레스로 병에 걸렸다면 이런 개별적인 사례들로부터 '스트레스가 병의 원인이다.'라는 일반적인 인과가 도출된다. 이때 개별적인 사례에 해당하는 인과를 '개별자 수준의 인과'라 하고, 일반적인 인과를 '집단 수준의 인과'라 한다. 사람들은 오랫동안 이러한 집단 수준의 인과가 필연성을 지닌다고 믿어 왔다.

그런데 집단 수준의 인과를 필연적인 것이 아니라 개연적인 것으로 파악해야 한다고 주장하는 사람들이 있다. 가령 '스트레스가 병의 원인이다.'라는 진술에서 스트레스는 병의 필연적인 원인이 아니라 단지 병을 발생시킬 확률을 높이는 요인일 뿐이라고 말한다. A와 B가 특정한 병에 걸렸다 하더라도 집단 수준에서는 그 병의 원인을 스트레스로 단언할 수 없다는 것이다. 그렇게 본다면 스트레스와 병은 필연적인 관계가 아니라 개연적인 관계에 놓인 것으로 설명된다. 이에 따르면 '스트레스가 병의 원인이다.'라는 집단 수준의 인과는, 'A가 스트레스를 받았지만 병에 걸리지 않은 경우'나 'A가 스트레스를 받았고 병에 걸리기도 했지만 병의 실제 원인은 다른 것인 경우' 등의 개별자 수준의 인과와 동시에 성립될 수 있다. 이렇게 되면 개별자 수준의 인과와 집단 수준의 인과는 별개로 존재하게 되는 것이다.

이처럼 개별자 수준과 집단 수준의 인과가 독립적이라고 주장하는 이들은, 두 수준의 인과가 서로 다른 방식으로 해명되어야 한다고 본다. 왜냐하면 이들은 개별자 수준의 인과가 지닌 복잡성과 특이성은 집단 수준의 인과로 설명될 수 없다고 여기기 때문이다. 가령 A의 병은 유전적 요인, 환경적 요인, 개인의 생활 습관 등에서 비롯될 수도 있고, 그 요인들이 우연적이며 복합적으로 작용하는 과정을 거치며 발생될 수도 있다.

이에 대해 개별자 수준과 집단 수준의 인과가 연관된다고 주장하는 사람들은 병의 여러 요인들이 있다 하더라도 여전히 인과의 필연성이 성립된다고 본다. 개별적인 사례들에서 스트레스와 그 외의 모든 요인들을 함께 고려할 때 여전히 스트레스가 병의 필수적인 요인이라면 개별자 수준 인과의 필연성은 훼손되지 않으며, 이에 따라 집단 수준 인과의 필연성도 훼손되지 않는다는 것이다.

① 일반인의 상식을 논리적으로 비판하고 있다.
② 대비되는 두 관점을 예를 들어서 설명하고 있다.
③ 상반된 견해에 대하여 절충적 대안을 제시하고 있다.
④ 이론의 장단점을 비교하여 독자의 이해를 돕고 있다.

03 다음 글을 읽고 4D 프린팅으로 구현할 수 있는 제품으로 가장 적절한 것을 고르면?

3D 프린팅을 넘어 4D 프린팅이 차세대 블루오션 기술로 주목받고 있다. 스스로 크기와 모양을 바꾸는 등 이제껏 없던 전혀 새로운 방식의 제품 설계가 가능하기 때문이다. 4D 프린팅은 3D 프린팅에 '시간'이라는 한 차원(Dimension)을 추가한 개념으로, 시간의 경과, 온도의 변화 등 특정 상황에 놓일 경우 4D 프린팅 출력물의 외형과 성질이 변한다. 변화의 비결은 자가 변형이 가능한 '스마트 소재'의 사용에 있는데, 가열하면 본래 형태로 돌아오는 '형상기억합금'이 대표적인 스마트 소재이다.

4D 프린팅은 외부 환경의 변화에 따라 형태를 바꾸는 것은 물론 별다른 동력 없이도 움직일 수 있어 활용 가능성이 넓다. 이는 4D 프린팅이 3D 프린팅의 '크기' 한계를 넘었기 때문이다. 현재 3D 프린팅으로 건물을 찍어내기 위해서는 건물과 같은 크기의 3D 프린터가 있어야 하지만 4D 프린팅은 그렇지 않다. 소형으로 압축 출력한 스마트 소재가 시간이 지나면서 건물 한 동 크기로 쑥쑥 자라날 수 있는 것이다. 즉, 자동차가 로봇으로 변하는 '트랜스포머' 로봇도 4D 프린팅으로 구현이 가능하다.

패션 · 디자인 · 의료 · 인프라 등 다양한 분야에서 혁신 제품들을 하나둘 선보이고 있다. 미국 디자인 업체 '너브스시스템'이 4D 프린팅으로 옷 · 장신구 · 장식품 등을 제작하는 '키네마틱스 프로젝트' 기획도 그중 하나다. 2016년 너브스시스템은 3D 프린팅으로 만든 드레스와 그 제작 과정을 선보였는데, 프린터에서 출력될 때는 평면이었던 드레스가 시간이 지나면서 입체적인 형태를 이루었다.

색깔이 변하는 4D 프린팅은 디자인뿐만 아니라 국민 안전 차원에서도 유용할 것으로 보인다. 한 연구원은 "미세먼지, 방사선 노출 등 국민 생활안전 이슈가 점차 중요해지면서 색상 변환 4D 프린팅이 유망할 것으로 본다. 일상이나 작업 환경에 배치한 4D 소재가 오염 정도에 따라 자극을 일으켜 위험 신호를 주는 형태로 활용 가능할 것"이라고 분석했다.

하지만 3D 프린팅 시장도 제대로 형성되지 않은 현시점에서 4D 프린팅 상용화를 논하기에는 아직 갈 길이 멀다. 워낙 역사 자체가 짧기 때문이다. 시장조사 전문기관의 평가도 이와 다르지 않다. 2016년 발표한 '3D 프린팅 사이클'에서 4D 프린팅은 아직 '기술 태동 단계(Innovation Trigger)'에 불과하다고 전망했다. 연구개발을 이제 막 시작하는 수준이라는 이야기이다.

① 프린터 내부 금형에 액체 섬유 용액을 부어 만든 옷

② 사용자 얼굴의 형태에 맞춘 세상에 단 하나뿐인 주문형 안경

③ 줄기세포와 뼈 형성 단백질 등을 재료로 사용하여 혈관조직을 내 · 외부로 분포시킨 뼈 조직

④ 열에 반응하는 소재를 사용하여 뜨거운 물에 닿으면 닫히고, 열이 식으면 열리는 수도 밸브

04 **월요일 회의를 앞두고 회의에 필요한 자료조사를 하던 A사원은 통계청에서 한국의 고용률과 실업률에 관련된 글을 찾았다. 이 자료를 보고 회의에서 나온 대화로 적절하지 않은 것은?**

> 한국의 고용률은 2023년 기준 65.3%이다. 이는 15 ~ 64세 인구를 기준으로 전년 대비 42만 8천 명의 취업자가 늘어난 것이다. 2023년 고용률 증가 폭은 0.9%p로 2021년의 0.4%p와 2022년의 0.2%p에 비해 상당히 커졌다. 남성 고용률은 2023년 75.7%로 전년 대비 0.8%p 증가하였고, 여성 고용률은 54.9%로 1%p 증가하였다.
>
> 남녀 간 고용률 격차는 2014년 20.7%p로 전년(21%p)과 비슷한 수준으로 유지되었다. 한국은 OECD 주요 국가들 중에서 남녀 간 고용률 격차가 가장 크고 격차의 감소 추세도 가장 완만하다. 남녀 간 고용률 격차에서 한국이 완만한 감소 추세를 보이는 것과 달리 일본이나 이탈리아는 가파른 감소 추세를 나타낸다. OECD 주요 국가들은 최근 20년간 여성 고용률을 높여 남녀 간 격차를 10%p 내외로 줄이는 데 성공했다. 한편, 2023년 고용률 증가는 청년층(15 ~ 29세) 취업자와 중고령층(50 ~ 64세) 취업자 증가에 주로 기인한다. 특히 청년층에서는 2022년보다 1.0%p 증가한 40.7%가 취업하였다. 청년층 중에서도 20 ~ 24세 연령층의 고용률 증가가 현저한데, 이들은 2022년 대비 1.6%p 늘어난 44.8%가 취업한 것으로 나타난다. 이 연령층의 경우, 여성 고용률은 49.5%로 1.9%p 증가하였고 남성 고용률은 39.3%로 1.2%p 증가하여 여성이 남성보다 고용률이 높고 고용률의 증가 폭도 더 크다. 20 ~ 24세 여성의 고용률이 높아진 것은 이 연령계층의 많은 여성이 최근 늘어난 시간제 일자리에 흡수되었기 때문으로 여겨진다. 더불어 최근 중고령층의 취업자 증가도 뚜렷하다. 이들은 전년 대비 1.0%p 증가한 70.3%의 고용률을 나타냈고, 역시 남성보다 여성의 증가 폭(1.3%p)이 더 크다. 청년층과 중고령층에서 여성의 고용률이 상대적으로 빠른 속도로 증가하고 있음에도 불구하고 남녀 간 고용률 격차가 크게 줄어들지 않는 이유는 경력의 성숙기라 할 수 있는 20대 후반에서 40대 여성의 노동시장 참가가 계속 낮은 수준을 유지하고 있기 때문임을 확인할 수 있다.

① B대리 : 한국에 비해 일본과 이탈리아는 남녀 간 고용률 격차가 가파른 감소 추세를 보이는데 우리나라는 어떤 노력이 필요하다고 생각합니까?

② C부장 : 20 ~ 24세 연령층의 경우 여성이 남성보다 고용률이 높고 증가폭도 크네. 이는 고용시장에서 여성의 정규직 채용이 늘어났기 때문이지.

③ D사원 : 청년층과 중·고령층에서 여성의 고용률이 빠르게 증가하고 있지만 남녀 간 고용률 격차는 크게 줄어들지 않는 이유는 20대 후반에서 40대 여성의 노동시장 참가가 낮은 수준이기 때문입니다.

④ E주임 : 청년층은 2023년에 2022년보다 1.0%p 증가한 40.7%가 취업했네요.

05 다음은 개인정보 보호법의 일부이다. 제시된 자료를 참고할 때, 상법상 공공기관에 속하지 않는 기업에서 근무하는 개인정보처리자의 행위로 적절하지 않은 것은?

> **제15조(개인정보의 수집 · 이용)**
>
> ① 개인정보처리자는 다음 각호의 어느 하나에 해당하는 경우에는 개인정보를 수집할 수 있으며 그 수집 목적의 범위에서 이용할 수 있다.
>
> 제1호 정보주체의 동의를 받은 경우
>
> 제2호 법률에 특별한 규정이 있거나 법령상 의무를 준수하기 위하여 불가피한 경우
>
> 제3호 공공기관이 법령 등에서 정하는 소관 업무의 수행을 위하여 불가피한 경우
>
> 제4호 정보주체와 체결한 계약을 이행하거나 계약을 체결하는 과정에서 정보주체의 요청에 따른 조치를 이행하기 위하여 필요한 경우
>
> ② 개인정보처리자는 제1항 제1호에 따른 동의를 받을 때는 다음 각호의 사항을 정보주체에게 알려야 한다. 다음 각호의 어느 하나의 사항을 변경하는 경우에도 이를 알리고 동의를 받아야 한다.
>
> 제1호 개인정보의 수집 · 이용 목적
>
> 제2호 수집하려는 개인정보의 항목
>
> 제3호 개인정보의 보유 및 이용 기간
>
> 제4호 동의를 거부할 권리가 있다는 사실 및 동의 거부에 따른 불이익이 있는 경우에는 그 불이익의 내용
>
> **개인정보 보호법 시행규칙**
>
> **제2조(공공기관에 의한 개인정보의 목적 외 이용 또는 제3자 제공의 공고)**
>
> 공공기관은 개인정보를 목적 외의 용도로 이용하거나 제3자에게 제공(이하 "목적 외 이용 등"이라 한다)하는 경우에는 「개인정보 보호법」(이하 "법"이라 한다) 제18조 제4항에 따라 개인정보를 목적 외 이용 등을 한 날부터 30일 이내에 다음 각호의 사항을 관보 또는 인터넷 홈페이지에 게재하여야 한다. 이 경우 인터넷 홈페이지에 게재할 때는 10일 이상 계속 게재하되, 게재를 시작하는 날은 목적 외 이용 등을 한 날부터 30일 이내여야 한다.
>
> 제1호 목적 외 이용 등을 한 날짜
>
> 제2호 목적 외 이용 등의 법적 근거
>
> 제3호 목적 외 이용 등의 목적
>
> 제4호 목적 외 이용 등을 한 개인정보의 항목

① 정보주체의 동의를 받아 개인정보를 수집한다.

② 개인정보를 제3자에게 제공하면 전자메일로 통보한다.

③ 법률에 따라 개인정보를 수집하고 이용한다.

④ 개인정보의 이용 목적이 변경된 경우 정보주체에게 알린다.

06 다음은 I은행의 국군희망준비적금 특약 안내의 일부분이다. 특약 내용을 읽고 이해한 내용으로 적절하지 않은 것은?

〈I은행 국군희망준비적금 특약〉

제1조 적용범위
당행 "국군희망준비적금(이하 '이 적금'이라 합니다)" 거래는 이 특약을 적용하며, 이 특약에서 정하지 않은 사항은 예금거래 기본약관 및 적립식 예금약관을 적용합니다.

제2조 가입대상
이 적금의 가입대상은 실명의 개인인 군 의무복무 병(현역병, 상근예비역, 훈련병) 및 대체복무자로 하며, 1인 1계좌만 가능합니다.

제3조 예금과목
이 적금의 예금과목은 정기적금으로 합니다.

제4조 계약기간
이 적금의 계약기간은 6 ~ 24개월 이내 일 단위 또는 월 단위로 합니다.

제5조 저축방법
이 적금은 회차별 1천 원 이상 원단위로, 매월(월 초일부터 말일까지) 10만 원 이내에서 만기 1개월 전까지 자유롭게 저축할 수 있습니다.

제6조 이율적용
이 적금의 이율은 신규가입일 당시 영업점에 고시한 이 적금의 계약기간별 이율(이하 '기본이율'이라 합니다)을 적용합니다.

제7조 우대이율
① 이 적금은 신규가입일 당시 영업점에 게시된 제2항의 '급여이체 우대이율'을 기본이율에 더하여 적용합니다. 단, 우대이율은 만기 해지 계좌에 대하여 계약기간 동안 적용합니다.
② '급여이체 우대이율'은 신규일로부터 3개월 이내에 1회 이상의 급여이체 실적이 있는 고객의 계좌에 연 0.3%p 적용합니다.
③ 급여이체 실적이란, 당행과 급여이체 또는 대량이체 계약에 따른 급여성 선일자, 탑라인, 기업인터넷뱅킹 등에 의한 이체를 말하며, 국군재정관리단을 통한 급여이체 실적을 포함합니다.

제8조 중도해지이율 및 만기 후 이율
① 이 적금의 가입자가 만기일 전에 지급 청구한 때에는 월저축금마다 입금일부터 지급일 전날까지의 기간에 대해 신규가입일 당시 영업점에 게시한 중도해지이율로 셈한 이자를 원금에 더하여 지급합니다.
② 이 적금의 가입자가 만기일 후 지급청구한 때에는 만기지급액에 만기일부터 지급일 전날까지 기간에 대해 신규가입일 당시 영업점에 게시한 만기 후 이율로 셈한 이자를 더하여 지급합니다

① 우대이율은 만기 해지 계좌에 대하여 계약기간 동안 적용된다.
② 훈련병도 이 적금의 가입대상이 될 수 있다.
③ 만기 1개월 전까지 매월 10만 원 이내에서 저축 가능하다.
④ 급여이체 우대이율은 1개월 이내에 1회 이상의 급여이체 실적이 있어야 한다.

※ 다음 글을 읽고 이어지는 질문에 답하시오. [7~8]

채권은 사업에 필요한 자금을 조달하기 위해 발행하는 유가 증권으로, 국채나 회사채 등 발행 주체에 따라 그 종류가 다양하다. 채권의 액면금액, 액면이자율, 만기일 등의 지급 조건은 채권 발행 시 정해지며, 채권 소유자는 매입 후에 정기적으로 이자액을 받고, 만기일에는 마지막 이자액과 액면금액을 지급 받는다. 이때 이자액은 액면이자율을 액면가액에 곱한 것으로 대개 연 단위로 지급된다. 채권은 만기일 전에 거래되기도 하는데, 이때 채권 가격은 현재가치, 만기, 지급 불능 위험 등 여러 요인에 따라 결정된다.

채권 투자자는 정기적으로 받게 될 이자액과 액면금액을 각각 현재 시점에서 평가한 값들의 합계인 채권의 현재가치에서 채권의 매입가격을 뺀 순수익의 크기를 따진다. 채권 보유로 미래에 받을 수 있는 금액을 현재가치로 환산하여 평가할 때는 금리를 반영한다. 가령 금리가 연 10%이고, 내년에 지급받게 될 금액이 110원이라면, 110원의 현재가치는 100원이다. 즉 금리는 현재가치에 반대 방향으로 영향을 준다. _____ 금리가 상승하면 채권의 현재가치가 하락하게 되고 이에 따라 채권의 가격도 하락하게 되는 결과로 이어진다. 이처럼 수시로 변동되는 시중 금리는 현재가치의 평가 구조상 채권 가격의 변동에 영향을 주는 요인이 된다.

채권의 매입 시점부터 만기일까지의 기간인 만기도 채권의 가격에 영향을 준다. 일반적으로 다른 지급 조건이 동일하다면 만기가 긴 채권일수록 가격은 금리 변화에 더 민감하므로 가격 변동의 위험이 크다. 채권은 발행된 이후에는 만기가 짧아지므로 만기일이 다가올수록 채권 가격은 금리 변화에 덜 민감해진다. 따라서 투자자들은 만기가 긴 채권일수록 높은 순수익을 기대하므로 액면이자율이 더 높은 채권을 선호한다.

또 액면금액과 이자액을 약정된 일자에 지급할 수 없는 지급 불능 위험도 채권 가격에 영향을 준다. 예를 들어 채권을 발행한 기업의 경영 환경이 악화될 경우, 그 기업은 지급 능력이 떨어질 수 있다. 이런 채권에 투자하는 사람들은 위험을 감수해야 하므로 이에 대한 보상을 요구하게 되고, 이에 따라 채권 가격은 상대적으로 낮게 형성된다.

한편 채권은 서로 대체가 가능한 금융 자산의 하나이기 때문에, 다른 자산 시장의 상황에 따라 가격에 영향을 받기도 한다. 가령 주식 시장이 호황이어서 주식 투자를 통한 수익이 커지면 상대적으로 채권에 대한 수요가 줄어 채권 가격이 하락할 수도 있다.

07 다음 중 채권 가격이 높아지는 조건이 아닌 것은?

① 시중 금리가 낮아진다.
② 채권의 만기일이 다가온다.
③ 주식 투자를 통한 수익이 작아진다.
④ 채권을 발행한 기업의 경영 환경이 악화된다.

08 다음 중 윗글의 빈칸에 들어갈 접속 부사로 적절한 것은?

① 따라서
② 하지만
③ 또한
④ 게다가

※ 다음은 퇴직연금신탁의 확정급여형(DB)과 확정기여형(DC)에 대한 비교 자료이다. 이어지는 질문에 답하시오. **[9~10]**

구분	확정급여형(DB)	확정기여형(DC)
운영방법	• 노사가 사전에 급여수준 및 내용을 약정 • 퇴직 후 약정에 따른 급여 지급	• 노사가 사전에 부담할 기여금을 확정 • 퇴직 후 운용 결과에 따라 급여 지급
기업부담금	산출기초율 (자산운용 수익률, 퇴직률 변경 시 변동)	확정 (근로자 연간 임금 총액의 1/12 이상)
적립공금 운용지시	사용자	근로자
운용위험 부담	사용자	근로자
직장이동 시 합산	어려움(단, IRA/IRP 활용 가능)	쉬움

09 I은행의 A사원은 퇴직연금신탁 유형에 대한 발표 자료를 제작하기 위해 위의 자료를 참고하려고 한다. 이에 대한 A사원의 해석으로 적절하지 않은 것은?

① 같은 급여를 받는 직장인이라도 퇴직연금신탁 유형에 따라 퇴직연금 수준이 달라지겠군.
② 확정급여형은 자산운용 수익률에 따라 기업부담이 달라지는군.
③ 확정기여형으로 퇴직연금을 가입하면 근로자 본인의 선택이 퇴직 후 급여에 별 영향을 미치지 않는군.
④ 이직이 잦은 근로자들은 아무래도 확정기여형을 선호하겠군.

10 A사원은 다음과 같이 주어진 조건하에 적합한 퇴직연금유형을 발표 자료에 넣을 예정이다. (가) ~ (라) 중 분류가 올바르지 않은 것은?

확정급여형(DB)	확정기여형(DC)
(가) 장기근속을 유도하는 기업 (나) 운용 현황에 관심이 많은 근로자	(다) 연봉제를 실시하는 기업 (라) 임금체불 위험이 높은 사업장의 근로자

① (가)
② (나)
③ (다)
④ (라)

11 다음은 IBK 기업은행의 예금 상품인 i-ONE U 통장에 대한 상품설명서이다. 이에 대한 설명으로 옳지 않은 것은?

〈i-ONE U 통장〉

구분	세부사항
상품특징	• 잔액 구간별 우대 금리를 기본 제공하고, 주거래 요건 충족 시 수수료 면제 혜택을 제공하는 비대면 전용 입출식 예금상품
상품과목	• 수시입출금식
가입대상	• 사업자등록증을 소지한 개인사업자 또는 법인(동일 사업자당 1계좌)
가입금액	• 제한 없음
계약기간	• 제한 없음
이자지급식주기	• 매년 3월, 6월, 9월, 12월의 제3토요일 결산 후 익일에 지급
이자지급방법	• 최초 입금일 부터 지급일 전날까지를 이자계산으로 하고, 매일 최종잔액을 평균하여 해당이율로 적용 및 계산
약정이율	• 잔액 구간별 우대금리 제공 1백만 미만: 연 0.10% 1백만 이상 5백만 미만: 연 0.20% 5백만 이상 1천만 미만: 연 0.30% 1천만 이상 5천만 미만: 연 0.40% 5천만 이상 1억 미만: 연 0.50% 1억 이상: 연 0.10%
우대이율	(1) 기본우대 : 이 통장에 대해 발생하는 다음 수수료를 면제 • 잔액증명서 발급수수료(비대면 채널 발급 시) • 현금카드 발급수수료(고객 기준 1회) (2) 심화우대 : 이 통장에서 직전월 기준으로 아래 조건 중 1개 이상을 충족하는 경우 이 통장에서 발생하는 다음 수수료 면제 • 수수료 면제 – 전자금융 이체수수료 – 당행 ATM 송금수수료 – 타행 ATM 출금수수료 – 타행 자동 이체수수료 • 우대요건 1. 당행 기업대출을 보유 중이고, 최근 6개월 이내 연체가 없는 경우 2. 최근 6개월 이내 가입한 비대면 채널 전용 기업 예금 및 적금 상품 보유 3. 당행 전자결제(전자방식외상매출채권, 전자채권, 구매카드 등) 입금 4. BC카드, 제로페이 가맹점 입금 실적 보유 ※ 3, 4는 이 통장으로 입금될 경우에만 인정 • 창업 6개월 이내이고, 당행 최초 거래인 경우 이 통장 신규일 부터 1년간 이 통장에서 발생하는 심화우대 수수료를 면제
유의사항	• 영업점을 통해 기존 입출식계좌에서 이 통장으로 전환 가능 • 비대면 채널 전용 상품으로 종이 통장 발급이 불가하며, 비대면 채널을 통한 이체 및 현금카드에 의한 출금만 가능

① 이자는 가입일로부터 3개월마다 셋째 주 일요일에 지급이 된다.

② 계좌 잔액이 1억 원 미만까지는 많을수록 기본 약정이율이 유리한 상품이다.

③ 사업자등록증을 여러 개 소지하고 있을 경우 사업자등록증 수만큼 계좌가입이 가능하다.

④ 영업점 창구에서 잔액증명서를 발급받을 경우 우대요건 만족 여부와 상관없이 발급수수료가 발생한다.

12 다음은 IBK 기업은행의 예금 상품인 IBK혁신창업기업응원통장에 대한 상품설명서이다. 이에 대한 설명으로 옳은 것은?

〈IBK혁신창업기업응원통장〉

구분	세부사항
상품특징	• 개인, 기업, 기관이 함께 혁신 창업 생태계 조성에 동참하여 사회적 가치를 실현하는 거치식예금 • 기본형(고시금리)과 기여형(무이자예금으로 가입하여 예금 이자부분을 혁신창업기업에 지원) 중에서 선택가입이 가능하며, 비대면 채널에서는 기본형만 가입 가능
상품과목	• 일시예치식
가입금액	• 계좌당 1백만 원 이상 ~ 100억 원 이내
가입대상	• 제한 없음
계약기간	• 1년 이상 3년 이내(월 단위)
이자지급식주기	• 만기(후) 또는 중도해지 요청 시 이자를 지급
약정이율	• 계약기간에 따라 차등 적용 – 1개월 이상 ~ 3개월 미만 : 연 2.95% – 3개월 이상 ~ 6개월 미만 : 연 3.00% – 6개월 이상 ~ 12개월 미만 : 연 3.10% – 12개월 이상 ~ 24개월 미만 : 연 3.15% – 24개월 이상 ~ 36개월 미만 : 연 3.25% – 36개월 이상 : 연 3.30%
우대내용	• 혁신창업기업 응원 메시지 등록 시 우대금리 연 0.1%p 자동 제공(다음 중 택 1) (1) 대한민국 혁신창업기업들의 성장을 응원합니다! (2) 보다 나은 미래를 위한 혁신창업기업들의 도전을 응원합니다! (3) 꿈은 이루어집니다. 혁신창업기업 파이팅! ※ 비대면 채널에서는 응원 문구 선택 시 자동 적용되며, 문구는 향후 달라질 수 있음
가입방법	• 영업점, 인터넷뱅킹, i-ONE 뱅크

① 계약기간이 3년인 가입자의 약정이율은 계약기간이 1년인 가입자의 약정이율보다 0.20%p 더 높다.

② 제시된 금융상품은 거치식예금 상품으로 최초 가입일 이후 입금 및 출금이 불가능하다.

③ 금리혜택을 적용받기 위해서는 영업점 방문을 통해 가입하여야 한다.

④ 기여형의 경우 만기해지 시 가입금액 그대로를 돌려받는다.

※ 다음은 건강보험 자동이체 안내문이다. 이어지는 질문에 답하시오. **[13~14]**

〈건강보험 자동이체 안내(지역가입자)〉

1. 신청방법

구분	은행방문	공단방문	인터넷
준비물	• 예금통장 • 도장 • 건강보험증(또는 전월납부영수증)	예금통장	–
신청장소	예금통장 발행은행	가까운 지사	• www.giro.or.kr • www.nhis.or.kr • www.4insure.or.kr

2. 자동이체 적용 / 해제 시기

① 신규(변경) 신청

- 신규(변경) 신청분은 신청월 보험료부터 적용할 수 있다.
- 다만, 1일부터 자동이체 정기 청구파일 생성 전 신규(변경) 신청분은 신청월의 전월보험료부터 적용한다.

  예 3월 5일 청구파일 생성
  3월 2일 신청자는 2월분 보험료부터 적용한다(3월 10일 출금).
  3월 8일 신청자는 3월분 보험료부터 적용한다(4월 10일 출금).

② 해지 신청

- 즉시 해지 적용한다(다만, 자동이체 청구파일 생성 후부터 청구일 사이에 해지된 건은 출금한다).

  예 3월 2일 해지 신청자는 3월 10일 납부할 보험료를 미출금한다.
  3월 8일 해지 신청자는 3월 10일 납부할 보험료를 출금한다.
  ※ 정기 청구파일 생성일(재청구 포함) : 납부마감일 – 3일(휴일제외)
  ※ 말일 청구파일 생성일 : 납부마감일 – 2일(휴일제외)

- 청구파일 생성 : 생성일 19시부터 ~ 익일(휴일제외) 오전 9시까지
- 청구파일 생성기간에 신청한 경우, 공단에 자동이체 적용 월을 확인
- 출금일은 매월 10일(또는 매월 말일), 미이체 시 가산금을 포함하여 25일과 다음 달 10일, 25일에 재출금된다.
- 해당 월의 보험료는 최대 2개월(4회)까지만 출금되고, 이후에는 독촉고지서로 은행창구에 직접 납부해야 한다.

  ※ 6개월 이상 연속하여 출금되지 않을 경우 직권 해지됨
  ※ 외국인 건강보험료도 자동이체를 실시함(2008년 10월 15일부터)
  ※ 납기일 잔액 부족 시에는 잔액 한도 내에서 출금되며 미납보험료는 익월 10일, 익월 25일에 재출금됨

13 주부 G씨는 다른 지역으로 이사를 하게 되면서 건강보험료 납입을 위한 자동이체 방법을 알아보았다. 다음 중 G씨가 이해한 내용으로 적절하지 않은 것은?

① 납기일에 잔액이 부족한 경우에는 다음 달 10일 또는 25일에 보험료 전액이 빠져나가는구나.
② 예금통장과 도장, 건강보험증을 챙겨 예금통장 발행은행을 찾아가면 신청할 수 있겠어.
③ 건강보험공단 지사가 회사 옆에 있으니 예금통장만 들고 가서 신청하면 되겠네.
④ 6개월 이상 연속하여 출금되지 않을 경우 직권 해지될 수 있겠어.

14 다음 중 A씨의 자동이체 출금일과 B씨의 자동이체 해지일이 바르게 연결된 것은?

〈6월 달력〉

일	월	화	수	목	금	토
						1
2	3	4	5	6	7	8
9	10	11	12	13	14	15
16	17	18	19	20	21	22
23	24	25	26	27	28	29
30						

〈조건〉

• A씨 : 자동이체 신규 신청 – 2024년 6월 7일
정기 청구파일 생성일 – 2024년 6월 4일
출금일 – 매달 10일
• B씨 : 자동이체 해지 신청 – 2024년 6월 3일
출금일 – 매달 10일

	A씨	B씨
①	7월 10일	6월 3일
②	7월 10일	6월 10일
③	6월 10일	6월 3일
④	6월 10일	6월 10일

※ 다음은 I은행에서 제공하는 대출상품에 대한 설명이다. 이어지는 질문에 답하시오. **[15~16]**

〈대출상품별 세부사항〉

구분	상품내용	기본금리	우대금리	혜택	조건
든든대출	사회초년생(만 23 ~ 34세)을 대상으로 저금리에 대출해주는 상품(방문고객 전용 상품)	2.8%	예금상품 동시 가입 시 0.2%p	2,000만 원 이상 대출 시 사은품으로 전자시계 제공	최근 3년 이내 대출내역이 있을 시 대출 불가능
안심대출	일반 고객 대상으로 제공하는 기본 대출상품	3.6%	다자녀 가구(자녀 3명 이상) 0.3%p	-	-
일사천리대출	스마트폰을 사용하여 가입할 수 있어 빠르게 대출을 받을 수 있는 상품(스마트폰 어플 전용 상품)	3.3%	-	스마트폰 액세서리 상품권 1만 원권 제공	스마트폰으로만 가입 가능
이지대출	별다른 대출 조건이 없지만 단기대출만 가능한 상품(방문고객 전용 상품)	4.0%	-	-	3개월 이내에 대출 상환 약정
신뢰대출	자사 이용 고객에게 적은 금액을 낮은 이자에 대출해주는 상품	2.4%	자사 카드 상품이 있는 경우 0.1%p	자사 예금 상품이 있는 경우 200만 원 한도 무이자 대출 가능	자사 타 상품 이용 고객만 대출 가능

※ 별도의 사항이 명시되지 않은 상품은 방문 대출과 스마트폰 대출이 모두 가능함

15 다음 I은행 홈페이지에 올라온 고객문의를 보고 이 고객에게 추천해줄 상품으로 가장 적절한 것은?

〈고객문의〉

안녕하세요? 저는 만 27세 사회초년생 직장인입니다. 제가 이번에 대출을 100만 원 정도 받으려고 하는데요. 어떤 상품이 좋을지 몰라서 추천을 받아보려고 해요. 현재 I은행에서 가입한 예금상품을 사용하고 있어요. 20세 때 학자금 대출을 받고 26세 때 모두 상환한 후에는 대출을 받아본 적은 없어요. 이자율은 3.0% 이하였으면 좋겠는데 어떤 대출상품이 좋을까요?

① 든든대출
② 안심대출
③ 일사천리대출
④ 신뢰대출

16 다음 대출문의 전화상담 내용을 보고 직원이 고객에게 추천해 줄 상품으로 가장 적절한 것은?

직원 : 안녕하세요. 무엇을 도와드릴까요?
고객 : 안녕하세요. 대출을 받으려고 하는데요. 2년 동안 상환할 수 있는 상품으로요.
직원 : 아, 그러세요? 혹시 나이와 직업이 어떻게 되시나요?
고객 : 만 36세 주부입니다.
직원 : 혹시 가족 구성원이 어떻게 되시나요?
고객 : 아이 3명을 키우고 있고, 남편이랑 저 이렇게 5명이에요.
직원 : 소중한 개인정보 감사합니다. 혹시 I은행에 가입한 상품 있으신가요?
고객 : 아니요. 하나도 없어요.
직원 : 스마트폰 전용 대출상품은 어떠세요?
고객 : 스마트폰을 사용하지 않아서 어플로 가입할 수가 없어요.

① 든든대출
② 안심대출
③ 일사천리대출
④ 이지대출

※ 다음은 I공단이 운영하는 근로자 휴양콘도에 대한 자료이다. 이어지는 질문에 답하시오. **[17~18]**

〈근로자 휴양콘도〉

1. 사업목적

근로자 및 그 가족들의 여가 문화 욕구 충족을 위해 휴양시설(콘도)을 이용할 수 있도록 지원함으로써 건전한 가족단위 휴가, 휴식 활용기회 제공

2. 사업내용

- 이용대상
  - 주말, 성수기 : 월평균소득이 246만 원 이하 근로자
  - 평일 : 모든 근로자(월평균소득이 246만 원 초과자 포함), 특수형태근로종사자, 고용보험 또는 산재보험 가입사업장(워크숍, 교육목적에 한함)

  ※ 주말 : 금~토, 공휴일 전일, 연휴

  ※ 평일 : 일~목(단, 성수기 제외)

  ※ 성수기 : 매년 별도 공지(여름·겨울)

3. 이용요금(1박 기준 – 조식 제외) : 55,000~180,000원

4. 휴양콘도 이용우선순위

- 주말, 성수기

  ① 주말, 성수기 선정박수가 적은 근로자

  ② 이용가능 점수가 높은 근로자

  ③ 월평균소득이 낮은 근로자

  ※ 근로자 신혼여행의 경우 최우선 선정
- 평일 : 선착순

5. 기본점수 부여 및 차감방법 안내

- 매년(연 1회) 연령에 따른 기본점수 부여

〈월평균소득 246만 원 이하 근로자〉

연령대	50세 이상	40~49세	30~39세	20~29세	19세 이하
점수	100점	90점	80점	70점	60점

※ 월평균소득 246만 원 초과 근로자, 특수형태근로종사자, 고용·산재보험 가입사업장 : 0점

- 기 부여된 점수에서 연중 이용점수 및 벌점에 따라 점수 차감

구분	이용점수(1박당)			벌점	
	성수기	주말	평일	이용취소 (9일 전~1일 전 취소)	No-show (당일 취소, 미이용)
차감점수	20점	10점	0점	50점	1년 사용제한

17 다음 중 근로자 휴양콘도를 이용하고자 하는 A씨가 위 자료를 읽고 이해한 내용으로 옳은 것은?

① 금요일엔 월평균소득이 246만 원 초과자들도 이용할 수 있어.

② 봄과 가을엔 성수기가 따로 없으니까 참고해야지.

③ 이용요금이 비싼 곳일수록 조식 가격이 낮네.

④ 나이가 많을수록 월마다 부여되는 기본점수가 높아지는군.

18 A씨는 가족과 함께 주말여행을 계획하면서 근로자 휴양콘도를 이용하고자 한다. 같은 날 신청자들의 조건이 다음과 같을 때, 신청자 중 A씨의 이용순위는 몇 번째인가?

신청자	연령 (세)	월소득 (만 원)	주말, 성수기 선정박수(일)	연중이용횟수(회)			벌점 (점)	비고
				성수기	주말	평일		
갑	55	240	2	1	–	–	–	–
을	32	200	1	0	0	3	50	–
병	40	300	1	–	–	–	–	–
정	23	180	2	1	1	–	–	신혼여행
A씨	33	210	2	–	1	2	–	–

① 첫 번째　　② 두 번째

③ 세 번째　　④ 네 번째

19 I동에서는 임신한 주민에게 출산장려금을 지원하고자 한다. 출산장려금 지급 기준 및 I동에 거주하는 임산부에 대한 정보가 다음과 같을 때, 출산장려금을 가장 먼저 받을 수 있는 사람은?

〈I동 출산장려금 지급 기준〉

- 출산장려금 지급액은 모두 같으나, 지급 시기는 모두 다르다.
- 지급 순서 기준은 임신일, 자녀 수, 소득 수준 순서이다.
- 임신일이 길수록, 자녀가 많을수록, 소득 수준이 낮을수록 먼저 받는다(단, 자녀는 만 19세 미만의 아동 및 청소년으로 제한한다).
- 임신일, 자녀 수, 소득 수준이 모두 같으면 같은 날에 지급한다.

〈I동 거주 임산부 정보〉

임산부	임신일	자녀	소득 수준
A	150일	만 1세	하
B	200일	만 3세	상
C	100일	만 10세, 만 6세, 만 5세, 만 4세	상
D	200일	만 7세, 만 5세, 만 3세	중

① A임산부　② B임산부

③ C임산부　④ D임산부

20 I은행 본사의 A ~ D사원은 각각 홍보팀, 총무팀, 영업팀, 기획팀 소속으로 3 ~ 6층의 서로 다른 층에서 근무하고 있다. 이들 중 한 명이 거짓말을 하고 있을 때, 다음 중 바르게 추론한 것은?(단, 각 팀은 서로 다른 층에 위치한다)

> • A사원 : 저는 홍보팀과 총무팀 소속이 아니며, 3층에서 근무하고 있지 않습니다.
> • B사원 : 저는 영업팀 소속이며, 4층에서 근무하고 있습니다.
> • C사원 : 저는 홍보팀 소속이며, 5층에서 근무하고 있습니다.
> • D사원 : 저는 기획팀 소속이며, 3층에서 근무하고 있습니다.

① A사원은 홍보팀 소속이다.
② B사원은 6층에서 근무하고 있다.
③ 홍보팀은 3층에 위치한다.
④ 기획팀은 4층에 위치한다.

21 다음은 I은행 Q지점의 행원들에 대한 서비스 평가 결과이다. 이에 대한 설명으로 적절하지 않은 것은?

〈Q지점 서비스 평가 결과〉

(단위 : 점)

평가항목(만점)	점검내용	수신계		여신계	
		A사원	B주임	C과장	D대리
응대 서비스(35)	용모, 복장, 말투 등	35	28	32	29
업무처리(25)	신속성, 정확성 등	18	21	25	23
상담능력(30)	고객니즈 파악, 적합 상품 권유, 거래유치 노력 등	19	27	30	26
기본 환경(10)	영업점 내·외부 시설 청결도, 고객 편의물 등	7	10	7	8
합계(100)	-	79	86	94	86

※ 90 ~ 100점 : 탁월, 80 ~ 90점 : 우수, 70 ~ 80점 : 보통, 60 ~ 70점 : 미흡

① 행원 서비스 평가 결과, Q지점은 평균 86.25점으로 우수등급에 해당한다.

② 수신계 A사원은 다른 선임들보다 총평가점수는 낮지만, 고객응대 서비스만큼은 인정받아 향후 기대되는 인재이다.

③ B주임은 상담능력보다 응대 서비스에서 상대적으로 더 높은 평가를 받았다.

④ 여신계 C과장은 다년간의 경험을 토대로 고객의 니즈를 파악하고 적절한 상품을 권유하는 능력이 탁월하다.

※ I아파트의 자전거 보관소에서는 입주민들의 자전거를 편리하게 관리하기 위해 다음과 같은 방법으로 자전거에 일련번호를 부여한다. 이어지는 질문에 답하시오. **[22~23]**

- 일련번호 순서

A	L	1	1	1	0	1	–	1
종류	무게	동	호수				–	등록순서

- 자전거 종류 구분

일반 자전거			전기 자전거
성인용	아동용	산악용	
A	K	T	B

- 자전거 무게 구분

10kg 이하	10kg 초과 20kg 미만	20kg 이상
S	M	L

- 동 구분 : 101동부터 110동까지의 끝자리를 1자리 숫자로 기재(예 101동 – 1)
- 호수 : 4자리 숫자로 기재(예 1101호 – 1101)
- 등록순서 : 동일 세대주당 자전거 등록순서를 1자리로 기재

22 다음 중 자전거의 일련번호가 바르게 표기된 것은?

① MT1109–2
② AM2012–2
③ AB10121–1
④ KS90101–2

23 다음 중 일련번호가 'TM41205–2'인 자전거에 대한 설명으로 옳은 것은?

① 전기 모터를 이용해 주행할 수 있다.
② 자전거의 무게는 10kg 이하이다.
③ 204동 1205호에 거주하는 입주민의 자전거이다.
④ 자전거를 2대 이상 등록한 입주민의 자전거이다.

24 어느 학생이 두 문제 A, B를 푸는데 문제 A를 맞히지 못할 확률은 60%, 두 문제를 모두 맞힐 확률은 24%이다. 이때, 이 학생이 문제 A는 맞히고, 문제 B는 맞히지 못할 확률은?

① 16%　　② 20%
③ 24%　　④ 28%

25 I회사의 해외사업부, 온라인 영업부, 영업지원부에서 각각 2명, 2명, 3명이 대표로 회의에 참석하기로 하였다. 자리 배치는 원탁 테이블에 같은 부서 사람끼리 옆자리에 앉기로 했을 때, 7명이 앉을 수 있는 경우의 수는?

① 24가지　　② 27가지
③ 36가지　　④ 48가지

26 농도가 서로 다른 A, B소금물이 있다. A소금물을 200g, B소금물을 300g 섞으면 농도가 9%인 소금물이 되고, A소금물을 300g, B소금물을 200g 섞으면 농도 10%인 소금물이 될 때, B소금물의 농도는?

① 7%　　② 10%
③ 13%　　④ 20%

27 I은행에서 근무하는 A는 K고객에게 적금 만기를 통보하고자 한다. K고객의 적금상품 가입 정보가 다음과 같을 때, A가 K고객에게 안내할 만기환급금액은?(단, 이자 소득에 대한 세금은 고려하지 않는다)

- 상품명 : I은행 희망적금
- 가입자 : 가입자 본인(개인)
- 가입기간 : 36개월
- 가입금액 : 매월 1일 150,000원 납입
- 적용금리 : 연 2.0%
- 저축방법 : 정기적립식
- 이자지급방식 : 만기일시지급식, 단리식

① 5,518,750원　　② 5,522,500원
③ 5,548,250원　　④ 5,566,500원

28 다음은 우리나라 건강보험 재정 현황에 대한 자료이다. 이에 대한 설명으로 옳지 않은 것은?

〈건강보험 재정 현황〉

(단위 : 조 원)

구분		2016년	2017년	2018년	2019년	2020년	2021년	2022년	2023년
수입		32.0	37.0	42.0	45.0	48.5	55.0	55.5	56.0
	보험료 등	27.5	32.0	36.5	39.4	42.2	44.0	44.5	48.0
	정부지원	4.5	5.0	5.5	5.6	6.3	11.0	11.0	8.0
지출		35.0	36.0	40.0	42.0	44.0	51.0	53.5	56.0
	보험급여비	33.5	34.2	37.2	37.8	40.5	47.3	50.0	52.3
	관리운영비 등	1.5	1.8	2.8	4.2	3.5	3.7	3.5	3.7
수지율(%)		109	97	95	93	91	93	96	100

※ $[\text{수지율}(\%)] = \frac{(\text{지출})}{(\text{수입})} \times 100$

① 2021년 보험료 등이 건강보험 수입에서 차지하는 비율은 75% 이상이다.
② 건강보험 수입과 지출의 전년 대비 증감 추이는 2017년부터 2023년까지 같다.
③ 건강보험 지출 중 보험급여비가 차지하는 비율은 2018년과 2019년 모두 95% 이상이다.
④ 2017년부터 건강보험 수지율이 전년 대비 감소하는 해에는 정부지원 수입이 전년 대비 증가하였다.

29 I씨는 올해 총 6번의 토익시험에 응시하였다. 2회차 시험점수가 620점 이상 700점 이하였고, 토익 평균점수가 750점이었을 때, ㉡에 들어갈 수 있는 최소 점수는?

〈I씨의 토익시험 결과〉

1회	2회	3회	4회	5회	6회
620점	㉠	720점	840점	㉡	880점

① 720점
② 740점
③ 760점
④ 780점

30 다음은 A공장에서 만든 부품과 불량품의 수치에 대한 자료이다. 부품 수와 불량품 수의 사이에 일정한 비례 관계가 성립할 때, ㉠과 ㉡에 들어갈 수치를 바르게 짝지은 것은?

〈A공장 부품 및 불량품 수치〉

(단위 : 개)

구분	2019년	2020년	2021년	2022년	2023년	2024년
부품 수	1,230	2,517	3,144	3,870	4,662	㉠
불량품 수	72	111	130	㉡	188	230

	㉠	㉡
①	6,002	149
②	6,002	150
③	6,048	151
④	6,048	152

31 다음은 I공장에서 근무하는 근로자들의 임금수준 분포에 대한 자료이다. 근로자 전체에게 지급된 임금(월 급여)의 총액이 2억 원일 때, 이에 대한 〈보기〉의 설명 중 옳은 것을 모두 고르면?

〈I공장 근로자 임금수준 분포〉

임금수준(만 원)	근로자 수(명)
월 300 이상	4
월 270 이상 300 미만	8
월 240 이상 270 미만	22
월 210 이상 240 미만	26
월 180 이상 210 미만	30
월 150 이상 180 미만	6
월 150 미만	4
합계	100

〈보기〉

ㄱ. 근로자 1명당 평균 월 급여액은 200만 원이다.
ㄴ. 절반 이상의 근로자들이 월 210만 원 이상의 급여를 받고 있다.
ㄷ. 전체 근로자 중 월 180만 원 미만의 급여를 받는 근로자가 차지하는 비율은 10% 미만이다.

① ㄱ　　② ㄷ
③ ㄱ, ㄴ　　④ ㄴ, ㄷ

32 다음은 2022년부터 2023년 상반기까지의 환율 동향에 대한 자료이다. 이에 대한 〈보기〉의 설명 중 옳은 것을 모두 고르면?

〈주요국가 환율 동향 – 달러/유로 및 엔/달러 환율 추이〉

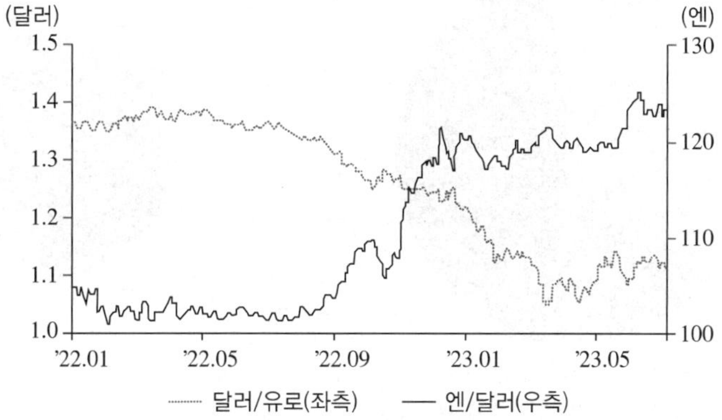

〈원화 환율 동향 – 원/달러 및 원/엔 환율 추이〉

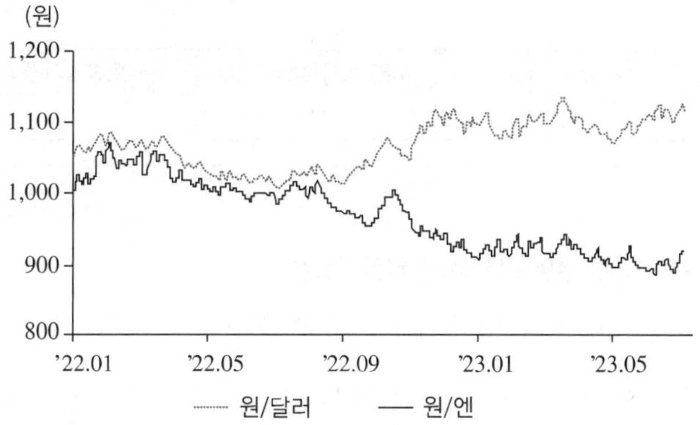

〈보기〉

ㄱ. 유로화는 달러화 대비 약세가 심화되고 있다.

ㄴ. 2023년 상반기의 엔화는 달러화에 대해 전반적으로 전년 대비 강세를 보이면서 강세인 반면 달러는 약세이다.

ㄷ. 2023년 상반기의 원/달러 환율은 전년 대비 상승하였으나, 방향성이 부재한 가운데 1,000원을 중심으로 등락을 지속하고 있다.

ㄹ. 2023년 상반기의 원/엔 환율은 전반적으로 900원 선을 상회하는 수준에서 완만하게 움직였다.

① ㄱ, ㄴ
② ㄱ, ㄹ
③ ㄱ, ㄴ, ㄷ
④ ㄱ, ㄷ, ㄹ

※ 다음은 I은행 직원 1,200명의 통근현황에 대한 자료이다. 이어지는 질문에 답하시오. **[33~34]**

〈출 · 퇴근 수단 이용률〉

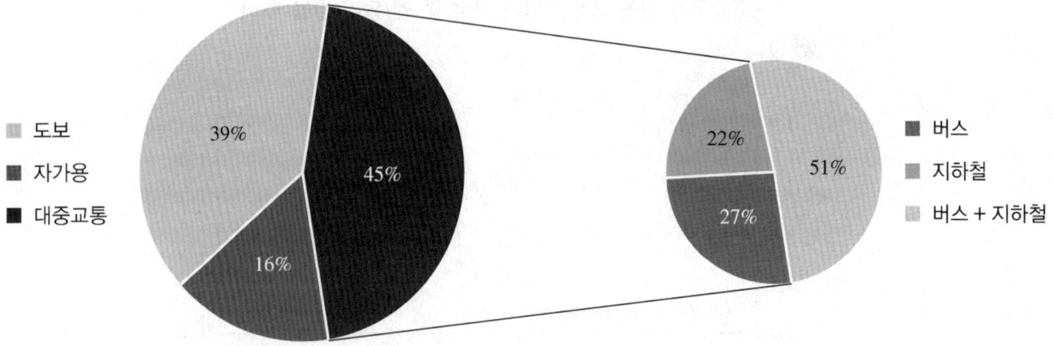

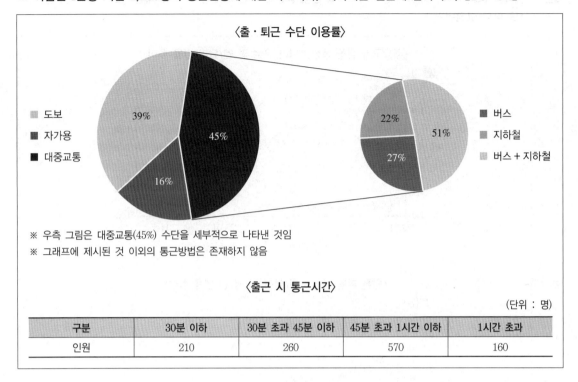

※ 우측 그림은 대중교통(45%) 수단을 세부적으로 나타낸 것임
※ 그래프에 제시된 것 이외의 통근방법은 존재하지 않음

〈출근 시 통근시간〉

(단위 : 명)

구분	30분 이하	30분 초과 45분 이하	45분 초과 1시간 이하	1시간 초과
인원	210	260	570	160

33 다음 중 위 자료에 대한 설명으로 옳지 않은 것은?

① 통근시간이 30분 이하인 직원은 전체의 17.5%이다.

② 대중교통을 이용하는 인원 모두 통근시간이 45분을 초과하고, 그중 $\frac{1}{4}$의 통근시간이 60분을 초과할 때, 이들은 60분 초과 인원의 80% 이상을 차지한다.

③ 버스와 지하철을 모두 이용하는 직원은 도보를 이용하는 직원보다 174명 적다.

④ 통근시간이 45분 이하인 직원은 1시간 초과인 직원의 3.5배 미만이다.

34 도보 또는 버스만 이용하는 직원 중 25%의 통근시간이 30분 초과 45분 이하이다. 통근시간이 30분 초과 45분 이하인 인원에서 도보 또는 버스만 이용하는 직원 외에는 모두 자가용을 이용한다고 할 때, 이 인원이 자가용으로 출근하는 전체 인원에서 차지하는 비중은?(단, 소수점 첫째 자리에서 반올림한다)

① 55% ② 67%

③ 74% ④ 80%

※ I은행의 ICT센터는 정보보안을 위해 직원의 컴퓨터 암호를 다음과 같은 규칙으로 지정해두었다. 이어지는 질문에 답하시오. **[35~37]**

〈규칙〉

1. 자음과 모음의 배열은 국어사전의 배열 순서에 따른다.
   - 자음
     - 국어사전 배열 순서에 따라 알파벳 소문자(a, b, c, …)로 치환하여 사용한다.
     - 받침으로 사용되는 자음의 경우 대문자로 구분한다.
     - 겹받침일 경우, 먼저 쓰인 순서대로 알파벳을 나열한다.
   - 모음
     - 국어사전 배열 순서에 따라 숫자(1, 2, 3, …)로 치환하여 사용한다.
2. 비밀번호는 임의의 세 글자로 구성하되 마지막 한 자리 숫자는 다음의 규칙에 따라 지정한다.
   - 음절에 사용된 각 모음에 해당하는 숫자의 합으로 구성한다.
   - 모음의 합이 두 자리 이상일 경우엔 각 자릿수를 다시 합하여 한 자리 수가 나올 때까지 더한다.
   - '−'을 사용하여 단어와 구별한다.

35 김사원 컴퓨터의 비밀번호는 '자전거'이다. 이를 암호로 바르게 치환한 것은?

① m1m3ca5−9
② m1m5Ca5−2
③ n1n5ca3−9
④ m1m3Ca3−7

36 이대리 컴퓨터의 비밀번호는 '마늘쫑'이다. 이를 암호로 바르게 치환한 것은?

① g1c19FN9L−2
② g1C11fN3H−6
③ g1c16FN2N−1
④ g1c19Fn9L−2

37 다음 중 송주임 컴퓨터의 암호 'l15Cd5r14F−7'을 바르게 풀이한 것은?

① 워크숍
② 원더풀
③ 온누리
④ 올림픽

38 다음 명령을 수행했을 때 출력되는 결괏값으로 옳은 것은?

```
#include 〈stdio.h〉

int main(void)
{
  int ary[3];
  int i;
  ary[0]=1; ary[1]=2; ary[2]=3;
  for (i=0; i<3; i++)
    printf("%d번째 주사위 번호 :%d ₩n", i+1, ary[i]);
  return 0;
}
```

① 0번째 주사위 번호 : 1
1번째 주사위 번호 : 2
2번째 주사위 번호 : 3

② 0번째 주사위 번호 : 2
1번째 주사위 번호 : 3
2번째 주사위 번호 : 4

③ 1번째 주사위 번호 : 1
2번째 주사위 번호 : 2
3번째 주사위 번호 : 3

④ 1번째 주사위 번호 : 3
2번째 주사위 번호 : 3
3번째 주사위 번호 : 3

39 제시된 순서도에 의해 출력되는 값으로 옳은 것은?

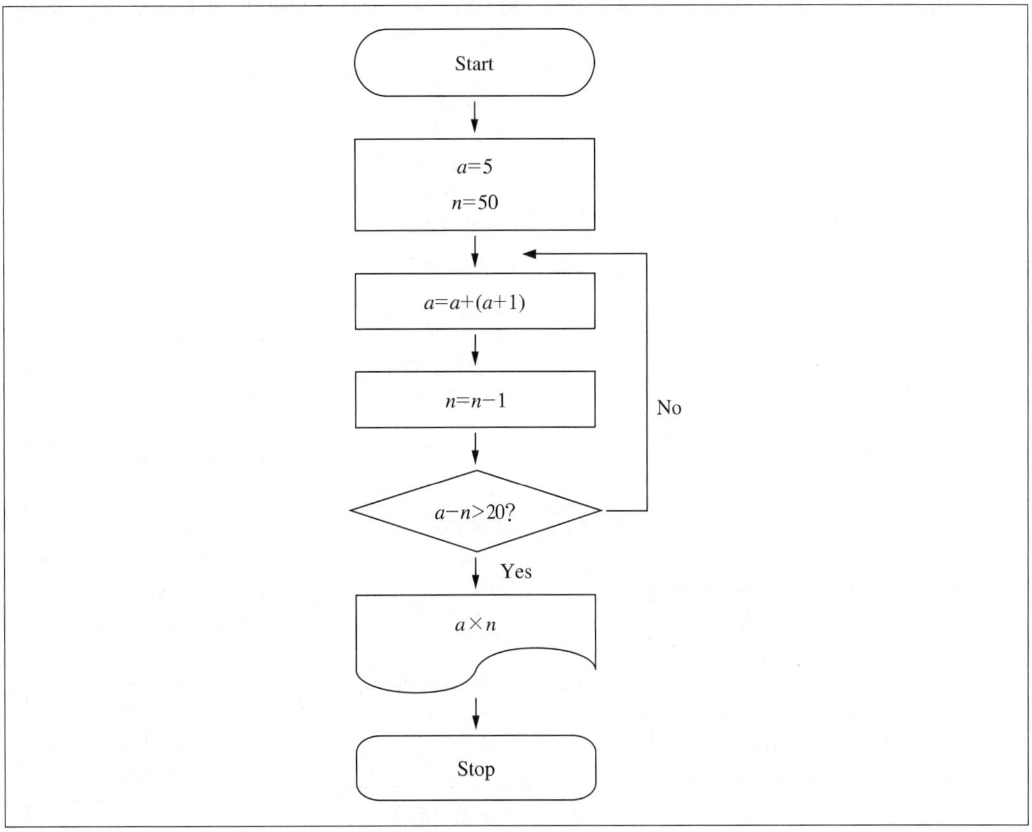

① 2,904 ② 3,642

③ 4,026 ④ 4,370

40 다음은 x에 입력한 것이 실수, 허수, 문자에 해당되는지 판단하는 알고리즘이다. 이 알고리즘에 '5lions'를 왼쪽부터 한 글자씩 순서대로 입력하였더니 〈보기〉와 같은 결과가 나왔다. 그 이유로 가장 적절한 것은?

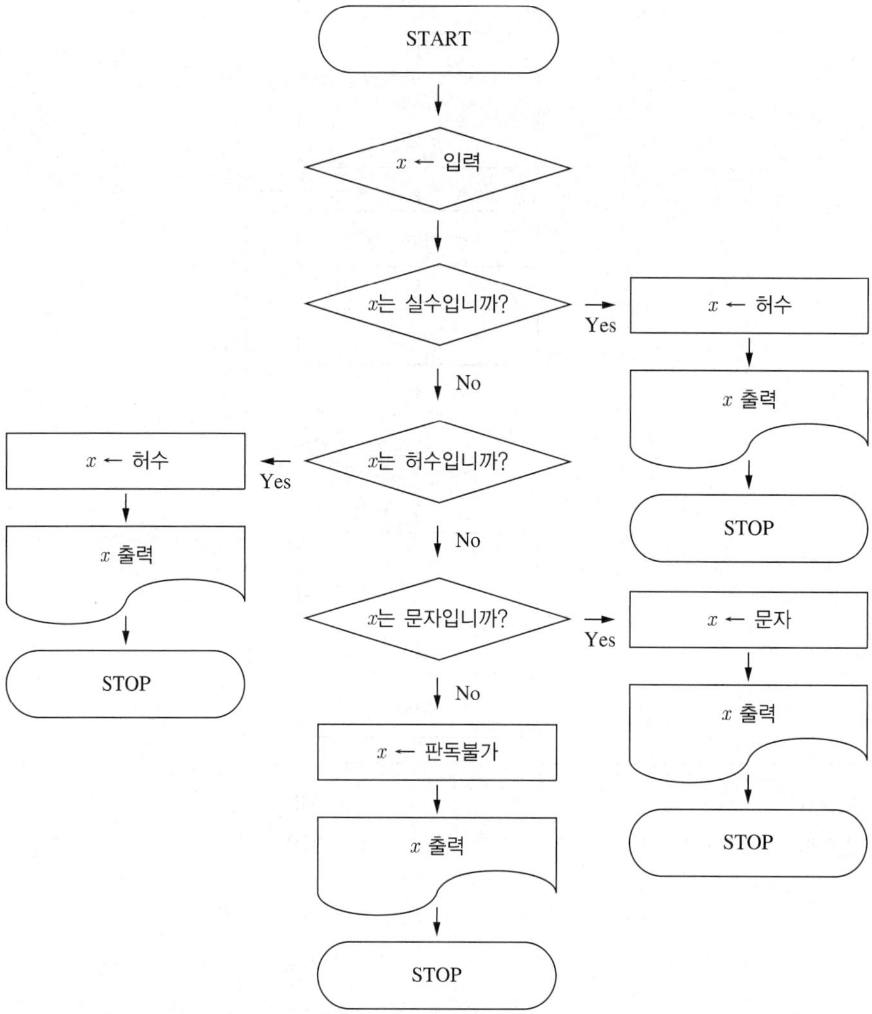

※ 허수 : 제곱하여 음수가 되는 수, $i=\sqrt{-1}$

〈보기〉

구분	첫 번째	두 번째	세 번째	네 번째	다섯 번째	여섯 번째
결과값	정수	실수	문자	실수	문자	문자

① 'i'를 문자가 아닌 허수로 입력하였다.
② 허수 'i'를 입력하지 않았다.
③ 실수 '5', 허수 'i', 문자 'l', 'o', 'n'을 모두 입력하였다.
④ 'l', 'o'를 문자가 아닌 실수로 입력하였다.

제2영역 직무수행능력

| 금융일반 - 객관식 |

01 다음은 X재에 대한 수요곡선이다. 이에 대한 설명으로 옳은 것은?(단, X재는 정상재이다)

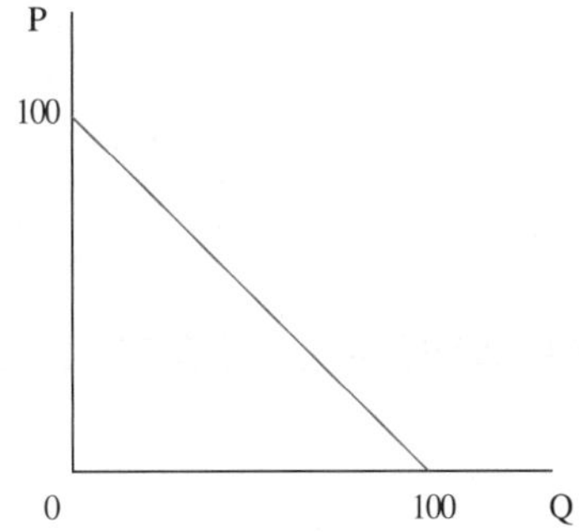

① 가격이 100원이면 X재의 수요량은 100이다.
② 가격에 상관없이 가격탄력성의 크기는 일정하다.
③ 소득이 증가하는 경우 수요곡선은 왼쪽으로 이동한다.
④ X재 시장이 독점시장이라면 독점기업이 이윤극대화를 할 때 설정하는 가격은 50원 이상이다.

02 명목GDP가 2023년 300억 원에서 2024년에는 360억 원으로 증가했다고 한다. 같은 기간에 GDP디플레이터는 100에서 120으로 상승했다고 할 때, 2024년 실질GDP는 2023년에 비해 얼마나 변동했는가?

① 3억 원 증가
② 30억 원 증가
③ 3억 원 감소
④ 변화 없음

03 해당 연도 A사는 1/4분기에 B사와 협업하는 단기프로젝트에서 1,000만 원을 투자하고, 2, 3분기에 각각 600만 원씩 현금수입이 들어오는 경우에 순현재가치(NPV)는 얼마인가?(단, 시중이자율은 10%이다)

① 38만 원
② 39만 원
③ 40만 원
④ 41만 원

04 **다음 중 구축효과에 대한 설명으로 옳지 않은 것은?**

① 정부의 실제 지출금액보다 총수요가 더 크게 증가하는 현상을 말한다.

② 정부는 재정지출을 늘리기 위해 국채발행 등을 실시한다.

③ 금융시장에 자금부족 현상이 나타나 이자율이 상승하고 투자가 감소하게 된다.

④ IS－LM모형에서 LM곡선의 기울기가 급할수록 구축효과는 더 크게 나타난다.

05 **다음 중 예상된 인플레이션으로 발생할 수 있는 영향으로 볼 수 없는 것은?**

① 은행 방문횟수 증가

② 이동시간, 교통비용 증가

③ 소득과 부의 이전

④ 제품가격 변동에 따른 가격표 수정

06 **다음 중 정부의 국채매입을 통해 얻을 수 있는 효과로 옳은 것은?**

① 통화량이 늘어나고, 금리는 상승한다.

② 통화량이 줄어들고, 금리는 상승한다.

③ 통화량이 늘어나고, 금리는 하락한다.

④ 통화량이 줄어들고, 금리는 하락한다.

07 **다음 중 대출 상환방식에 대한 설명으로 옳지 않은 것은?**

① 원금균등상환은 시간이 지날수록 원리금 부담이 줄어든다.

② 초기 월 상환금액은 원리금균등상환보다 원금균등상환이 더 크다.

③ 원리금균등상환은 전체 대출기간에 대하여 총 지급이자가 가장 크다.

④ 원금균등상환의 월 이자는 대출원금에서 매월 납부하는 원금을 차감한 금액에 대하여 계산한다.

08 어느 경제의 현금통화가 200, 현금예금비율이 0.2이다. 지급준비금이 100이라고 할 때, 다음 중 통화승수와 지급준비율을 각각 바르게 구한 것은?

	통화승수	지급준비율
①	3.33	0.1
②	3.33	0.5
③	4	0.1
④	4	0.5

09 다음 글에서 빈칸 ㉠~㉣에 들어갈 경제 개념으로 적절한 것은?

> 재화의 유형은 소비의 배제성(사람들이 재화를 소비하는 것을 막는 것)과 경합성(한 사람이 재화를 소비하면 다른 사람이 이 재화를 소비하는 데 제한되는 것)에 따라 구분할 수 있다. 공유자원은 재화를 소비함에 있어 __㉠__은 있지만 __㉡__은 없는 재화를 의미한다. 예를 들어 차량이 이용하는 도로의 경우 막히는 __㉢__는 공유자원으로 구분할 수 있으며, __㉣__ 현상이 나타나기 쉽다.

	㉠	㉡	㉢	㉣
①	경합성	배제성	무료도로	공유지의 비극
②	배제성	경합성	무료도로	공유지의 비극
③	경합성	배제성	유료도로	공유지의 비극
④	배제성	경합성	유료도로	무임승차

10 다음 중 통화량의 증가를 초래하는 경우는?

① 중앙은행이 공개시장에서 국채를 매각하였다.
② 재할인율이 인상되었다.
③ 법정지급준비율이 인상되었다.
④ 중앙은행의 매각외환이 매입외환보다 적게 되었다.

11 다음 중 기업이 자금을 조달하는 방식 중 직접금융방식이 아닌 것은?

① 주식공모
② 회사채 발행
③ 은행으로부터 차입
④ 외국인에 의한 직접투자

12 다음을 참고하여 I기업의 올해 영업레버리지도를 계산하면 얼마인가?

> • I기업은 의자 생산업체로 올해 의자 판매량은 총 10,000개이다.
> • 의자의 개당 고정원가는 16,000원, 변동원가는 1개당 2,000원이며, 의자의 가격은 개당 50,000원으로 동일하다.

① 0.5
② 1.0
③ 1.5
④ 2.0

13 다음 중 공공재에 대한 설명으로 적절하지 않은 것은?

① 공공재는 경합성과 배제성이 큰 재화이다.
② 공공재의 시장수요곡선은 개별수요곡선을 수직으로 합하여 도출한다.
③ 민간부분도 공공재를 생산한다.
④ 비용을 부담하지 않으면서 소비에는 참여하고 싶어 하는 경향이 있다.

14 다음 중 국제수지와 환율에 대한 설명으로 옳지 않은 것은?

① 개방경제의 총수요에는 순수출이 포함된다.
② 명목환율은 서로 다른 나라 간의 물가변동을 반영하여 구매력 변동을 나타내도록 조정한 환율을 말한다.
③ 국제수지는 경제적 거래의 형태에 따라 크게 경상수지와 금융계정으로 구분된다.
④ 국민소득 항등식에 의하면 국내 저축이 국내 투자보다 크면 순수출은 항상 0보다 크다.

15 다음 중 ESG 경영에 대한 설명으로 옳지 않은 것은?

① ESG는 기업의 비재무적 요소인 '환경(Environment), 사회(Social), 지배구조(Governance)'의 약자이다.
② ESG는 재무제표에는 드러나지 않지만 중장기적으로 기업 가치에 영향을 미치는 지속가능성 평가 지표이다.
③ ESG는 기업의 행동이 미치는 영향 등을 구체화하고 그 노력을 측정 가능하도록 지표화하여 투자를 이끌어 낸다.
④ ESG 경영의 핵심은 효율을 최우선으로 착한 기업을 키워나가는 것을 목적으로 한다.

16 **다음을 참고하여 엥겔지수를 계산하면 얼마인가?**

> • 독립적인 소비지출 : 100만 원
> • 한계소비성향 : 0.6
> • 가처분소득 : 300만 원
> • 식비지출 : 70만 원

① 0.2
② 0.25
③ 0.3
④ 0.35

17 **다음 중 매슬로의 욕구단계 이론의 최상위 개념으로 옳은 것은?**

① 자아실현의 욕구
② 안전 욕구
③ 생리적 욕구
④ 소속 및 애정 욕구

18 **다음 중 의사결정에 대한 설명으로 옳지 않은 것은?**

① 집단의사결정의 장점으로는 위험의 분산, 구성원 상호 간의 지적 자극, 일의 전문화, 많은 지식, 사실・관점의 이용 가능 등이 있다.
② 집단의사결정의 단점으로는 특정 구성원에 의한 지배 가능성, 최적안의 폐기 가능성, 의견불일치로 인한 갈등, 시간 및 에너지의 낭비 등을 들 수 있다.
③ 의사결정에 대한 기본가정 중 관리인가설의 특징으로는 만족스러운 행동경로, 제한된 합리성 등을 들 수 있다.
④ 지수평활법은 미래의 불확실성에 대한 의사결정, 즉 장기적인 예측 등을 하는 데 유용한 방법의 하나로서 특정 문제에 대해서 몇 명의 전문가들의 독립적인 의견을 우편으로 수집하고 이 의견들을 요약하여 전문가들에게 다시 배부한 다음 서로의 의견에 대해 논평하도록 하여 결론을 도출하는 방법이다.

19 X상품에 대한 수요함수가 $Q_d = 12 - 2P$로 동일한 소비자가 10,000명이 있다. 또한 이 상품의 공급자는 1,000명이고, 각 공급자의 공급함수는 $Q_s = 20P$이다. X상품의 균형가격(P)과 균형수급량(Q)은?

	균형가격(P)	균형수급량(Q)
①	3	60,000
②	3.5	70,000
③	0.55	109,000
④	0.54	110,000

20 다음 중 인간행동의 유형에 대한 이론과 설명이 잘못 연결된 것은?

① X이론 : 인간은 본래 노동을 싫어하고 경제적인 동기에 의해서만 노동을 하며 명령받은 일밖에 실행하지 않기 때문에 엄격한 감독, 상세한 명령과 지시, 금전적 자극 등이 필요하다.

② Y이론 : 인간은 노동을 통한 자기실현의 욕구가 있고, 이를 발휘하여 조직목표의 충족에 이어지도록 원조·지도해야 한다.

③ Z이론 : X이론과 Y이론의 절충 이론으로, 2차 세계대전 이후 눈부신 경제성장을 이룬 일본기업 경영방식(J타입)의 장점을 미국식 경영방식(A타입)의 장점에 조화시키고자 한다.

④ W이론 : 외국의 경영철학이나 이론이 우수하기 때문에 이를 한국의 산업현장에 그대로 도입했을 때 작업능률이 오른다.

21 다음 중 소품종 대량생산에 적합한 제품으로 옳은 것은?

① 차량용 충전기
② 메모리 반도체
③ 생활용품
④ 지하철 광고물

22 다음 제시된 상황에서 철수가 민지의 제안을 받아들여 프로야구 올스타전 대신 프로축구 올스타전을 보러 가기로 했다면, 프로야구 올스타전을 관람함으로써 철수가 얻는 편익(X)의 범위는?

철수는 며칠 전 중고물건을 사고파는 카페를 통해 프로야구 올스타전 입장권 한 장을 10만 원 주고 구입했다. 그런데 민지가 같은 날 같은 시각에 열리는 프로축구 올스타전 무료초대권이 있으니 함께 가자고 한다. 프로축구 올스타전 입장권의 정가는 4만 원이며, 철수가 이 경기를 관람했을 때 얻는 편익은 6만 원이다. 한편, 프로야구 올스타전 입장권은 8만 원의 가격으로 되팔 수 있다.

① $4 \leq X \leq 6$
② $6 \leq X \leq 8$
③ $6 \leq X \leq 10$
④ $10 \leq X \leq 14$

23 다음 중 고정된 패스워드 대신 무작위로 생성되는 일회용 패스워드를 이용하는 사용자 인증방식은?

① 공동인증서
② OTP
③ 전자서명
④ 보안카드

24 다음 중 계좌이동서비스에 대한 설명으로 옳지 않은 것은?

① 인터넷 홈페이지로만 가능하다.
② 공과금, 통신비, 급여 등이 해당된다.
③ EU와 호주 등에도 도입되어 있다.
④ 자동이체 서비스를 한 번에 조회하거나 변경 또는 해지가 가능하다.

25 다음 글의 밑줄 친 ㉠~㉤에 대한 설명으로 옳은 것은?

> 개발도상국에 진출한 일부 ㉠ 다국적 기업의 현지 근로자는 그 기업 본국의 경영 방식을 따르고 있다. 이러한 현상에도 불구하고 문화에 대한 인식 차이는 여전히 남아 있다. ㉡ 외국인 경영자는 본국과 현지 사이의 문화 및 민족성 차이를 강조한다. 예를 들어, 직장에서 윗사람이 자리를 비울 때 현지 근로자는 일의 집중력이 떨어지는 데 비해 본국 근로자는 그렇지 않다는 점을 내세워 현지 근로자의 자율성이 낮다고 지적한다. 반면 현지 근로자는 ㉢ 다국적 기업이 현지에 토착화할 것과 자신들의 ㉣ 문화적 고유성을 존중해 줄 것을 요구한다. 이러한 상황에서 현지 근로자와 함께 근무하는 본국 근로자는 본국과 현지 사이의 ㉤ 문화적 차이를 '문명'과 '미개'의 위계적 서열로 인식하기도 한다.

① ㉠은 문화 전파, ㉢은 문화 접변의 사례로 볼 수 있다.
② ㉠은 재사회화, ㉤은 문화 지체의 사례로 볼 수 있다.
③ ㉡이 가진 태도는 문화 상대주의 관점으로 볼 수 있다.
④ ㉢과 ㉣을 요구하는 것은 자문화 중심주의에 해당한다.

26 다음 내용이 설명하는 용어로 옳은 것은?

> 협상 테이블에서 처음 언급된 조건에 얽매여 크게 벗어나지 못하는 것을 의미한다. 다시 말해서, 최초 습득한 정보에 몰입하여 새로운 정보를 수용하지 않거나, 이를 부분적으로만 수정하는 행동 특성을 말한다.

① 프레이밍 효과
② 피그말리온 효과
③ 앵커링 효과
④ 후광 효과

27 다음 내용이 설명하는 것과 관련 있는 용어는?

> 어나니머스(Anonymous)가 아동 음란물 사이트를 공격해 전체 음란물 사이트의 약 20%에 달하는 1만여 개의 사이트를 폐쇄시키고, 해당 사이트의 이용자 개인정보 일부도 공개했다. 어나니머스는 2000년대 초반부터 활동하고 있는 약 3천 명 규모의 국제 해커 조직으로, 사회적 지탄을 받는 집단이나 기관이 주요 공격 대상이다. 이 때문에 해커 조직임에도 불구하고 이들을 지지하는 대중여론이 우세하다.

① 포퓰리즘
② 핵티비즘
③ 쇼비니즘
④ 파시즘

28 다음 중 고전학파 모형에 대한 설명으로 옳지 않은 것은?

① 물가가 상승하면 즉각적으로 명목임금도 상승한다.
② 대부자금을 통해 주입과 누출이 항상 일치하므로 총생산과 총지출도 항상 일치한다.
③ 고전학파 모형은 단기보다는 장기를 분석하기에 적합한 모형이다.
④ 정부지출의 변화는 실질변수에 아무런 영향을 미칠 수 없다.

29 다음 사례와 관련 있는 용어는?

건축가 믹 피어스(Mick Pierce)는 전력이 부족한 짐바브웨의 환경을 고려하여 에어컨 없이도 시원한 쇼핑몰을 만들어 달라는 제안을 받아들이고 고민하던 중, 우연한 기회에 생물학자를 만나 오스트레일리아의 흰개미 집에 대한 이야기를 듣게 되었다. 지상 6m 높이에 달하는 흰개미 집은 땅속과 지면 사이에 통풍구를 만들어, 맨 위쪽 통풍창을 여닫음으로써 내부온도를 조절한다는 것이었다. 이에 영감을 얻은 피어스는 건축물을 높게 지어 지붕에 통풍구를 달고, 아래쪽으로 공기가 통하게 함으로써 평균 섭씨 24도를 유지하는 쇼핑몰 이스트게이트(Eastgate)를 완성하였다.

① 시너지 효과(Synergy Effect)
② 링겔만 효과(Ringelmann Effect)
③ 르네상스 효과(Renaissance Effect)
④ 메디치 효과(Medici Effect)

30 다음 내용이 설명하는 용어로 옳은 것은?

닐 하우와 윌리엄 스트라우스가 1991년 출간한 『세대들, 미국 미래의 역사』에서 처음 사용한 용어이다. 1980년대 초반부터 2000년대 초반 출생한 세대로 이 세대는 청소년기부터 인터넷을 사용해 모바일 및 SNS 등 IT에 능통하며 대학 진학률이 높다는 긍정적인 특징이 있다. 반면, 2007년 글로벌 금융 위기 이후 사회에 진출해 고용감소, 양질의 일자리 부족 등을 겪어 평균 소득이 낮으며 대학 시절의 학자금 부담을 안고 있기도 하며, 결혼을 미루고 내 집 마련에 적극적이지 않은 모습도 보인다. 이들은 매매보다는 임대에 관심이 많고, 전통적인 마케팅(광고 등)보다는 개인적으로 얻은 정보를 더 신뢰하는 모습을 보이기도 한다.

① N세대
② 밀레니얼 세대
③ 에코붐 세대
④ MZ세대

| 금융일반 - 주관식 |

01 다음을 참고하여 기말재고액을 계산하면 얼마인가?

> • 기초재고액 : 100,000
> • 당기상품매입액 : 30,000
> • 매출원가 : 40,000

(만 원)

02 예금통화에 대한 현금통화의 비율이 0.2이고 예금지급준비율은 0.4일 때, 통화승수는 얼마인가?

( )

03 다음 평균비용곡선과 한계비용곡선에 대한 〈보기〉의 설명 중 옳지 않은 것을 모두 고르면?(단, 평균비용곡선과 한계비용곡선은 모두 U자형이다)

〈보기〉

㉠ 장기평균비용곡선(LAC)은 단기평균비용(SAC)의 포락선(Envelope Curve)이다.
㉡ 장기한계비용곡선(LMC)은 단기한계비용곡선(SMC)보다 항상 가파른 기울기를 가진다.
㉢ 장기평균비용곡선(LAC)의 최저점에서는 단기평균비용(SAC), 단기한계비용(SMC), 장기한계비용(LMC)이 모두 같다.
㉣ 단기한계비용곡선(SMC)은 항상 단기평균비용곡선(SAC)이 최저가 되는 생산량 수준에서 장기평균비용곡선(LAC)과 만난다.

( )

04 I기업의 비용은 $TC=2Q^2+20Q$이다. 이 기업은 생산과정에서 공해물질을 배출하고 있으며, 공해물질 배출에 따른 외부불경제를 비용으로 추산하면 추가로 $10Q$의 사회적 비용이 발생한다. 이 제품에 대한 시장수요가 $Q=60-P$일 때 사회적 최적생산량은 얼마인가?

(　　　　　　　　　　　　　　　　　　　　　　　　)

05 다음 명목금리와 실질금리에 대한 〈보기〉의 설명 중 옳은 것을 모두 고르면?

〈보기〉

㉠ 실물투자에 영향을 미치는 것은 실질금리보다 명목금리이다.
㉡ 실질금리와 명목금리는 상호의존적인 관계를 가진다.
㉢ 명목금리는 실질금리에서 예상물가상승률과 실질경제성장률을 차감한 값이다.
㉣ 총수요 증가로 인한 물가상승이 발생한다면 명목금리가 고정적이라고 가정할 때, 실질금리가 일시적으로 하락할 수 있다.
㉤ 소비, 투자 등 경제 내 총수요가 감소하면 물가와 명목금리는 하락하나 실질금리는 상승한다.

(　　　　　　　　　　　　　　　　　　　　　　　　)

| 디지털 - 객관식 |

01 다음 중 고객 테이블의 모든 자료를 검색하는 SQL문으로 옳은 것은?

① SELECT % FROM 고객;

② SELECT # FROM 고객;

③ SELECT * FROM 고객;

④ SELECT ? FROM 고객;

02 다음 중 데이터베이스에 대한 설명으로 옳지 않은 것은?

① 여러 개의 서로 연관된 파일을 데이터베이스라고 한다.

② 데이터베이스 관리시스템은 하드웨어에 속한다.

③ 데이터베이스 관리시스템은 데이터와 파일 간의 관계 등을 생성한다.

④ 데이터의 무결성을 높이기 위해 데이터베이스가 필요하다.

03 다음 중 막대한 양의 데이터 속에서 뽑아낸 의미 있는 데이터를 지칭하는 용어는?

① 하드데이터(Hard Data)

② 다크데이터(Dark Data)

③ 패널데이터(Panel Data)

④ 스마트 데이터(Smart Data)

04 다음 중 블록체인의 특성으로 옳지 않은 것은?

① 블록체인 데이터는 수천 개의 분산화된 네트워크 노드에 저장되기 때문에 기술적 실패 또는 악의적 공격에 대한 저항력을 갖고 있다.

② 승인된 블록들을 되돌리기가 무척 어려우며 모든 변경 기록을 추적할 수 있다.

③ 분산화된 네트워크 노드가 마이닝을 통해 거래를 검증하기 때문에 중개자가 필요 없다.

④ 소스가 폐쇄되어 있기 때문에 네트워크에 참여하는 누구나 안전하게 거래가 가능하다.

05 다음 SQL문의 실행 결과를 설명한 것으로 옳은 것은?

```
DROP TABLE 인사 CASCADE;
```

① 인사 테이블을 삭제할지의 여부를 사용자에게 다시 질의함
② 인사 테이블이 참조 중이면 삭제하지 않음
③ 인사 테이블과 인사 테이블을 참조하는 모든 테이블을 삭제함
④ 인사 테이블을 삭제함

06 다음 중 너비 우선 탐색(BFS)에 대한 설명으로 옳지 않은 것은?

① 시작 정점 V에서 시작하여 V를 방문한 것으로 표시 후 V에 인접한 모든 정점들을 다음에 방문한다.
② 정점들에 인접되어 있으면서 방문하지 않은 정점들을 계속 방문한다.
③ 각 정점을 방문할 때마다 정점은 큐에 저장된다.
④ 방문한 어떤 정점으로부터 방문되지 않은 정점에 도달할 수 없을 때 탐색이 종료된다.

07 다음 중 가장 먼저 개발된 프로그래밍 언어는?

① FORTRAN
② BASIC
③ C
④ Java

08 다음은 어떤 언어에 대한 설명인가?

- 객체 지향 언어로 플랫폼에 관계없이 독립적으로 동작한다.
- 바이트 코드(Byte Code)를 생성한다.

① Ada
② Java
③ C++
④ Lisp

09 다음 〈보기〉에서 설명하고 있는 정렬 방법으로 옳은 것은?

〈보기〉

- 주어진 입력 파일을 크기가 2인 서브 파일로 모두 나누어서 각 서브 파일들을 정렬하는 방법이다.
- 두 개의 키들을 한 쌍으로 하여 각 쌍에 대하여 순서를 정하고 나서 순서대로 정렬된 각 쌍의 키들을 병합하여 하나의 정렬된 서브 리스트로 만들고, 최종적으로 하나의 정렬된 파일이 될 때까지 반복한다.

① 이진 병합 정렬
② 셸 정렬
③ 기수 정렬
④ 버블 정렬

10 다음 중 파이썬 프로그램의 실행 결과가 다른 것은?

①
```
>>> print(1==3)
```

②
```
>>> print(5 < 3)
```

③
```
>>> a=11
>>> print(1 < a < 10)
```

④
```
>>> print (1 !=3)
```

11 다음 중 세그멘테이션 기법에 대한 설명으로 옳지 않은 것은?

① 각 세그먼트는 고유한 이름과 크기를 갖는다.
② 세그먼트 맵 테이블이 필요하다.
③ 프로그램을 일정한 크기로 나눈 단위를 세그먼트(Segment)라고 한다.
④ 기억장치 보호키가 필요하다.

12 다음 중 10cm 이내의 가까운 거리에서 다양한 무선 데이터를 주고받는 비접촉식 통신 기술은?

① WLAN
② 블루투스
③ MST
④ NFC

13 다음 중 PCB(Process Control Block)가 갖고 있는 정보로 옳지 않은 것은?

① 프로세스의 현재 상태
② 프로세스 고유 식별자
③ 스케줄링 및 프로세스의 우선순위
④ 할당되지 않은 주변 장치의 상태 정보

14 다음 중 로더(Loader)가 수행하는 기능으로 옳지 않은 것은?

① 프로그램의 수행 순서를 결정한다.
② 로드 모듈은 주기억장치로 읽어 들인다.
③ 프로그램을 적재할 주기억장치 내의 공간을 할당한다.
④ 재배치가 가능한 주소들을 할당된 기억장치에 맞게 변환한다.

15 다음 중 온라인 실시간 처리 시스템의 조회 방식에 가장 적합한 업무는?

① 객관식 채점 업무
② 좌석 예약 업무
③ 봉급 계산 업무
④ 성적 처리 업무

16 **다음 중 운영체제(OS)의 역할에 대한 설명으로 옳지 않은 것은?**

① 컴퓨터와 사용자 사이에서 시스템을 효율적으로 운영할 수 있도록 인터페이스 역할을 담당한다.
② 사용자가 시스템에 있는 응용 프로그램을 편리하게 사용할 수 있다.
③ 하드웨어의 성능을 최적화할 수 있도록 한다.
④ 운영체제의 기능에는 제어기능, 기억기능, 연산기능 등이 있다.

17 **다음 중 전원이 꺼져도 저장된 정보가 사라지지 않으며, 대용량화에 유리하고 쓰기 속도가 빨라 휴대기기 등에서 주로 사용되는 메모리 반도체는?**

① SRAM
② 낸드플래시
③ 노어플래시
④ DRAM

18 **다음 중 아날로그 전송에 대한 설명으로 옳지 않은 것은?**

① 전압, 전류 등의 연속적인 물리량을 처리한다.
② 모뎀을 이용하여 디지털 신호를 아날로그 신호로 변환할 수 있다.
③ 일정 거리에서 신호가 감쇠되면 증폭기(Amplifier)를 이용하여 신호 세기를 증폭시킨다.
④ 장거리 전송 시에는 리피터(Repeater)를 사용한다.

19 **다음 중 〈보기〉의 빈칸에 들어갈 용어가 순서대로 나열된 것은?**

〈보기〉

__________은/는 기업 내의 사설 네트워크로 회사의 정보나 컴퓨팅 자원을 직원들 간에 공유하게 하는 데 그 목적이 있으며, 이의 확장 개념인 __________은/는 __________을/를 통해 고객, 협력사 그리고 회사 외부의 인가된 사람에게까지 일부 정보를 공유할 수 있게 해줄 수 있기에 __________이/가 요구된다.

① 인터넷, 인트라넷, VPN(가상 사설망), 전자 서명
② 인트라넷, 엑스트라넷, VPN(가상 사설망), 보안
③ 인트라넷, 인터넷, 라우터, 암호화
④ 인트라넷, 인터넷, 라우터, 전자 서명

20 다음 중 컴퓨터의 발달 과정에서 소프트웨어 개발 속도가 하드웨어의 개발 속도를 따라가지 못해 사용자들의 요구 사항을 감당할 수 없는 문제가 발생함을 의미하는 것은?

① 소프트웨어의 위기(Crisis)
② 소프트웨어의 오류(Error)
③ 소프트웨어의 버그(Bug)
④ 소프트웨어의 유지 보수(Maintenance)

21 다음 자료에서 속성(Attribute)의 개수는?

학번	이름	학과	성별	학년
001	김영수	경영	남	2
002	박철수	경영	남	2
003	홍길동	경제	남	3
004	김나라	법학	여	4

① 2개
② 3개
③ 4개
④ 5개

22 다음 중 논리적 설계(데이터 모델링)에 대한 설명으로 옳지 않은 것은?

① 요구 분석 단계에서 나온 결과(요구 조건 명세)를 DBMS에 독립적인 E－R 다이어그램으로 작성한다.
② 개념 세계의 데이터를 필드로 기술된 데이터 타입과 데이터 타입들 간의 관계로 표현되는 논리적 구조의 데이터로 모델화한다.
③ 개념 스키마를 평가 및 정제하고, DBMS에 따라 서로 다른 논리적 스키마를 설계하는 단계이다.
④ 트랜잭션(Transaction, 작업 단위)의 인터페이스를 설계한다.

23 다음 중 데이터 제어어(DCL)의 역할로 적절하지 않은 것은?

① 불법적인 사용자로부터 데이터를 보호하기 위한 데이터 보안(Security)
② 데이터 정확성을 위한 무결성(Integrity)
③ 시스템 장애에 대비한 데이터 회복과 병행 수행
④ 데이터의 검색, 삽입, 삭제, 변경

24 다음 중 특정 단어와 관련된 보편적인 지식들을 컴퓨터가 취급할 수 있도록 변환시키는 것을 가리키는 용어는?

① 도메인(Domain)
② 스키마(Schema)
③ 시소러스(Thesaurus)
④ 온톨로지(Ontology)

25 다음 중 하나의 정보를 여러 개의 반송파로 분할하고 분할된 반송파 사이의 주파수 간격을 최소화하기 위해 직교 다중화해서 전송하는 통신방식으로, 와이브로 및 디지털 멀티미디어 방송 등에 사용되는 기술은?

① TDM
② CCM
③ OFDM
④ IHPS

26 다음 중 다른 테이블을 참조하는 외래 키에 대한 설명으로 옳은 것은?

① 외래 키 필드의 값은 Null 값일 수 없으므로 값이 반드시 입력되어야 한다.
② 외래 키 필드의 값은 유일해야 하므로 중복된 값이 입력될 수 없다.
③ 한 테이블에서 특정 레코드를 유일하게 구별할 수 있는 속성이다.
④ 하나의 테이블에는 여러 개의 외래 키가 존재할 수 있다.

27 다음 중 입사일이 2021년 6월 1일인 직원의 오늘 현재까지의 근속 일수를 구하려고 할 때, 옳은 함수 사용법은?

① =DAY(2021,6,1)−TODAY()

② =TODAY()−DAY(2021,6,1)

③ =TODAY()−DATE(2021,6,1)

④ =DATE(2021,6,1)−TODAY()

28 다음 중 분산 데이터베이스 시스템에 대한 설명으로 옳지 않은 것은?

① 사용자나 응용 프로그램이 접근하려는 데이터나 사이트의 위치를 알아야 한다.

② 중앙의 컴퓨터에 장애가 발생하더라도 전체 시스템에 영향을 끼치지 않는다.

③ 중앙 집중 시스템보다 구현하는 데 복잡하고, 처리 비용이 증가한다.

④ 중앙 집중 시스템보다 시스템 확장이 용이하다.

29 다음 교착상태의 해결 방법 중 회피(Avoidance) 기법과 가장 밀접한 관계가 있는 것은?

① 점유 및 대기 방지

② 비선점 방지

③ 환형 대기 방지

④ 은행원 알고리즘 사용

30 다음 중 하나의 트랜잭션 실행 중에 다른 트랜잭션의 연산이 끼어들 수 없음을 의미하는 트랜잭션의 특징은?

① Atomicity

② Consistency

③ Durability

④ Isolation

| 디지털 - 주관식 |

01 다음 RISC(Reduced Instruction Set Computer)에 대한 〈보기〉의 설명 중 옳은 것을 모두 고르면?

〈보기〉

㉠ 칩 제작을 위한 R&D 비용이 감소한다.
㉡ 개별 명령어 디코딩 시간이 CISC(Complex Instruction Set Computer)보다 많이 소요된다.
㉢ 동일한 기능을 구현할 경우, CISC보다 적은 수의 레지스터가 필요하다.
㉣ 복잡한 연산을 수행하려면 명령어를 반복수행하여야 하므로 CISC의 경우보다 프로그램이 복잡해진다.
㉤ 각 명령어는 한 클럭에 실행하도록 고정되어 있어 파이프라인 성능을 향상시킬 수 있다.
㉥ 마이크로코드 설계가 어렵다.
㉦ 고정된 명령어이므로 명령어 디코딩 속도가 빠르다.

( )

02 3개의 페이지를 수용할 수 있는 주기억장치가 있으며, 초기에는 모두 비어 있다고 가정한다. 다음의 순서로 페이지 참조가 발생할 때 FIFO 페이지 교체 알고리즘을 사용할 경우 몇 번의 페이지 결함이 발생하는가?

페이지 참조 순서 : 1, 2, 3, 1, 2, 4, 1, 2, 5

(번)

03 다음 프로그램의 실행 결과로 나타나는 값은?

```
#include <stdio.h>
void main() {
  int A=10;
  int B=20;
  printf("%d ₩n", A > B ? 0 : 1);
}
```

(   )

04 다음 빈칸에 공통으로 들어갈 용어로 옳은 것을 〈보기〉에서 고르면?

에스토니아는 세계 최초로 전자신분증과 전자투표제를 도입하면서 전자정부 선도국이 되었고, 4차 산업혁명을 맞이하여 전자영주권과 ______________ 비자를 도입하는 등 정보통신기술 강국으로의 위상을 세워나가고 있다. 에스토니아 정부는 코로나19로 인해 재택근무가 일반화됨에 따라 첨단 디지털 장비를 통해 장소에 구애받지 않고 일하는 ______________을/를 자국에서 일하게 하는 ______________ 제도를 도입하였다.

〈보기〉

㉠ 디지털 부머(Digital Boomer)	㉡ 디지털 노마드(Digital Nomad)
㉢ 디지털 아카이브(Digital Archive)	㉣ 디지털 디바이드(Digital Divide)
㉤ 디지털 컨버전스(Digital Convergence)	㉥ 디지털 커뮤니쿠스족(Digital Communicus族)
㉦ 디지털 네이티브(Digital Natives)	㉧ 디지털 코쿠닝(Digital Cocooning)

(   )

05 다음 프로그램의 실행 결과로 나타나는 값은?

```
#include <stdio.h>

int main()
{
int num1=7;
int num2=2;
int num3;
int num4;

num3=++num1;
num4=--num2;

printf("%d %d₩n", num3, num4); // 3 1

return 0;
}
```

(   )

제2회
IBK기업은행 필기시험

제1영역 NCS 직업기초능력
제2영역 직무수행능력

〈문항 수 및 시험시간〉

<table>
<tr><th colspan="2">영역</th><th>문항 수</th><th>시험시간</th><th>모바일 OMR
답안채점 / 성적분석</th></tr>
<tr><td colspan="2">NCS 직업기초능력</td><td>객관식 40문항</td><td rowspan="3">120분</td><td rowspan="3"></td></tr>
<tr><td rowspan="2">직무수행능력</td><td>금융일반</td><td rowspan="2">객관식 30문항
주관식 5문항</td></tr>
<tr><td>디지털</td></tr>
</table>

IBK기업은행 필기시험

제2회 모의고사

문항 수 : 75문항
시험시간 : 120분

제1영역 NCS 직업기초능력

01 다음 글의 밑줄 친 시기에 대한 설명으로 가장 적절한 것은?

> 하나의 패러다임 형성은 당초에는 불완전하며, 다만 이후 연구의 방향을 제시하고 소수 특정 부분의 성공적인 결과를 약속할 수 있을 뿐이다. 그러나 패러다임의 정착은 연구의 정밀화, 집중화 등을 통하여 자기 지식을 확장해 가며 차츰 폭넓은 이론 체계를 구축한다.
> 이처럼 과학자들이 패러다임을 기반으로 하여 연구를 진척시키는 것을 쿤은 '정상 과학'이라고 부른다. 기초적인 전제가 확립되었으므로 과학자들은 이 시기에 상당히 심오한 문제의 작은 영역들에 집중함으로써, 그렇지 않았더라면 상상조차 못했을 자연의 어느 부분을 깊이 있게 탐구하게 된다. 그에 따라 각종 실험 장치들도 정밀해지고 다양해지며, 문제를 해결해 가는 특정 기법과 규칙들이 만들어진다. 연구는 이제 혼란으로서의 다양성이 아니라, 이론과 자연 현상을 일치시켜 가는 지식의 확장으로서의 다양성을 이루게 된다.
> 그러나 정상 과학은 완성된 과학이 아니다. 과학적 사고 방식과 관습, 기법 등이 하나의 기반으로 통일돼 있다는 것일 뿐 해결해야 할 과제는 무수하다. 패러다임이란 과학자들 사이 세계관의 통일이지 세계에 대한 해석의 끝은 아닌 것이다.
> 그렇다면 <u>정상 과학의 시기</u>에는 어떤 연구가 어떻게 이루어지는가? 정상 과학의 시기에는 이미 이론의 핵심 부분들은 정립돼 있다. 따라서 과학자들의 연구는 근본적인 새로움을 좇아가지는 않으며, 다만 연구의 세부 내용이 좀 더 깊어지거나 넓어질 뿐이다. 이러한 시기에 과학자들의 열정과 헌신성은 무엇으로 유지될 수 있을까? 연구가 고작 예측된 결과를 좇아갈 뿐이고, 예측된 결과가 나오지 않으면 실패라고 규정되는 상태에서 과학의 발전은 어떻게 이루어지는가?
> 쿤은 이 물음에 대하여 '수수께끼 풀이'라는 대답을 준비한다. 어떤 현상의 결과가 충분히 예측된다 할지라도 정작 그 예측이 달성되는 세세한 과정은 대개 의문 속에 있게 마련이다. 자연 현상의 전 과정을 우리가 일목요연하게 알고 있는 것은 아니기 때문이다. 이론으로서의 예측 결과와 실제의 현상을 일치시켜 보기 위해서는 여러 복합적인 기기적, 개념적, 수학적인 방법이 필요하다. 이것이 수수께끼 풀이이다.

① 패러다임을 기반으로 하여 연구를 진척시키기 때문에 다양한 학설과 이론이 등장한다.
② 예측된 결과만을 좇을 수밖에 없기 때문에 과학자들의 열정과 헌신성은 낮아진다.
③ 기초적인 전제가 확립되었으므로 작은 범주의 영역에 대한 연구에 집중한다.
④ 과학자들 사이의 세계관이 통일된 시기이기 때문에 완성된 과학이라고 부를 수 있다.

02 다음 글에서 〈보기〉의 문장이 들어갈 가장 적절한 곳은?

한국의 전통문화는 근대화의 과정에서 보존되어야 하는가, 아니면 급격한 사회 변동에 따라 해체되어야 하는가? 한국 사회 변동 과정에서 외래문화는 전통문화에 흡수되어 토착화되는가, 아니면 전통문화 자체를 전혀 다른 것으로 변질시키는가? 이러한 질문에 대해서 오늘 한국 사회는 진보주의와 보수주의로 나뉘어 뜨거운 논란을 빚고 있다. ㉠ 그러나 전통의 유지와 변화에 대한 견해 차이는 단순하게 진보주의와 보수주의로 나뉠 성질의 것이 아니다. 한국 사회는 한 세기 이상의 근대화 과정을 거쳐왔으며 앞으로도 광범하고 심대한 사회 구조의 변동을 가져올 것이다. ㉡ 이런 변동 때문에 보수주의적 성향을 가진 사람들도 전통문화의 변질을 어느 정도 수긍하지 않을 수 없고, 진보주의 성향을 가진 사람 또한 문화적 전통의 가치를 인정하지 않을 수 없다. ㉢ 근대화는 전통문화의 계승과 끊임없는 변화를 다 같이 필요로 하며 외래문화의 수용과 토착화를 동시에 요구하기 때문이다. ㉣ 근대화에 따르는 사회 구조적 변동이 문화를 결정짓기 때문에 전통문화의 변화 문제는 특수성이나 양자택일이라는 기준으로 다룰 것이 아니라 끊임없는 사회 구조의 변화라는 시각에서 바라보고 분석하는 것이 중요하다.

〈보기〉

또한 이 논란은 단순히 외래문화나 전통문화 중 양자택일을 해야 하는 문제도 아니다.

① ㉠
② ㉡
③ ㉢
④ ㉣

03 다음 글의 ㉠과 ㉡이 모방하는 군집 현상의 특성을 바르게 짝지은 것은?

> 다양한 생물체의 행동 원리를 관찰하여 모델링한 알고리즘을 생체모방 알고리즘이라 한다. 날아다니는 새 떼, 야생 동물 떼, 물고기 떼 그리고 박테리아 떼 등과 같은 생물 집단에서 쉽게 관찰할 수 있는 군집 현상에 대한 연구가 최근 활발히 진행되고 있다. 군집 현상은 무질서한 개체들이 외부 작용 없이 스스로 질서화된 상태로 변해가는 현상을 총칭하며, 분리성, 정렬성, 확장성, 결합성의 네 가지 특성을 나타낸다.
> 첫째, 분리성은 각 개체가 서로 일정한 간격을 유지하여 독립적 공간을 확보하는 특성을 의미한다. 둘째, 정렬성은 각 개체가 다수의 개체들이 선택하는 경로를 이용하여 자신의 이동 방향을 결정하는 특성을 의미하며 셋째, 확장성은 개체수가 증가해도 군집의 형태를 유지하는 특성을 의미한다. 마지막으로 결합성은 각 개체가 주변 개체들과 동일한 행동을 하는 특성을 의미한다.
> ㉠ 알고리즘 A는 시력이 없는 개미집단이 개미집으로부터 멀리 떨어져 있는 먹이를 가장 빠른 경로를 통해 운반하는 행위로부터 영감을 얻어 개발된 알고리즘이다. 개미가 먹이를 발견하면 길에 남아있는 페로몬을 따라 개미집으로 먹이를 운반하게 된다. 이러한 방식으로 개미 떼가 여러 경로를 통해 먹이를 운반하다 보면 개미집과 먹이와의 거리가 가장 짧은 경로에 많은 페로몬이 쌓이게 된다. 개미는 페로몬이 많은 쪽의 경로를 선택하여 이동하는 특징이 있어 일정 시간이 지나면 개미 떼는 가장 짧은 경로를 통해서 먹이를 운반하게 된다. 이 알고리즘은 통신망 설계, 이동체 경로 탐색, 임무 할당 등의 다양한 최적화 문제에 적용되어 왔다.
> ㉡ 알고리즘 B는 반딧불이들이 반짝거릴 때 초기에는 각자의 고유한 진동수에 따라 반짝거리다가 점차 시간이 지날수록 상대방의 반짝거림에 맞춰 결국엔 한 마리의 거대한 반딧불이처럼 반짝거리는 것을 지속하는 현상에서 영감을 얻어 개발된 알고리즘이다. 개체들이 초기 상태에서는 각자 고유의 진동수에 따라 진동하지만, 점차 상호작용을 통해 그 고유의 진동수에 변화가 생기고 결국에는 진동수가 같아지는 특성을 반영한 것이다. 이 알고리즘은 집단 동기화 현상을 효과적으로 모델링하는 데 적용되어 왔다.

	㉠	㉡
①	정렬성	결합성
②	확장성	정렬성
③	분리성	결합성
④	결합성	분리성

04 다음 글을 읽고 답을 찾을 수 없는 질문은?

> 생물학에서 반사란 '특정 자극에 대해 기계적으로 일어난 국소적인 반응'을 의미한다. 파블로프는 '벨과 먹이' 실험을 통해 동물의 행동에는 두 종류의 반사 행동, 즉 무조건 반사와 조건 반사가 존재한다는 결론을 내렸다. 뜨거운 것에 닿으면 손을 빼내는 것이나, 고깃덩이를 씹는 순간 침이 흘러나오는 것은 자극에 의한 무조건 반사이다. 하지만 모든 자극이 반사 행동을 일으키는 것은 아니다. 생명체의 반사 행동을 유발하지 않는 자극을 중립 자극이라고 한다.
>
> 중립 자극도 무조건 자극과 짝지어지게 되면 생명체에게 반사 행동을 일으키는 조건 자극이 될 수 있다. 그것이 바로 조건 반사인 것이다. 예를 들어 벨 소리는 개에게 중립 자극이기 때문에 처음에 개는 벨 소리에 반응하지 않는다. 개는 오직 벨 소리 뒤에 주어지는 먹이를 보며 침을 흘릴 뿐이다. 하지만 벨 소리 뒤에 먹이를 주는 행동을 반복하다 보면 벨 소리는 먹이가 나온다는 신호로 인식되며 이에 대한 반응을 일으키는 조건 자극이 되는 것이다. 이처럼 중립 자극을 무조건 자극과 연결시켜 조건 반사를 일으키는 과정을 '고전적 조건 형성'이라 한다. 그렇다면 이러한 조건 형성 반응은 왜 생겨나는 것일까? 이는 대뇌피질이 '학습'을 할 수 있기 때문이다.
>
> 어떠한 의미 없는 자극이라 할지라도 그것이 의미 있는 자극과 결합되어 제시되면 대뇌피질은 둘 사이에 연관성이 있다는 것을 파악하고 이를 기억하여 반응을 일으킨다. 하지만 대뇌피질은 한번 연결되었다고 항상 유지되지는 않는다. 예를 들어 '벨 소리 – 먹이' 조건 반사가 수립된 개에게 벨 소리만 들려주고 먹이를 주지 않는 실험을 계속하다 보면 개는 벨 소리에 더 이상 반응하지 않게 되는 조건 반사의 '소거' 현상이 일어난다.
>
> 소거는 조건 자극이 무조건 자극 없이 충분히 자주 제시될 경우 조건 반사가 사라지는 현상을 말한다. 때문에 소거는 바람직하지 않은 조건 반사를 수정하는 방법으로 사용된다. 하지만 조건 반사는 통제할 수 있는 것이 아니기 때문에, 제거 역시 자연스럽게 이루어지지 않는다. 또한 소거가 일어나는 속도가 예측 불가능하고, 소거되었을 때조차도 자발적 회복을 통해 조건 반사가 다시 나타날 수 있다는 점에서 소거는 조건 반사를 제거하기 위한 수단으로 한계가 있다.
>
> 이때 바람직하지 않은 조건 반사를 수정하는 또 다른 방법으로 사용되는 것이 '역조건 형성'이다. 이는 기존의 조건 반사와 양립할 수 없는 새로운 반응을 유발하여 이전 조건 형성의 원치 않는 효과를 제거하는 것으로 자발적 회복이 잘 일어나지 않는다. 예를 들어 토끼를 무서워하는 아이가 사탕을 먹을 때 처음에는 토끼가 아이로부터 멀리 위치하게 한다. 아이는 사탕을 먹는 즐거움 때문에 토끼에 대한 공포를 덜 느끼게 된다. 다음날에도 마찬가지로 아이에게 사탕을 먹게 한 후 토끼가 전날보다 좀 더 가까이 오게 한다. 이러한 절차를 여러 번 반복하면 토끼가 아주 가까이에 있어도 아이는 더 이상 토끼를 무서워하지 않게 된다.

① 소거에는 어떤 것들이 있는가?
② 고전적 조건 형성이란 무엇인가?
③ 동물의 반사 행동에는 어떤 것이 있는가?
④ 조건 형성 반응이 일어나는 이유는 무엇인가?

※ 다음 글을 읽고 이어지는 질문에 답하시오. **[5~6]**

사회복지 제도는 국민의 안정적인 생활을 보장하기 위한 여러 사업을 조직적으로 행하는 제도를 말한다. 이는 사회복지를 제도화하려는 것으로, 사회 정책적 차원에서 몇 가지 모델 유형으로 분류된다. 여기서 가장 널리 사용되는 방식은 윌렌스키와 르보가 제안한 '잔여적 복지 모델'과 '제도적 복지 모델'로 구분하는 방법이다.

㉠ 잔여적 복지 모델은 개인의 욕구를 충족시키고 자원을 배분하는 사회적 기능이 일차적으로 사적 영역인 가족이나 시장 등을 통해 이루어져야 한다고 본다. 다만 이것이 제대로 이루어지지 않을 때 사회복지 제도가 잠정적이고 일시적으로 그 기능을 대신할 수 있다는 점에서 잔여적 복지 모델은 구호적 성격의 사회복지 모델이다. 잔여적 복지 모델은 자유주의 이념에 따라 사적 영역에 대한 국가의 관여를 최소 수준으로 제한해야 한다는 입장이며, 사회복지의 대상도 노동시장에서 소득을 얻지 못하는 사람들과 같이 사적 영역에서 사회적 기능을 보장받지 못한 일부 사람들로 국한되어야 한다고 본다. 그래서 공공 부조와 같이 이 모델을 바탕으로 하여 국가가 제공하는 대부분의 사회복지 서비스는 소득 조사나 자산 조사의 과정을 반드시 거쳐 제공된다. 또한 국가의 역할이 최소화되면서 가족, 공동체, 민간 자원봉사, 시장 등 민간 부문이 개인 복지의 중요한 역할을 담당하게 된다.

㉡ 제도적 복지 모델은 각 개인의 욕구 충족과 자기 성취를 돕기 위해서 국가가 사회 제도를 통해 보편적 복지 서비스를 제공하는 것이 필요하다고 본다. 이는 개인들이 자신의 힘만으로는 일상적 위험과 불안에 충분히 대처하기 어려우며 가족이나 직장도 개인들의 기본적인 필요와 욕구를 충족해 줄 수는 없다고 보기 때문이다. 제도적 복지 모델은 복지 국가의 이념에 따라 개인의 성별, 나이, 지위, 계층 등의 조건과 관계없이 국가가 모든 국민에게 복지 혜택을 제공함으로써 국민들의 기본적인 욕구를 해결하고 생존의 불안과 위험을 최소화해야 한다고 본다. 따라서 이 모델을 바탕으로 하는 복지 서비스는 '탈상품화'를 특징으로 한다. 탈상품화는 복지 서비스를 시장에서 돈으로 사고파는 상품이 아니라 소득이나 자산에 관계없이 누구나 제공받을 수 있게 하는 것을 말한다. 즉 제도적 복지 모델에서는 국가가 사회복지를 시장 논리에 내맡기지 않고 개인 또는 가족, 민간 부문에 그 책임을 전가하지 않는다.

오늘날 국가에서 이 두 가지 복지 모델 중 하나만을 택하여 모든 복지 제도에 적용하는 것은 현실적으로 불가능하다. 그래서 대부분의 국가에서는 두 복지 모델을 상호 보완적으로 운영하고 있다. 그리고 복지 모델을 바탕으로 사회복지를 구현할 때는 운영 방식 차원에서 '보편적 복지'와 '선택적 복지'의 형태로 시행한다. 전자는 국민 모두를 수혜 대상으로 하는 것이고, 후자는 국민 중 일부에게만 복지 혜택을 제공하는 것이다. 우리나라의 경우, 건강보험 제도가 대표적인 보편적 복지라고 할 수 있는데 국민은 누구나 의무적으로 건강보험에 가입하여 보험료를 납부해야 하고 국가는 건강보험료를 재원으로 모든 국민에게 기본적인 의료 혜택을 제공하고 있다. 그리고 일부 저소득층을 대상으로 최저 소득을 보장해 주는 생계 급여 제도는 선택적 복지의 형태로 제공되고 있다.

05 다음 중 윗글의 내용으로 적절하지 않은 것은?

① 복지 모델들은 상호 보완적으로 운영되는 경우가 많다.
② 복지 모델들은 공통적으로 사회복지의 제도화를 추구한다.
③ 공공 부조는 국가가 국민에게 제공하는 사회복지 서비스이다.
④ 국가에서 제공하는 복지 서비스는 반드시 자산 조사 과정을 거친다.

06 다음은 윗글을 읽은 후의 반응이다. (A), (B)에 들어갈 내용으로 가장 적절한 것은?

> "글을 읽고 보니 사회 정책적 차원의 두 복지 모델은 (A)에 따라, 운영 방식 차원의 두 복지 제도는 (B)에 따라 구분한 것으로 볼 수 있겠군."

	(A)	(B)
①	정부의 정책 방향	수혜자의 계층
②	정부의 개입 정도	수혜자의 범위
③	정부의 지원 여부	수혜자의 지위
④	정부의 운영 체제	수혜자의 능력

※ 다음 글을 읽고 이어지는 질문에 답하시오. **[7~8]**

국제연합(United Nations)은 제2차 세계대전 말기에 태동하기 시작하여 1945년 샌프란시스코회의에서 헌장이 작성되고, 동년 10월 24일 발효함으로써 창설된 전후 최대 국제기구이다. 산하 주요기관으로는 총회, 안전보장이사회, 경제이사회, 신탁통치이사회, 국제사법재판소 그리고 사무국이 있다. 이 중에서 안전보장이사회는 국제평화와 안보에 대한 위협을 다루는 데 있어서 좀 더 효율적인 의사결정을 촉진하기 위해 작은 규모로 유지되어 왔다. 그러나 규모와 달리 평화를 파괴할 우려가 있는 분쟁 또는 사태를 평화적으로 처리하며 평화에 대한 위협, 평화의 파괴 또는 침략행위 등에 대한 중지・권고 또는 강제조치를 결정하는 권한을 보유하고 있다. 이에 관련된 군비규제 계획의 작성, 국제사법재판소의 판결이행사항 이행, 지방적 분쟁에 대한 지역적 처리 장려, 지역적 강제행동의 허가, 전략지구의 감독 등을 수행한다. 또한 총회와 공동으로 가맹승인・제명・권리정지 및 사무총장의 임명 등을 관장한다.
또한 안전보장이사회는 상임이사국과 비상임이사국 모두를 가진 유일한 UN기구이다. 5개 상임이사국은 미국, 영국, 프랑스, 러시아(1992년 소련의 의석을 승계)와 중국(1971년 중화민국의 의석을 승계)인데, 이들은 거부권을 가지고 있기 때문에 안전보장이사회 의사결정의 핵심이라고 할 수 있다. 1965년에 10개국으로 확대된 비상임이사국들은 2년 임기로 선출되고, 안전보장이사회의 모든 업무에 참여한다. 적어도 비상임이사국들이 찬성해야만 결의안이 통과된다. 현재의 규칙에 의하면 비상임이사국은 연임할 수 없으며 비상임이사국 중 5석은 아프리카와 아시아가 차지하고, 라틴아메리카와 서유럽국가들이 각각 2석을, 동유럽 국가들이 한 자리를 차지한다.
국제 평화와 안보의 목적을 추구하는 일차적 책임은 안전보장이사회에 있다. 예컨대, 안전보장이사회는 국제 평화와 안보를 유지하거나 혹은 회복하기 위해 심지어 군사조치까지 승인하는 결의안을 만들 수 있다. 이러한 경우에는 총 15개 안전보장이사회 회원국 중 5개의 상임이사국을 포함하고 9개 이상 이사국의 찬성 표결이 있어야만 한다. 이 중 5개 상임이사국은 거부권을 행사할 수 있다.
현재 안전보장이사회의 평화유지의 역할을 수행하는 것과 관련된 조항은 UN헌장 제6장과 제7장에 열거되어 있다. 제6장은 분쟁의 평화적 해결 문제를 다루고 있는데, 이 장은 분쟁을 조사하고 당사국들로 하여금 폭력의 사용 없이 분쟁을 해결하도록 돕는 여러 형태의 기술적 내용들을 제시하고 있다. 제7장은 침략자들을 규정하고, 경제제재 혹은 공동행동을 위한 군사력 제공 등과 같은 실행 조치를 취하는 데 있어서 회원국들을 독려할 수 있는 안보리의 권한을 명시하고 있다. 1990년 이전, 안보리는 단지 두 사건에 있어서만 제7장에 근거한 강제 권력을 사용하였고, 대부분의 냉전시대 분쟁에 대응하기 위해서는 제6장의 절차에 근거하였다. 따라서 1992년 이전에 모든 UN 평화유지군은 제6장에 근거하여 권한이 주어졌다. 냉전종식 이후 가장 큰 변화 중 하나는 안보리가 제7장을 더 많이 활용한다는 것인데, 이는 경제제재와 군사적 행동을 위한 조치들을 포함하는 것이다. 이처럼 국제평화에 대해 지대한 책무를 지닌 까닭에 안보리 개최에 최적의 환경 확보를 위해 이사국은 그들의 대표를 유엔본부 내에 상주시키고 있다.

07 윗글의 각 문단의 제목으로 적절하지 않은 것은?

① 첫 번째 문단 : 안전보장이사회의 기능과 권한
② 두 번째 문단 : 안전보장이사회의 구성
③ 세 번째 문단 : 안전보장이사회의 거부권 행사
④ 네 번째 문단 : 안전보장이사회와 관련된 UN헌장 제6장과 제7장

08 다음 중 윗글의 내용으로 가장 적절한 것은?

① UN헌장 제7장은 분쟁의 평화적 해결 문제를 다루고 있다.
② 5개의 상임이사국은 미국, 중국, 일본, 러시아, 프랑스로 구성되어 있다.
③ 안전보장이사회는 국제사법재판소의 판결이행사항을 이행하기도 한다.
④ 냉전종식 이후 UN헌장 제6장이 제7장보다 더 많이 활용되고 있다.

09 I은행의 영업지원팀 무팀장은 새로 출시한 상품 홍보를 지원하기 위해 월 ~ 목요일 동안 매일 남녀 1명씩 2명을 홍보팀으로 보내야 한다. 영업지원팀에는 현재 남자 사원 4명(기태, 남호, 동수, 지원)과 여자 사원 4명(고은, 나영, 다래, 리화)이 근무하고 있다. 〈조건〉이 다음과 같을 때 옳지 않은 것은?

〈조건〉

- 매일 다른 사람을 홍보팀으로 보내야 한다.
- 기태는 화요일과 수요일에 휴가를 간다.
- 동수는 다래의 바로 이전 요일에 홍보팀으로 보내야 한다.
- 고은은 월요일에는 근무할 수 없다.
- 남호와 나영은 함께 근무할 수 없다.
- 지원은 기태 이전에 근무하지만 화요일은 갈 수 없다.
- 리화는 고은과 나영 이후에 홍보팀으로 보낸다.

① 고은이 수요일에 근무한다면 기태는 리화와 함께 근무한다.
② 다래가 수요일에 근무한다면 화요일에는 동수와 고은이 근무한다.
③ 리화가 수요일에 근무한다면 남호는 화요일에 근무한다.
④ 고은이 화요일에 근무한다면 지원은 월요일에 근무할 수 없다.

※ 다음은 건강보험료 인상안내에 대한 자료이다. 이어지는 질문에 답하시오. **[10~11]**

〈20×5년 건강보험료 인상안내〉

20×5년도 1월부터 건강보험료가 다음과 같이 인상됨을 알려드립니다.

1. **건강보험료 : 평균 0.9% 인상**
   - ○ 직장가입자 건강보험료율 : 6.07%(20×4년) → 6.12%(20×5년)
     - – [보수월액보험료(월)]=(보수월액)×[보험료율(6.12%)]
       - ※ 근로자와 사용자가 각각 50%씩 부담함

(단위 : %)

구분	합계	가입자부담	사용자부담	국가부담
근로자	6.12(100)	3.06(50)	3.06(50)	–
공무원	6.12(100)	3.06(50)	–	3.06(50)
사립학교 교원	6.12(100)	3.06(50)	1.836(30)	1.224(20)

– [소득월액보험료(월)]=(소득월액)×[보험료율(6.12%)]× $\frac{50}{100}$

※ (소득월액)=(연간 보수 외 소득)÷12

○ 지역가입자 부과점수당 금액 : 178원(2015년) → 179.6원(2016년)

– (월보험료)=(보험료 부과점수)×(부과점수당 금액)

2. **장기요양보험료**
   - ○ 장기요양보험료율 : 6.55%(동결)
   - ○ 보험료 산정방법 : (건강보험료)×[장기요양보험료율(6.55%)]
   - ※ 건강보험료 인상에 따라 장기요양보험료도 다소 증가함
3. **인상배경**
   - ○ 건강보험 등 보장성확대
     - – 노인 임플란트 지원, 4대 중증질환 보장성강화 및 3대 비급여제도 개선
   - ○ 의료수가 인상 : 평균 1.99%
     - – 병원 1.4%, 치과 1.9%, 한방 2.2%, 약국 3.0%, 조산원 3.2%, 의원 2.9%, 보건기관 2.5%

※ (보수월액)=(연간 총보수액)×(근무일수)

※ 노인 임플란트 지원 : 만 70세 이상 50% 감면

※ 4대 중증질환 : 암, 심장질환, 뇌혈관질환, 희귀성 난치질환

※ 세금은 원 단위로 절사함

10 I은행에 근무하는 A사원은 건강보험료 인상 소식을 듣고 공고문을 확인한 후 보수월액보험료를 계산해 보려고 한다. A사원의 보수월액이 2,400,000원일 때, A사원이 부담하는 보험료는?

① 72,840원
② 73,440원
③ 146,880원
④ 145,680원

11 건강보험료 담당자인 B씨는 보험료 인상에 대한 고객의 문의 전화를 받게 되었다. 안내자료를 글로 봐서는 어떤 내용인지 잘 모르겠으니 해당되는 내용을 직접 알려달라고 하며 인적 사항을 말해주었을 때, B씨의 대답으로 적절하지 않은 것은?

- 이름 : 이철호
- 나이 : 만 71세
- 직업 : 평화고등학교 교장(사립학교)
- 기타 : 협심증, 치아 임플란트 예정

① 치아 임플란트를 할 예정이라면 만 71세이시므로 50% 의료보험 혜택을 받으실 수 있습니다.
② 사립학교 교원이시네요. 그렇다면 건강보험료 50%를 부담하시면 됩니다.
③ 4대 중증질환인 암, 심장질환, 뇌혈관질환, 희귀성 난치질환이 건강보험 보장 대상 품목으로 확대됨에 따라 보험 혜택을 받으실 수 있습니다.
④ 장기요양보험료율은 올해도 예년과 같이 6.12%로 동결되었습니다.

※ 다음은 I주택담보대출에 대한 자료 및 해당 대출상품을 이용하려는 고객에 대한 정보이다. 이어지는 질문에 답하시오. **[12~13]**

• I주택담보대출

고객의 자금계획에 따라 대출금리, 대출기간, 상환방법, 상환주기를 선택할 수 있는 상품입니다.

• 계약기간

– 일시상환대출 : 5년 이내

– 분할상환대출 : 50년 이내

• 대출한도

– 주택담보가액의 40 ~ 60%(지역별 상이)

구분	비규제지역	규제지역(서초, 강남, 송파, 용산)
주택담보대출비율(LTV)	60%	40%

• 대출금리

구분	고정금리	변동금리
기준금리(+)	연 3.874%	연 3.96%
가산금리(+)	연 1.562%p	연 2.527%p
감면금리(−)	연 0 ~ 1%p	연 0 ~ 0.4p
대출금리	연 최저 4.436 ~ 최고 5.436%	연 최저 6.087 ~ 최고 6.487%

※ 고객신용등급은 대출금리 산출과 무관함

– 주택(근린주택)을 전액 담보로 제공하거나, 구입(경력자금 포함)하고자 하는 개인고객

• 상환방식

– 일시상환방식 / 원금균등상환방식 / 부분균등분할상환방식

• 중도상환해약금

– 고정금리대출 : $(\text{상환금액}) \times 1.2\% \times \frac{(\text{잔존일수})}{(\text{대출일수})}$

– 변동금리대출 : $(\text{상환금액}) \times 0.9\% \times \frac{(\text{잔존일수})}{(\text{대출일수})}$

※ 단, 대출일수가 3년을 초과하면 3년으로 간주함

〈I주택담보대출 이용 고객 정보〉

구분	A고객	B고객	C고객	D고객
주택매수지역	노원구	강남구	송파구	종로구
주택담보가액	7억 2,000만 원	10억 4,000만 원	9억 8,000만 원	6억 4,000만 원
희망 대출금리	고정금리	변동금리	고정금리	변동금리
희망 상환방식	원금균등분할상환	부분균등분할상환	원금균등분할상환	일시상환

12 다음 중 I주택담보대출 이용 고객의 대출가능금액이 큰 순서대로 바르게 나열한 것은?

① A고객 > B고객 > C고객 > D고객
② A고객 > C고객 > D고객 > B고객
③ B고객 > A고객 > C고객 > D고객
④ B고객 > C고객 > D고객 > A고객

13 A ~ D고객이 I주택담보대출을 신청하면서 적용받은 감면금리가 다음과 같을 때, 가장 낮은 금리가 적용되는 고객은?

〈적용 감면금리〉

(단위 : %)

구분	A고객	B고객	C고객	D고객
적용 감면금리	0.025	0.25	0.005	0.37

① A고객
② B고객
③ C고객
④ D고객

14 직장인 K는 I은행 적금 베스트 상품 중 하나에 가입하려고 한다. 다음 3가지 상품 정보와 〈조건〉을 참고할 때, 가장 높은 이자를 받을 수 있는 적금 상품과 이자금액으로 바르게 연결된 것은?[단, 이자 소득에 대한 세금은 고려하지 않으며, $\frac{0.023}{12}=0.0019$, $\left(1+\frac{0.023}{12}\right)^{24}=1.047$, $1.026^{\frac{1}{12}}=1.002$, $1.026^2=1.05$로 계산하고, 소수점 셋째 자리에서 반올림한다]

〈I은행 적금 베스트 3종〉

구분	I직장인 월 복리 적금	e금리우대적금	I쏠쏠적금
상품유형	목돈 모으기		
상품특징	급여이체 및 교차거래 실적에 따라 금리가 우대되는 직장인 전용 월 복리 상품	당행 대표 비대면 적금 상품	I은행 I쏠쏠 신용카드 보유고객 대상 우대금리를 제공하는 I쏠쏠 패키지 내 자유적립식 상품
가입대상	만 18세 이상 개인	개인(1인 1계좌)	당행 I쏠쏠 신용카드를 보유한 개인(1인 1계좌)
가입기간	12개월 이상 36개월 이내 (월 단위)	12개월 이상 36개월 이내 (월 단위)	12개월 이상 36개월 이내 (월 단위)
예금자보호 여부	○	○	○
우대금리 (연 %p)	• 급여이체 여성 연계상품 : 0.3 • 당행 주택청약종합저축(청약저축 포함) 또는 적립식 펀드 중 1개 이상 가입 : 0.2 • 당행 신용 또는 체크카드 결제실적 100만 원 이상 : 0.3	• 급여이체 여성 연계상품 : 0.1 • 당행 신용 또는 체크카드 : 사용 중 0.1 • 당행 적립식 펀드 1개 이상 가입 : 0.2	• 급여이체 여성 연계상품 : 0.1 • I쏠쏠 신용카드 실적 월 30만 원 이상 50만 원 미만 : 0.1 (50만 원 이상 : 0.2) • I쏠쏠 패키지대출 보유 시 : 0.1
기본금리(연 %)	1.8	2.2	1.8

※ I직장인 월 복리 적금 외의 상품은 연 복리 적금 상품임

〈조건〉

- 직장인 K는 여성이다.
- I쏠쏠 신용카드로 매월 30 ~ 40만 원 정도 사용한다.
- 급여이체로 I은행을 이용하고 있다.
- 당행 적립식 펀드를 가입한 지 3개월이 되었다.
- 매월 초 30만 원씩 자동이체로 2년 동안 적금 가입을 원한다.

	적금 상품	이자금액
①	I직장인 월 복리적금	315,000원
②	e금리우대적금	315,000원
③	e금리우대적금	234,000원
④	I쏠쏠적금	324,000원

15 다음은 I은행의 '올원 5늘도 적금'에 대한 세부사항이다. 30대인 안대리는 6월 1일에 계좌 하나를 개설하였다. 안대리가 가입한 내용이 정보와 같고 자동이체를 빠짐없이 한다고 할 때, 만기환급 금액은?(단, $\frac{115}{365}=0.4$이고, 이자액의 소수점 이하는 버림하며, 이자 소득에 대한 세금은 고려하지 않는다)

〈올원 5늘도 적금〉

상품특징	매일 자동이체를 통해 저축습관의 생활화를 추구하는 비대면전용 적립식 상품	
가입대상	개인(1인 최대 3계좌)	
가입기간	6개월(=183일)	
가입금액	• 매회 1천 원 이상 10만 원 이내 • 계좌당 매월(1일부터 말일까지) 70만 원 이내에서 자유적립 (단, 자동이체 입금 : 1천 원 이상 3만 원 이내)	
적립방법	자유적립식, 비과세	
우대금리	우대조건을 만족하는 경우 가입일 현재 기본금리에 가산하여 만기해지 시 적용(기본금리 : 0.75%)	
	조건내용	**우대금리(%p)**
	평일 18:00 ~ 24:00 또는 휴일 신규가입 시	0.1
	만기 전일까지 매일 자동이체를 통한 입금 60회 이상 성공 시	0.3
	적립 원금(이자 제외)에 따른 우대(중복 불가) • 만기해지 시 적립 원금 200만 원 이상 : 0.1 • 만기해지 시 적립 원금 300만 원 이상 : 0.2	최대 0.2

※ 입금 건별 입금일부터 해지 전일까지 기간에 대하여 약정 이율로 계산한 이자금액을 합산하여 지급함
(입금 건별 이자 계산 예시)=(입금액)×(약정금리)×(예치일수)÷365
※ 약정금리는 만기해지 시 적용되는 금리임

〈정보〉

• 안대리의 신규금액 및 자동이체 금액은 매일 만 원이다.
• 6월 1일 월요일 오후 8시에 비대면으로 신규 가입하였다.
• 적금은 자동이체만 이용하며 적금 납입 기간 동안 매일 입금된다.
• 안대리는 가입기간 도중 해지하지 않는다.

① 1,817,822원
② 1,826,502원
③ 1,830,730원
④ 1,836,734원

※ 다음은 I씨가 올해 1 ~ 8월간 사용한 지출 내역이다. 이어지는 질문에 답하시오. **[16~17]**

〈1 ~ 8월 지출 내역〉

종류	내역
신용카드	2,500,000원
체크카드	3,500,000원
현금영수증	-

※ 연봉의 25%를 초과한 금액에 한해 신용카드 15% 및 현금영수증·체크카드 30% 공제
※ 공제는 초과한 금액에 대해 공제율이 높은 종류를 우선 적용

16 I씨의 연봉 예상 금액이 35,000,000원일 때, 연말정산에 대비하기 위한 전략 또는 위 자료에 대한 설명으로 적절하지 않은 것은?

① 신용카드와 체크카드 사용금액이 연봉의 25%를 넘어야 공제가 가능하다.
② 2,750,000원보다 더 사용해야 소득공제를 받을 수 있다.
③ 만약 체크카드를 5,000,000원 더 사용한다면, 2,250,000원이 소득공제금액에 포함되고 공제액은 675,000원이다.
④ 신용카드 사용금액이 더 적기 때문에 체크카드보다 신용카드를 많이 사용하는 것이 공제에 유리하다.

17 I씨는 8월 이후로 신용카드를 4,000,000원 더 사용했고, 현금영수증 금액을 확인해보니 5,000,000원이었다. 또한 연봉이 40,000,000원으로 상승하였다. 다음 세율표를 적용하여 신용카드, 현금영수증 등 소득공제금액에 대한 세금을 구하면?

과표	세율
연봉 1,200만 원 이하	6%
연봉 4,600만 원 이하	15%
연봉 8,800만 원 이하	24%
연봉 15,000만 원 이하	35%
연봉 15,000만 원 초과	38%

① 90,000원
② 225,000원
③ 247,500원
④ 450,000원

18 다음은 K기업의 팀별 성과급 지급 기준 및 영업팀의 성과평가 결과이다. 영업팀에게 지급되는 성과급의 1년 총액은?(단, 성과평가 등급이 A이면 직전 분기 차감액의 50%를 가산하여 지급한다)

〈분기별 성과급 지급 기준〉

성과평가 점수	성과평가 등급	성과급 지급액
9.0 이상	A	100만 원
8.0 ~ 8.9	B	90만 원(10만 원 차감)
7.0 ~ 7.9	C	80만 원(20만 원 차감)
6.9 이하	D	40만 원(60만 원 차감)

〈영업팀의 성과평가 결과〉

구분	1/4분기	2/4분기	3/4분기	4/4분기
유용성	8	8	10	8
안정성	8	6	8	8
서비스 만족도	6	8	10	8

※ (성과평가 점수)=(유용성)×0.4+(안정성)×0.4+(서비스 만족도)×0.2

① 350만 원　　② 360만 원

③ 370만 원　　④ 380만 원

19 I은행은 사내 요리대회를 진행하고 있다. 최종 관문인 협동심 평가는 이전 평가에서 통과한 참가자 A ~ D 4명이 한 팀이 되어 역할을 나눠 주방에서 제한시간 내에 하나의 요리를 만드는 것이다. 재료손질, 요리보조, 요리, 세팅 및 정리 4개의 역할이 있고, 협동심 평가 후 참가자별 기존 점수에 가산점을 더하여 최종 점수를 계산할 때, 참가자들의 의견을 모두 수렴하여 역할을 선정한 것은?

〈참가자별 점수 분포〉

(단위 : 점)

구분	A	B	C	D
기존 점수	90	95	92	97

〈각 역할을 성실히 수행 시 가산점〉

(단위 : 점)

구분	재료손질	요리보조	요리	세팅 및 정리
가산점	5	3	7	9

※ 협동심 평가의 각 역할은 1명만 수행할 수 있음

〈조건〉

- C는 주부습진이 있어 재료손질 역할을 원하지 않는다.
- A는 깔끔한 성격으로 세팅 및 정리 역할을 원한다.
- D는 손재주가 없어 재료손질 역할을 원하지 않는다.
- B는 적극적인 성격으로 어떤 역할이든지 자신 있다.
- 최종점수는 100점을 초과할 수 없다.

	재료손질	요리보조	요리	세팅 및 정리
①	A	D	C	B
②	B	C	D	A
③	B	D	C	A
④	C	A	D	B

20 I대학 동문회는 동문 초청의 밤 행사를 위해 회비를 각출하려고 한다. 2025년 비용 계획과 2020 ~ 2024년 동문회 참가현황을 참고하여 비용을 산출한다면 1인당 최소 회비는?(단, 회비는 만 원 단위로 각출한다)

〈2025년 비용 계획〉

구분	비용(원)	신청자 수(명)
1인당 식사비	25,000	미정
기념 티셔츠	12,500	미정
기념 모자	5,000	120
홍보 팜플렛	5,000	미정
기념 컵	5,000	100

※ 미정인 신청자 수는 최근 3년간 동문회 참가현황의 평균을 근거로 산출함

〈2020 ~ 2024년 동문회 참가현황〉

구분	2020년	2021년	2022년	2023년	2024년
참가인원(명)	208	190	185	201	163

① 2만 원　② 3만 원
③ 4만 원　④ 5만 원

21 다음은 I기업의 재고 관리 사례이다. 금요일까지 부품 재고 수량이 남지 않게 완성품을 만들 수 있도록 월요일에 주문할 A ~ C부품의 개수로 옳은 것은?(단, 주어진 조건 이외에는 고려하지 않는다)

〈부품 재고 수량과 완성품 1개당 소요량〉

구분	부품 재고 수량	완성품 1개당 소요량
A부품	500	10
B부품	120	3
C부품	250	5

〈완성품 납품 수량〉

(단위 : 개)

구분	월	화	수	목	금
완성품 납품 수량	없음	30	20	30	20

※ 부품 주문은 월요일에 한 번 신청하며 화요일 작업 시작 전에 입고됨

※ 완성품은 A ~ C부품을 모두 조립해야 함

	A부품	B부품	C부품
①	100	100	100
②	100	180	200
③	500	100	100
④	500	180	250

※ 다음은 재료비 상승에 따른 분기별 국내 철강사 수익 변동을 조사하기 위해 수집한 자료이다. 이어지는 질문에 답하시오. **[22~23]**

〈제품가격과 재료비에 따른 분기별 수익〉

(단위 : 천 원/톤)

구분	2023년	2024년			
	4분기	1분기	2분기	3분기	4분기
제품가격	627	597	687	578	559
재료비	178	177	191	190	268
수익	449	420	496	388	291

※ 제품가격은 재료비와 수익의 합으로 책정됨

〈제품 1톤당 소요되는 재료〉

(단위 : 톤)

철광석	원료탄	철 스크랩
1.6	0.5	0.15

22 제시된 자료에 대한 설명으로 옳은 것은?

① 수익은 지속해서 증가하고 있다.
② 모든 금액에서 2024년 4분기가 2023년 4분기보다 높다.
③ 재료비의 변화량과 수익의 변화량은 밀접한 관계가 있다.
④ 2024년 3분기에 이전 분기 대비 수익 변화량이 가장 크다.

23 2025년 1분기에 재료당 단위가격이 철광석 70,000원, 원료탄 250,000원, 철 스크랩 200,000원으로 예상된다는 보고를 받았다. 2025년 1분기의 수익을 2024년 4분기와 같게 유지한다면 제품가격은 얼마인가?

① 558,000원
② 559,000원
③ 560,000원
④ 568,000원

24 I은행 본사에는 1층에서 9층까지 왕복으로 운행하는 엘리베이터가 있다. A대리와 B과장은 9층에서 엘리베이터를 타고 내려오다가 각자 어느 한 층에서 내렸다. 두 사람은 엘리베이터를 타고 내려오다가 다시 올라가지는 않았다. 이때, 두 사람이 서로 다른 층에서 내릴 확률은?

① $\frac{3}{8}$
② $\frac{1}{2}$
③ $\frac{5}{8}$
④ $\frac{7}{8}$

25 I회사에서는 직원들의 금융 상품 운용 능력을 평가하기 위해 설문조사를 실시하였다. 주택청약, 펀드, 부동산 투자 여부 등을 조사하였고, 중복 선택이 가능하며, 총조사인원은 60명이었다. 이 중 주택청약을 한 직원은 27명, 펀드는 23명, 부동산 투자는 30명이었다. 주택청약, 펀드, 부동산 투자를 모두 하는 직원이 5명일 때, 투자항목 중 2개만 하는 직원은 몇 명인가?(단, I회사 직원들은 모두 적어도 1개 이상을 선택하였다)

① 10명
② 15명
③ 20명
④ 25명

26 수현이는 노트 필기를 할 때 검은 펜, 파란 펜, 빨간 펜 중 1가지를 사용하는데 검은 펜을 쓴 다음 날은 반드시 빨간 펜을 사용하고, 파란 펜을 쓴 다음 날에는 검은 펜이나 빨간 펜을 같은 확률로 사용한다. 또 빨간 펜을 쓴 다음 날은 검은 펜과 파란 펜을 2 : 1의 비율로 사용한다. 만약 수현이가 오늘 아침에 주사위를 던져서 눈의 수가 1이 나오면 검은 펜을, 3이나 5가 나오면 빨간 펜을 그리고 짝수가 나오면 파란 펜을 사용하기로 했다면, 내일 수현이가 검은 펜을 사용할 확률은?

① $\frac{5}{12}$
② $\frac{4}{9}$
③ $\frac{17}{36}$
④ $\frac{1}{2}$

27 I은행에 100만 원을 맡기면 다음 달에 104만 원을 받을 수 있다. 이번 달에 50만 원을 입금하여 다음 달에 30만 원을 찾는다면 그다음 달 찾을 수 있는 최대 금액은 얼마인가?

① 218,800원
② 228,800원
③ 238,800원
④ 248,800원

28 다음은 2018~2024년 화장품 생산실적 자료이다. 이에 대한 설명으로 옳지 않은 것은?

〈화장품 생산실적〉

(단위 : 개, %, 백만 원)

구분	2018년	2019년	2020년	2021년	2022년	2023년	2024년
업체 수	591	829	1,480	1,895	2,735	3,840	4,961
업체 수 증감률	12.4	40.3	78.5	28	44.3	40.4	29.2
품목 수	85,533	93,682	101,296	88,806	101,362	105,318	119,051
품목 수 증감률	12.4	9.5	8.1	−12.3	14.1	3.9	13
생산금액	6,014,551	6,385,616	7,122,666	7,972,072	8,970,370	10,732,853	13,051,380
전년 대비 성장률	16.4	6.2	11.5	11.9	12.5	19.6	21.6

① 매년 전년 대비 생산실적이 증가하고 있다.
② 전년에 비해서 품목 수가 줄어든 해가 있다.
③ 생산실적을 보고한 화장품 제조업체의 수는 계속 증가하고 있다.
④ 생산실적을 보고한 화장품 제조업체의 증감률은 2022년에 가장 크다.

29 다음은 6대 광역시의 평균 학자금 대출 신청건수 및 평균 대출금액에 대한 자료이다. 이에 대한 설명으로 옳지 않은 것은?

〈6대 광역시의 평균 학자금 대출 신청건수 및 평균 대출 금액〉

구분	2023년		2024년	
	대출 신청건수(건)	평균 대출금액(만 원)	대출 신청건수(건)	평균 대출금액(만 원)
대구	1,921	558	2,320	688
인천	2,760	640	3,588	775
부산	2,195	572	2,468	644
대전	1,148	235	1,543	376
광주	1,632	284	1,927	317
울산	1,224	303	1,482	338

① 2024년 학자금 총 대출금액은 대구가 부산보다 많다.
② 대전의 2024년 학자금 평균 대출금액은 전년 대비 1.6배 증가하였다.
③ 2024년 총 학자금 대출 신청건수는 2023년 대비 20.5% 증가하였다.
④ 학자금 대출 신청건수가 가장 많은 지역은 2023년과 2024년이 동일하다.

30 다음은 부대시설 현황을 나타낸 자료이다. 이에 대한 〈보기〉의 설명 중 옳지 않은 것을 모두 고르면?

〈부대시설 현황〉

(단위 : 개)

구분	영업소	휴게소	주유소
경부선	32	31	30
남해선	25	10	10
88올림픽선	11	6	4
서해안선	27	17	17
울산선	1	0	0
익산 ~ 포항선	5	4	4
호남선(논산 ~ 천안선)	20	11	10
중부선(대전 ~ 통영선)	29	17	17
평택충주선	17	0	0
중부내륙선	23	10	10
영동선	21	12	12
중앙선	6	14	14
동해선	6	4	4
서울외곽순환선	1	0	0
마산외곽선	3	0	0
남해 제2지선	1	0	0
제2경인선	1	0	0
경인선	3	0	0
호남선의 지선	2	2	2
대전남부순환선	2	0	0
구미선	3	2	2
중앙선의 지선	2	0	0
합계	241	140	136

〈보기〉

ㄱ. 휴게소가 있는 노선에는 반드시 주유소가 있다.
ㄴ. 휴게소가 없는 노선은 영업소의 수가 3개 이하이다.
ㄷ. 휴게소의 수와 주유소의 수가 일치하지 않는 노선은 모두 3개이다.
ㄹ. 영업소 1개당 휴게소의 수가 가장 많은 노선은 경부선이다.
ㅁ. 영업소, 휴게소, 주유소 모두 경부선이 가장 많다.

① ㄱ, ㄴ
② ㄴ, ㄷ
③ ㄴ, ㄹ
④ ㄷ, ㅁ

31 다음은 주요국인 한국, 미국, 일본, 프랑스가 화장품산업 경쟁력 4대 분야에서 획득한 점수에 대한 자료이다. 이에 대한 설명으로 옳은 것은?

〈주요국의 화장품산업 경쟁력 4대 분야별 점수〉

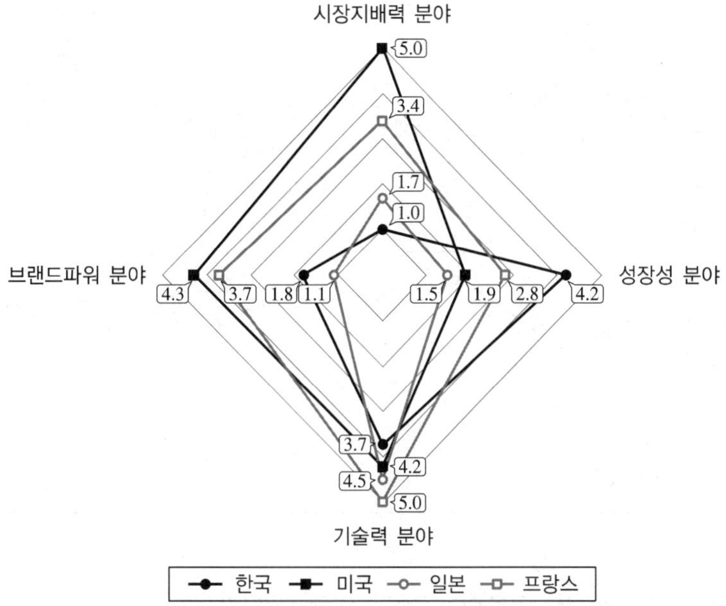

① 기술력 분야에서는 한국의 점수가 가장 높다.

② 시장지배력 분야의 점수는 일본이 프랑스보다 높지만 미국보다는 낮다.

③ 브랜드파워 분야에서 각국 점수 중 최댓값과 최솟값의 차이는 3 이하이다.

④ 미국이 4대 분야에서 획득한 점수의 합은 프랑스가 4대 분야에서 획득한 점수의 합보다 높다.

※ 다음은 2023 ~ 2024년도 광역시별 인구 대비 헌혈 인구 비율을 나타낸 그래프이다. 이어지는 질문에 답하시오. **[32~33]**

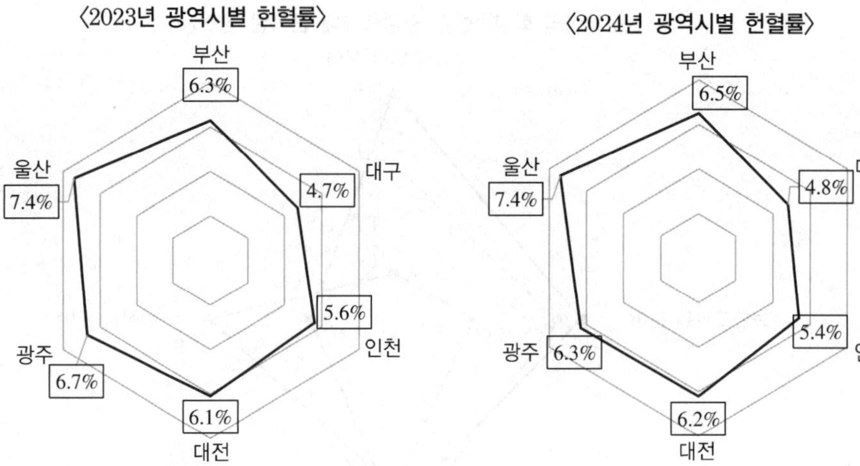

※ [헌혈률(%)] = $\frac{\text{(헌혈 인구)}}{\text{(광역시별 인구)}} \times 100$

32 다음 중 전년 대비 2024년 헌혈률이 감소한 지역은 어디인가?

① 울산광역시
② 부산광역시
③ 광주광역시
④ 대전광역시

33 2024년도 대구광역시 인구가 240만 명, 인천광역시 인구는 300만 명일 때, 각 지역의 헌혈 인구는 몇 명인가?

	대구광역시	인천광역시
①	106,200명	157,000명
②	115,200명	162,000명
③	115,200명	157,000명
④	106,200명	162,000명

※ 다음 자료를 읽고 이어지는 질문에 답하시오. **[34~35]**

〈문자 – 특수문자 변환표〉

A	B	C	D	E	F	G	H	I	J	K	L	M	N	O
Å	♭	⊃	□	∃	=	♨	#	!	↓	+	£	Σ	♬	@
P	**Q**	**R**	**S**	**T**	**U**	**V**	**W**	**X**	**Y**	**Z**	**–**			
~	%	&	∮	π	∩	?	₩	※	¥	▽	–			

• 변환한 문자 앞에 (공백을 제외한 글자 수)A(단어 수)W–를 붙임

• '–'로 변환할 문자의 공백을 표시함

예 HI EVERYONE → 10A2W–#!–∃?∃&¥@♬∃

34 다음 중 변환된 특수문자를 해독한 내용으로 옳지 않은 것은?

	변환문자	해독한 내용
①	10A2W–~@∮π–@==!⊃∃	POST OFFICE
②	6A1W–ΣÅ&+∃π	MARBLE
③	13A2W–#Å~~¥–♭!&π#□Å¥	HAPPY BIRTHDAY
④	11A2W–∮@∩π#–+@&∃Å♬	SOUTH KOREAN

35 다음 중 'WE CAN DO IT'을 변환한 것으로 옳은 것은?

① 9A4W–₩–∃–⊃–Å–♬–□–@–!–π

② 9A4W–₩∃–⊃Å♬–□@–!π

③ 9A4W–₩∃⊃Å♬□@!π

④ 4A9W–₩∃–⊃Å♬–□@–!π

36 다음은 I사의 일일판매내역이다. (가) 셀에 〈보기〉와 같은 함수를 입력했을 때 나타나는 값으로 옳은 것은?

	A	B	C	D
1				(가)
2				
3	제품이름	단가	수량	할인적용
4	I소스	200	5	90%
5	I아이스크림	100	3	90%
6	I맥주	150	2	90%
7	I커피	300	1	90%
8	I캔디	200	2	90%
9	I조림	100	3	90%
10	I과자	50	6	90%

〈보기〉

=SUMPRODUCT(B4:B10,C4:C10,D4:D10)

① 2,610
② 2,700
③ 2,710
④ 2,900

※ 다음 순서도에 의해 출력되는 값을 구하시오. **[37~38]**

37

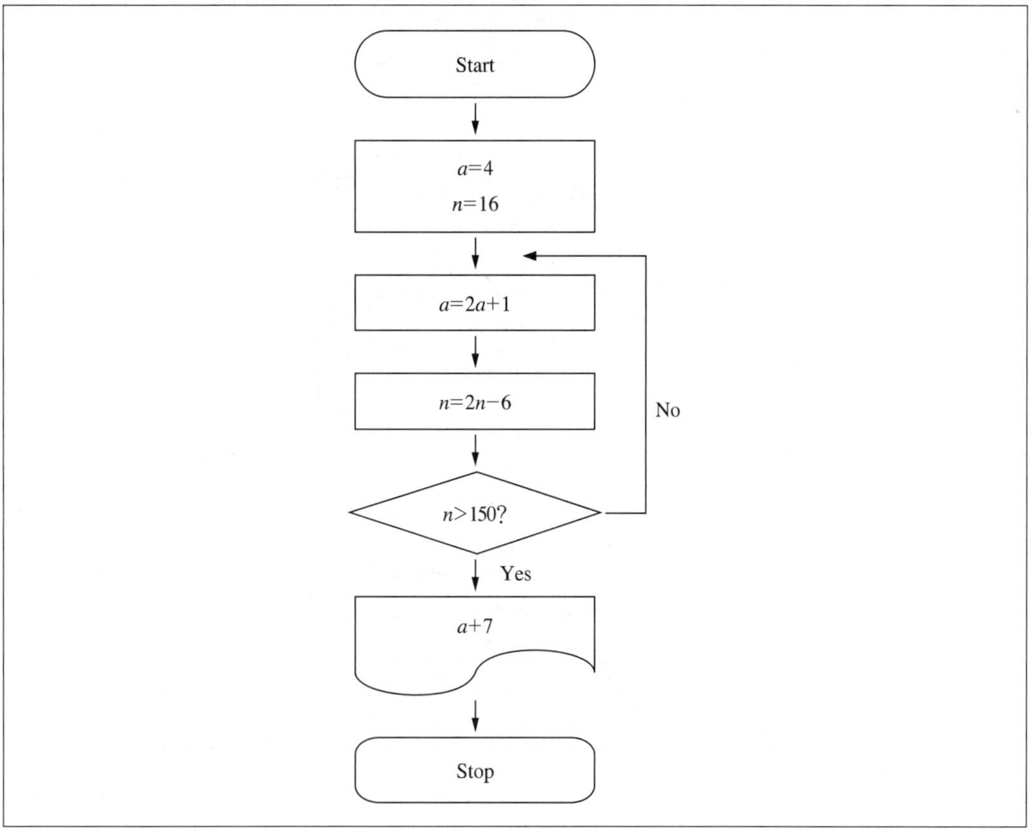

① 56
② 66
③ 76
④ 86

38

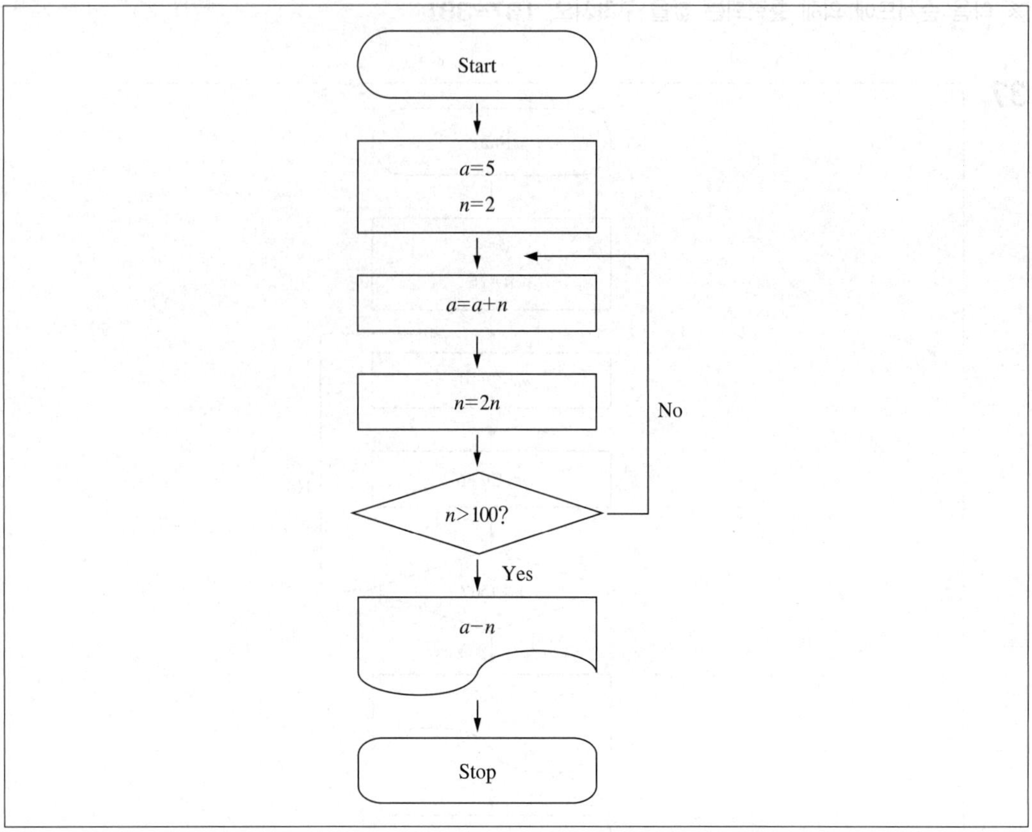

① 2

② 3

③ 4

④ 5

39 다음은 키워드 기반 예금 추천 서비스에 대한 순서도이다. 키워드 검색에 예금 추천 서비스를 입력하였을 때, 출력되는 추천 서비스의 색상은?

〈순서도 기호〉

기호	설명	기호	설명
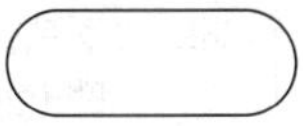	시작과 끝을 나타낸다.	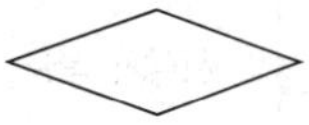	어느 것을 택할 것인지를 판단한다.
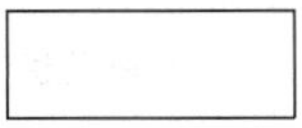	데이터 입력 및 계산 등의 명령을 처리를 한다.		선택한 값을 출력한다.

〈순서도〉

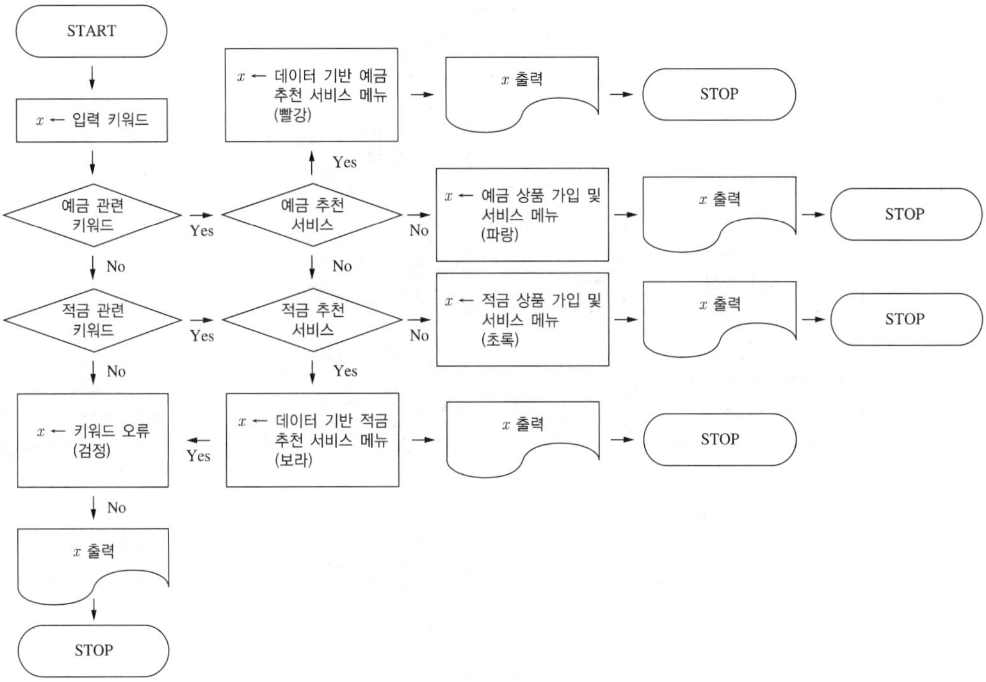

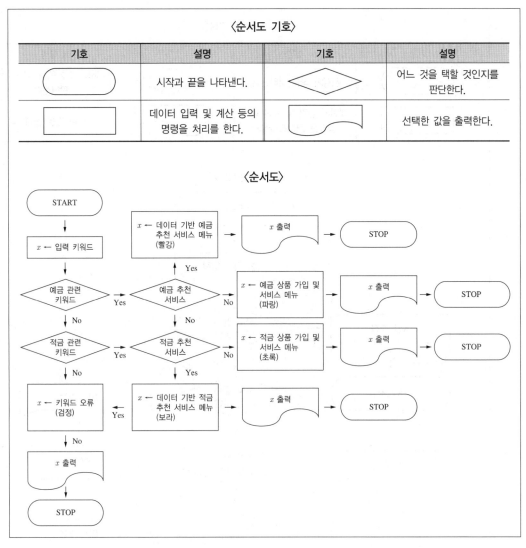

① 빨강　　② 보라
③ 초록　　④ 파랑

40 다음은 I학원의 배치시험 결과에 따라 반을 배정하는 순서도이다. 어떤 학생의 배치고사 결과가 국어 60점, 수학 80점, 영어 70점, 한국사 45점일 때, 배정받는 반은?(단, 우선순위는 국어, 수학, 영어, 한국사이다)

〈순서도 기호〉

기호	설명	기호	설명
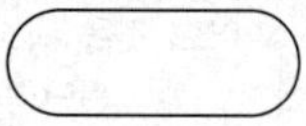	시작과 끝을 나타낸다.	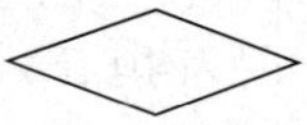	어느 것을 택할 것인지를 판단한다.
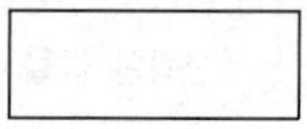	데이터 입력 및 계산 등의 명령을 처리를 한다.	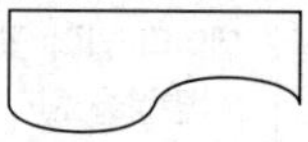	선택한 값을 출력한다.

〈순서도〉

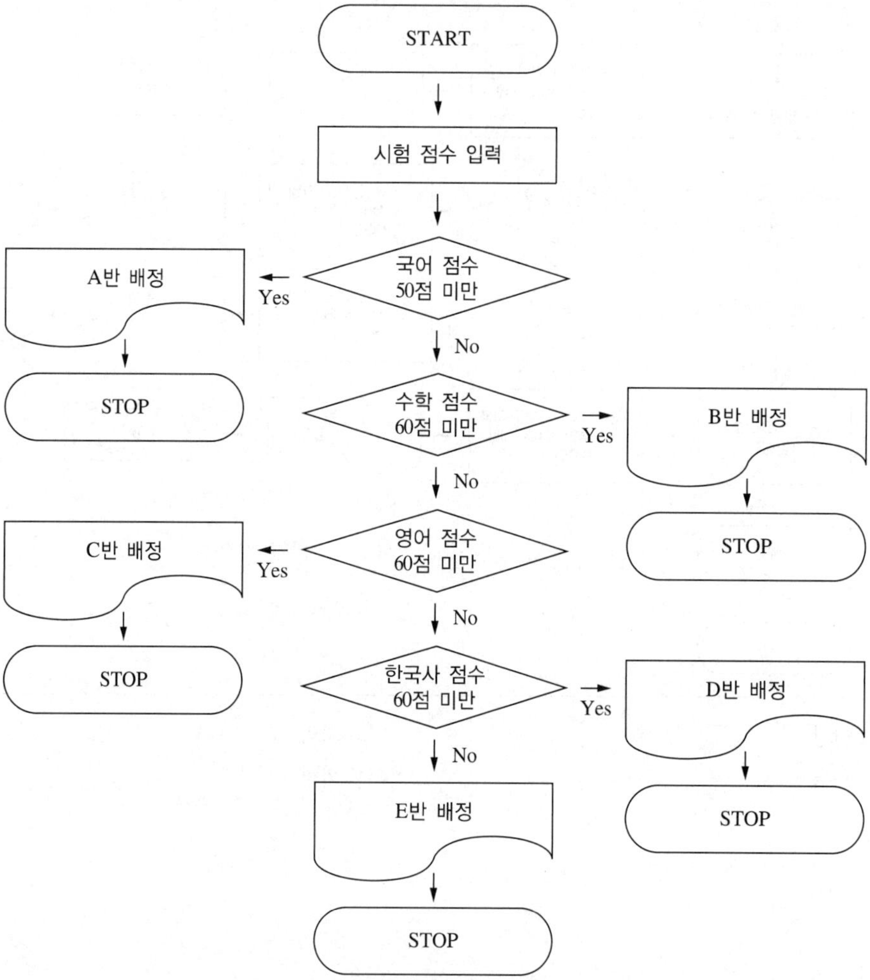

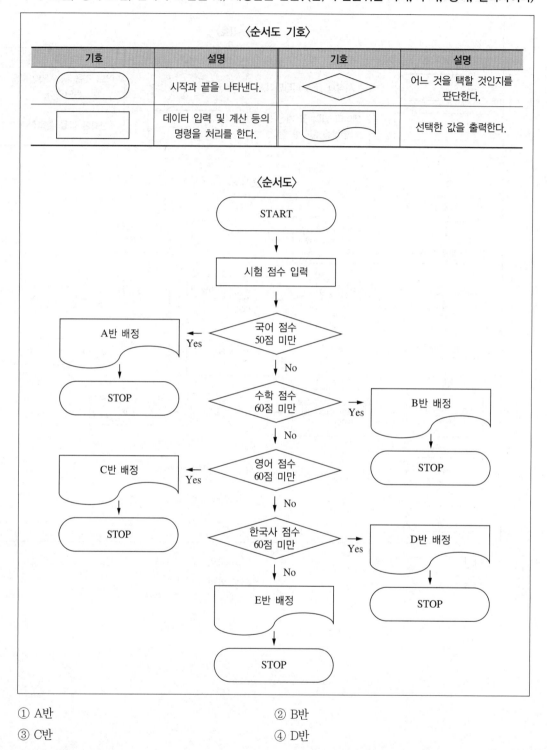

① A반
② B반
③ C반
④ D반

제2영역 직무수행능력

| 금융일반 - 객관식 |

01 다음 중 기타포괄손익에 해당하지 않는 것은?

① 재평가잉여금
② 현금흐름위험회피 파생상품평가손실
③ 해외사업환산손익
④ 만기보유평가이익

02 다음 중 기업의 경영전략을 평가할 때 BSC를 통해 평가하는 관점으로 옳지 않은 것은?

① 재무적 관점
② 고객 관점
③ 업무프로세스 관점
④ 성공요인 관점

03 다음 중 기업이 해외에 진출하려고 할 때, 계약에 의한 진출 방식으로 옳지 않은 것은?

① 프랜차이즈
② 라이센스
③ M&A
④ 턴키

04 다음 중 맥주에 대한 수요곡선은 우하향하고 공급곡선은 우상향할 때, 맥주에 대한 세금이 전보다 오르면 나타날 수 있는 결과로 옳은 것은?

① 맥주의 값은 오르고 수요자 및 공급자의 부담이 전부 커진다.
② 맥주의 값은 오르고 수요자 부담만 커진다.
③ 맥주의 값은 오르고 공급자 부담만 커진다.
④ 맥주의 값이 내린다.

05 **산출량의 증가에 따라 평균가변비용이 감소하는 구간에서의 현상으로 옳은 것은?**

① 한계비용이 반드시 감소한다.

② 고정비용이 반드시 감소한다.

③ 총비용이 반드시 감소한다.

④ 한계비용이 평균가변비용보다 낮다.

06 **다음 중 독점에 대한 내용으로 적절하지 않은 것은?**

① 독점기업의 총수입을 극대화하기 위해서는 수요의 가격탄력성이 1인 점에서 생산해야 한다.

② 독점기업은 시장지배력을 갖고 있기 때문에 제품 가격과 공급량을 각각 원하는 수준으로 결정할 수 있다.

③ 원자재 가격의 상승은 평균비용과 한계비용을 상승시키므로 독점기업의 생산량이 감소하고 가격은 상승한다.

④ 독점의 경우 자중손실(Deadweight Loss)과 같은 사회적 순후생손실이 발생하기 때문에 경쟁의 경우에 비해 효율성이 떨어진다고 볼 수 있다.

07 **2050년 환율은 1달러당 2,000원이고, 100엔당 1,600원이다. 미 달러화에 대한 환율이 1달러당 1,800원으로 하락하고, 일본 엔화에 대한 환율은 100엔당 1,800원으로 상승한다고 가정할 때, 다음 중 감소할 것으로 예상할 수 있는 것은?**

① 미국으로 어학연수를 떠나는 한국 학생 수

② 미국이 수입하는 일본 자동차 수

③ 미국에 입국하는 일본인 관광객 수

④ 일본이 수입하는 한국 철강 제품 양

08 **다음 글에서 설명하는 것과 유사한 제도는?**

> 하나의 기업 내에 있는 모든 근로자 또는 일부 근로자의 근로시간을 줄여 보다 많은 근로자들이 일자리를 갖도록 하는 제도이다. 일자리 나누기, 시간분할제 또는 대체근로제로도 불린다. 프랑스, 독일 등 유럽에서 기업이 일시적으로 발생한 유휴 노동력의 해고를 피하기 위한 단기적 전략으로 이 제도가 주로 사용되어 왔다. 경기불황으로 3만 명의 인원감축이 불가피했던 독일 폴크스바겐사의 경우 94 ~ 95년 2년간 주 4일 근무제(28.8시간)를 실시했으며, 2교대제를 운영했던 이탈리아 피아트사도 93년 1일 3교대, 주 6일 근무제(48시간)를 실시해 대량실업을 극복했다.

① 레이오프제 ② 타임오프제

③ 플렉스타임제 ④ 임금피크제

09 다음 중 마케팅 기법과 그에 대한 설명이 옳지 않은 것은?

① 데이 마케팅 : 기념일을 타깃으로 하는 마케팅
② 버즈 마케팅 : 인적 네트워크를 통하여 소비자에게 상품정보를 전달하는 마케팅
③ 디마케팅 : 기업들이 자사 상품에 대한 고객의 구매를 의도적으로 줄임으로써 수익의 일부를 포기하는 마케팅
④ 바이럴 마케팅 : 블로그나 카페 등을 통해 소비자들에게 자연스럽게 정보를 제공하여 구매욕을 자극하는 마케팅

10 다음 중 구매력평가(PPP)에 대한 설명으로 옳지 않은 것은?

① 양국의 물가를 기준으로 환율이 결정된다고 보기 때문에 일물일가의 법칙과는 관계가 없다.
② 현실적으로 국가 간에 교역이 어려운 품목들이 있어서 구매력평가는 일정한 한계를 갖고 있다.
③ 한 나라의 화폐가 모든 나라에서 동일 수량의 재화를 구입할 수 있어야 한다는 환율 결정이론이다.
④ 구매력평가로 계산한 원화의 달러당 환율이 1,100원 일 때 미국의 물가만 10% 오르게 되면 환율은 1,000원이 된다.

11 다음 중 핀테크에 대한 설명으로 옳지 않은 것은?

① 금융(Finance)과 기술(Technology)이 결합한 서비스를 가리키는 말이다.
② 새로운 IT기술의 등장을 그 배경으로 하고 있다.
③ 하드웨어, 앱 등을 기반으로 한 간편결제 서비스가 출시되고 있다.
④ 플랫폼과 관계없이 다양한 사업자들의 공정한 경쟁이 보장되고 있다.

12 다음 글에서 설명하는 용어로 옳은 것은?

프라이빗 뱅커(PB) 대신에 모바일 기기나 PC를 통해 제공받는 온라인 자산관리 서비스를 일컫는 용어이다. 온라인 환경에서 자산 배분 전략을 설계해 주기 때문에 개인 맞춤형 서비스를 받을 수 있으며, 수수료가 저렴하고 소액 투자가 가능하다는 장점이 있다.

① 크라우드펀딩　　② 쇼닥터
③ 스타트업　　④ 로보어드바이저

13 4차 산업혁명으로 등장한 인공지능, 사물인터넷 등의 기술이 인간의 일자리를 위협하고 있다. 다음 중 노동이 기계로 대체됨에 따라 발생하는 실업은 무엇인가?

① 계절적 실업
② 구조적 실업
③ 기술적 실업
④ 마찰적 실업

14 다음 표의 (가) ~ (라)에 해당하는 사례를 바르게 연결한 것을 〈보기〉에서 모두 고르면?

구분		GDP	
		A국	B국
GNP	A국	(가)	(나)
	B국	(다)	(라)

〈보기〉

(가) A국 영화계에 진출한 B국 국적 배우의 출연료
(나) A국 국적의 근로자가 B국에 진출한 다국적 기업에서 일하고 받은 임금
(다) B국에서 공부하는 A국 국적의 유학생이 B국에서 아르바이트를 하고 받은 임금
(라) B국 국적의 식당 주인이 자국의 관광지에서 A국 국적의 여행객에게 판매한 음식 대금

① (가), (나)
② (가), (다)
③ (나), (다)
④ (나), (라)

15 I은행 행원 4명은 다음과 같은 신문기사의 일부를 보고 대화를 나누었다. 기사 내용을 잘못 이해한 사람은?

A국 총리는 국내 경기 부양을 위해 양적완화 정책을 시행할 계획이라고 밝혔다.

① 희소 : '헬리콥터 머니'라고도 하는 정책이야.
② 정현 : 최근 A국의 기준금리는 너무 낮아서 더 내릴 수도 없는 상황이었겠군.
③ 서경 : 이 정책으로 A국의 물가는 하락하고 사람들의 소비는 촉진될 거야.
④ 준성 : A국과 거래를 하는 B국의 통화가치는 상승할 거야.

16 다음은 어느 신문기사의 일부이다. 밑줄 친 펀드런(Fund Run)에 대한 설명으로 옳은 것은?

> 글로벌 금융시장이 다시 한 번 요동쳤다. 영국의 유럽연합(EU) 탈퇴(브렉시트, Brexit) 쇼크에서 벗어나는 듯 했던 금융시장의 위기는 단기에 끝나지 않을 것이라는 징조를 나타내기 시작했다. 지난 6일 일본 니케이지수는 한때 3.2%까지 급락했다가 전날보다 1.85% 하락한 1만 5,378.99에 장을 마쳤고, 대만 가권지수 역시 1.61%까지 하락했다.
> 브렉시트 결정 이후 런던의 일부 부동산 펀드들이 '<u>펀드런</u>' 조치를 취하자 이에 대한 불안감이 금융위기를 촉발할 거란 우려가 더욱 심해졌다.

① 은행에 돈을 예치한 사람들이 은행의 재정 상태를 우려해 대규모로 예금을 인출하는 것을 말한다.
② 한 국가가 외국에서 빌려 온 차관에 대해 일시적으로 상환을 연기하는 것을 대외적으로 선언하는 것을 말한다.
③ 민간 기업이 공채, 사채 등을 받고도 계약대로 이자, 원리를 상환할 수 없어 정해진 기간 내에 갚지 못하는 경우를 말한다.
④ 펀드투자자들이 펀드수익률 악화를 우려하여 투자한 돈을 회수하기 위해 한꺼번에 대량의 펀드 환매를 요청하는 현상을 말한다.

17 다음 글을 통해 추론할 수 있는 현상으로 적절하지 않은 것은?

> 올 하반기 이후 외국인 투자자들이 주식과 채권 등을 매도해 자금 이탈이 가속화됨에 따라 우리나라 금융시장 전반에 큰 부담이 되고 있다. 이러한 외국인 자금의 이탈은 자국의 금융위기로 신용 경색에 맞닥뜨린 외국인들이 현금 유동성을 확보하려고 국내 보유 자산을 빠르게 처분하고 있기 때문이다. 세계 금융 및 경제 위기가 진정될 때까지는 신흥시장 중에서도 풍부한 유동성으로 자금 회수가 비교적 수월한 우리나라에서 외국인의 자금 이탈은 당분간 지속될 것이다.

① 주가 하락
② 채권수익률 상승
③ 달러 대비 원화가치 하락
④ 수입물가 하락

18 다음 중 인구고령화로 인해 인구가 경제성장에 부담으로 작용하는 시기를 가리키는 용어는?

① 인구오너스기
② 인구보너스기
③ 다산다사기
④ 소산소사기

19 **다음 빈칸에 들어갈 단어가 순서대로 바르게 연결된 것은?**

> 디플레이션(Deflation)이란 신용과 통화공급의 _____으로 일반적인 물가수준의 _____ 현상을 말한다. 일반적으로 생산의 _____와/과 실업의 _____가 수반된다. 이러한 위험 가능성을 방지하기 위해서 공공사업을 위한 정부의 적자지출, 이전지출, 금융완화 정책 등의 경기 대책을 실시한다.

① 수축, 하락, 감소, 증가
② 수축, 하락, 상승, 감소
③ 수축, 증가, 상승, 감소
④ 팽창, 증가, 감소, 증가

20 **다음 글이 설명하는 것으로 옳은 것은?**

> 공급은 스스로 수요를 창조한다는 이론이다. 총공급의 크기가 총수요의 크기를 결정하기 때문에 총공급과 총수요는 언제나 일치하고 그 결과 항상 완전고용이 달성된다는 것이다.

① 세이의 법칙
② 코즈의 정리
③ 슈바베의 법칙
④ 피구효과

21 **다음 중 환율제도와 그에 대한 설명으로 옳지 않은 것은?**

① 고정환율제 : 외환시세의 변동을 전혀 인정하지 않고 고정시켜 놓은 환율제도
② 시장평균환율제 : 외환시장의 수요와 공급에 따라 결정되는 환율제도
③ 복수통화바스켓 : 자국과 교역비중이 큰 복수국가의 통화들의 가중치에 따라 결정하는 환율제도
④ 공동변동환율제 : 역내에서는 변동환율제를 채택하고, 역외에서는 제한환율제를 택하는 환율제도

22 **한국은행에서 발표하는 금융시장의 평균적인 금리율로, 1996년부터 전체 금융시장의 금융상품을 고려해 발표하는 수치는?**

① 가중평균금리
② 조달금리
③ 기준금리
④ 콜금리

23 다음 중 Off-JT에 대한 설명으로 가장 적절한 것은?

① 신입사원이 기업에 들어오기 이전의 학교나 기타 훈련기관에서 받은 교육을 말하는 것이다.
② 신입사원이 직무에 착수하기 전에 별도로 현장 밖에서 직무수행을 위한 훈련을 받는 것이다.
③ 신입사원이 현장에서 작업을 계속하는 도중에 직장이나 고참사원에 의하여 직무훈련을 받는 것이다.
④ 신입사원이 직무에 착수하기 전에 특별한 훈련을 받지 않고 직접 어떤 직무에 배치되어 현장에서 작업을 하며 훈련을 받는 것이다.

24 다음 중 재무제표에 대한 설명으로 옳지 않은 것은?

① 재무제표는 적어도 1년에 한 번은 작성한다.
② 현금흐름에 대한 정보를 제외하고는 발생기준의 가정하에 작성한다.
③ 재무제표는 재무상태표, 포괄손익계산서, 자본변동표, 현금흐름표 그리고 주석으로 구성된다.
④ 기업이 경영활동을 청산 또는 중단할 의도가 있더라도, 재무제표는 계속기업의 가정하에 작성한다.

25 다음 중 경영관리에 대한 설명으로 옳지 않은 것은?

① 경영관리란 기업의 목표를 달성하기 위하여 경영활동을 계획하는 것이다.
② 계획된 경영활동을 달성하기 위하여 자원을 효과적으로 배분하는 것이다.
③ 기업조직의 구성원이 그들의 능력을 최대한으로 발휘하도록 환경을 조성하는 것이다.
④ 기업이 이윤극대화를 위해서만 활동하는 것이다.

26 주식회사의 결손금 보전 순서로 옳은 것은?

① 임의적립금 → 이익준비금 → 자본잉여금 → 이월이익잉여금
② 임의적립금 → 이익준비금 → 이월이익잉여금 → 자본잉여금
③ 이익준비금 → 임의적립금 → 이월이익잉여금 → 자본잉여금
④ 이월이익잉여금 → 임의적립금 → 이익준비금 → 자본잉여금

27 코스닥시장 상장 요건을 충족시키지 못하는 벤처기업과 중소기업이 상장할 수 있도록 2013년 7월 1일부터 개장한 중소기업 전용 주식시장은?

① 코스닥
② 나스닥
③ 다우존스
④ 코넥스

28 다음 글에서 설명하는 용어는?

> • 부실금융기관을 정리하기 위해 설립
> • 퇴출 금융기관이 보유하고 있던 자산 · 부채 · 계약 등을 이전받아 만기가 될 때까지 영업
> • 모든 지급상품의 계약이 만기되고 자산부채의 정리절차가 끝나는 즉시 청산

① 브리지론
② 가교금융기관
③ 비소구금융
④ 금융중개기관

29 다음 중 중소 · 중견기업 지원을 전문으로 하는 새로운 정책금융은?

① 모태펀드
② 온렌딩대출
③ P2P대출
④ 외자대출

30 다음 중 중앙은행이 시중은행에 대출해 줄 경우에 적용되는 금리는?

① 재할인율
② 지급준비율
③ 기준금리
④ 콜금리

| 금융일반 - 주관식 |

01 최근 중국에서의 쌀 수입량 증가로 쌀의 가격이 10% 하락하였다. 쌀 판매업자 I씨는 하락한 쌀의 가격을 바탕으로 매출액을 계산하려 한다. 쌀 수요의 가격탄력성이 5라고 할 때, I씨의 쌀 매출액은 대략 몇 % 증가하겠는가?

(%)

02 A씨는 5,000만 원의 자금으로 연간 기대수익률이 20%인 주식에 투자할지, 연간 이자율이 10%인 적금에 가입할지 고민하다 적금에 가입하기로 결정하였다. 이때 연간 기회비용은 얼마인가?

(만 원)

03 다음 빈칸에 들어갈 내용으로 알맞은 것을 〈보기〉에서 고르면?

> 기업의 사회적 책임에 대한 긍정론의 입장은 기업 조직이 적극적이면서 자발적으로 이해관계자들의 요청을 받아들여 이에 대응하는 것이 기업 자체의 존속 및 성장에 필요하다는 것이다. 데이비스에 의한 긍정론의 주요 논거로는 ______________이/가 있다.

〈보기〉

㉠ 이윤 극대화	㉡ 사회 관여의 기업 비용
㉢ 사회적 책임의 사회비용	㉣ 사회기술의 결여
㉤ 국제수지의 악화	㉥ 변명 의무의 결여
㉦ 광범한 지지의 결여	㉧ 책임과 권력의 균형

( )

04 다음과 같은 경제모형을 가정한 국가의 잠재총생산 수준이 Y*라고 할 때, 총생산갭을 제거하기 위해 통화당국이 설정해야 하는 이자율은?(단, Y는 국민소득, C는 소비, I는 투자, G는 정부지출, T는 조세, NX는 순수출, r은 이자율을 나타낸다)

• $C=15,000+0.6(Y-T)-4,000r$	• $I=5,000-3,000r$
• $G=5,000$	• $NX=600$
• $T=7,000$	• $Y^{*}=50,000$

(%)

05 국민소득, 소비, 투자, 정부지출, 순수출, 조세를 각각 Y, C, I, G, NX, T라고 표현한다. 국민경제의 균형이 다음과 같이 결정될 때, 균형재정승수(Balanced Budget Multiplier)는?

• $C=100+0.8(Y-T)$
• $Y=C+I+G+NX$

( )

| 디지털 - 객관식 |

01 다음에서 설명하는 기법은 무엇인가?

컴퓨터 그래픽에서 사용하는 평활화 기법으로 래스터식 디스플레이에서는 실세계의 연속적인 도형을 화소의 집합으로 표현하기 때문에 본래 매끄러운 직선이 거칠게 보이므로 이를 평활하게 하여야 한다.

① 페인팅(Painting)
② 안티 앨리어싱(Anti-Aliasing)
③ 리터칭(Retouching)
④ 렌더링(Rendering)

02 다음 중 소프트웨어 생명 주기(Software Life Cycle)의 역할로 가장 거리가 먼 것은?

① 프로젝트의 비용 산정과 개발 계획을 수립할 수 있는 기본 골격이 된다.
② 단계별 종료 시점을 명확하게 한다.
③ 용어의 표준화를 가능하게 한다.
④ 문서화가 충실한 프로젝트 관리를 가능하게 한다.

03 다음 중 추상화(Abstraction)에 대한 설명으로 옳지 않은 것은?

① 시스템에서 가장 중요한 부분을 정확하고, 간단하게 표현하는 것이다.
② 데이터(Data) 타입과 추상(Abstract) 데이터 타입으로 연산의 매개 변수를 지정한 자료 구조의 수학적 모델이다.
③ 현실 세계의 사실을 그대로 표현하기보다는 문제의 중요한 측면에 주목하여 상세 내역을 없애나가는 과정이다.
④ 클래스 객체의 모임으로 클래스에 새로운 객체를 생성하는 것이다.

04 다음 중 프로그래밍 언어에 대한 설명으로 옳지 않은 것은?

① 고급 언어는 인간이 이해하기 쉬운 문자로 구성된 인간 중심의 언어이다.
② 어셈블리어는 기계어와 대응하는 기호나 문자로 작성하는 언어이다.
③ 기계어는 2진수로 표현된 컴퓨터가 이해할 수 있는 저급 언어이다.
④ C++는 C언어를 기반으로 하는 구조적인 개념을 도입한 절차 언어이다.

05 다음 중 컴파일러에 대한 설명으로 옳지 않은 것은?

① CPU의 종류에 따라 같은 C 컴파일러라 하더라도 다른 기계어를 만들어 낸다.
② C 프로그램은 반드시 컴파일러가 있어야 실행될 수 있다.
③ 프로그램 개발 단계에는 인터프리터보다 컴파일러가 유리하다.
④ 자연어에 대한 컴파일러는 아직 존재하지 않는다.

06 다음 중 분산 DBMS의 4대 목표에 대한 설명으로 거리가 먼 것은?

① 위치 투명성(Location Transparency) : 사용자는 논리적인 입장에서 데이터가 자신의 사이트에 있는 것처럼 처리한다.
② 중복 투명성(Replication Transparency) : 트랜잭션이 데이터의 중복 개수나 중복 사실을 모르면 데이터 처리가 불가능하다.
③ 병행 투명성(Concurrency Transparency) : 분산 데이터베이스와 관련된 다수의 트랜잭션들이 동시에 실현되더라도 그 트랜잭션의 결과는 영향을 받지 않는다.
④ 장애 투명성(Failure Transparency) : 트랜잭션, DBMS, 네트워크, 컴퓨터 장애에도 불구하고 트랜잭션을 정확하게 처리한다.

07 다음 중 C 프로그램에서 사용할 문자열을 치환할 때 사용하는 것은?

① #define ② #include
③ #main ④ #inside

08 다음 〈보기〉의 항목을 프로그램의 처리 순서에 따라 바르게 나열한 것은?

〈보기〉

㉠ 원시 프로그램	㉡ 로더
㉢ 실행 가능한 프로그램	㉣ 컴파일러
㉤ 목적 프로그램	

① ㉠－㉣－㉤－㉢－㉡ ② ㉠－㉡－㉢－㉣－㉤
③ ㉡－㉠－㉣－㉤－㉢ ④ ㉣－㉠－㉤－㉡－㉢

09 **다음 중 컴파일러(Compiler)와 인터프리터(Interpreter) 언어의 차이점에 대한 설명으로 옳지 않은 것은?**

① 인터프리터 언어가 컴파일러 언어보다 일반적으로 실행 속도가 빠르다.

② 인터프리터 언어는 대화식 처리가 가능하나 컴파일러 언어는 일반적으로 불가능하다.

③ 컴파일러 언어는 목적 프로그램이 있는 반면, 인터프리터 언어는 일반적으로 없다.

④ 인터프리터는 번역 과정을 따로 거치지 않고, 각 명령문에 대한 디코딩(Decoding)을 거쳐 직접 처리한다.

10 **다음 중 자바를 이용한 서버 측 스크립트이며, 다양한 운영체제에서 사용 가능한 웹 프로그래밍 언어는?**

① Python ② JSP

③ PHP ④ DHTML

11 **다음 중 코드와 그에 대한 설명이 잘못 연결된 것은?**

① BCD 코드 : 10진수 1자리의 수를 2진수 4비트(Bit)로 표현하는 2진화 10진 코드이다.

② Excess－3 코드 : 대표적인 자기 보수 코드로 연산에 용이하다.

③ Gray 코드 : 주로 범용 컴퓨터에서 정보 처리 부호로 사용되며, 확장 이진화 10진 코드라고도 한다.

④ Uni 코드 : 전 세계 언어의 문자와 특수 기호에 대하여 코드 값을 부여하므로 기억 공간을 많이 차지한다.

12 **10진수 3은 3－초과 코드(Excess－3 Code)에서 어떻게 표현되는가?**

① 0011 ② 0110

③ 0101 ④ 0100

13 **다음 중 2의 보수 표현이 1의 보수 표현보다 더 널리 사용되고 있는 중요한 이유는?**

① 음수 표현이 가능하다.

② 10진수 변환이 더 용이하다.

③ 보수 변환이 더 편리하다.

④ 표현할 수 있는 수의 개수가 하나 더 많다.

14 다음 중 용어와 그에 대한 설명이 잘못 연결된 것은?

① AI : 인간의 학습능력, 지각능력, 이해능력 등을 컴퓨터 프로그램으로 실현한 기술
② 딥러닝 : 인간이 가르친 다양한 정보를 학습한 결과에 따라 새로운 것을 예측하는 기술
③ 머신러닝 : 데이터를 분석하고 스스로 학습하는 과정을 통해 패턴을 인식하는 기술
④ 딥페이크 : 인공 지능을 기반으로 한 인간의 이미지 합성 기술

15 다음 중 베이스레지스터 주소 지정 방식의 특징으로 옳지 않은 것은?

① 베이스레지스터가 필요하다.
② 프로그램의 재배치가 용이하다.
③ 다중 프로그래밍 기법에 많이 사용된다.
④ 명령어의 길이가 절대 주소 지정 방식보다 길어야 한다.

16 다음 중 메모리 버퍼 레지스터(MBR)에 대한 설명으로 옳은 것은?

① 다음에 실행할 명령어의 번지를 기억하는 레지스터
② 현재 실행 중인 명령의 내용을 기억하는 레지스터
③ 기억장치를 출입하는 데이터가 일시적으로 저장되는 레지스터
④ 기억장치를 출입하는 데이터의 번지를 기억하는 레지스터

17 다음 중 하드디스크 드라이브(HDD)와 컴퓨터 메인보드 간의 연결에 사용되는 인터페이스 방식이 아닌 것은?

① SATA ② DDR4
③ EIDE ④ SCSI

18 다음 중 컴퓨터의 중앙처리장치(CPU)에 포함되는 구성 요소가 아닌 것은?

① 레지스터(Register) ② 산술장치
③ 논리장치 ④ 모뎀(MODEM)

19 **다중 처리기 구조 중 강결합 시스템에 대한 설명으로 옳지 않은 것은?**

① 다중 처리 시스템이라고도 한다.

② 각 시스템은 자신만의 독자적인 운영체제와 주기억장치를 가진다.

③ 프로세서 간 통신은 공유 메모리를 통하여 이루어진다.

④ 공유 메모리를 차지하려는 프로세서 간의 경쟁을 최소화해야 한다.

20 **다음 중 순차 파일(Sequential File)을 사용했을 때 얻을 수 있는 장점으로 옳은 것은?**

① 원하는 레코드에 대한 순차 및 직접 접근 형태를 모두 지원할 수 있다.

② 레코드들이 많이 삽입되면 주기적으로 블록 재구성이 필요하다.

③ 저장 매체의 효율이 매우 높다.

④ 한 번 파일을 개방하면 읽기나 쓰기를 자유롭게 할 수 있다.

21 **다음 설명에 해당하는 디스크 스케줄링 기법은?**

입출력 헤드가 디스크의 양쪽 끝을 왕복하면서 동작시키지만 움직이고 있는 방향 쪽으로 더 이상의 트랙 요청이 있는가를 검사하여 그 방향으로 더 이상의 트랙 요청이 없으면 그쪽 끝까지 가지 않고, 그 자리에서 방향을 바꾸어 다른 한쪽으로 움직여 나가게 된다.

① SLTF

② Eschenbach

③ LOOK

④ SSTF

22 **교착 상태 발생 조건 중 프로세스에 할당된 자원은 사용이 끝날 때까지 강제로 빼앗을 수 없음을 의미하는 것은?**

① Mutual Exclusion

② Hold and Wait

③ Circular Wait

④ Non-Preemption

23 다음 중 분산 운영체제의 구조 중 완전 연결(Fully Connection)에 대한 설명으로 옳지 않은 것은?

① 모든 사이트는 시스템 안의 다른 모든 사이트와 직접 연결된다.

② 사이트 간의 메시지 전달이 매우 빠르다.

③ 기본비용이 적게 드는 반면, 통신비용은 많이 든다.

④ 사이트 간의 연결은 여러 회선이 존재하므로 신뢰성이 높다.

24 다음 중 운영체제의 기능으로 거리가 먼 것은?

① 자원을 효율적으로 사용하기 위하여 자원의 스케줄링 기능을 제공한다.

② 사용자와 시스템 간의 편리한 인터페이스를 제공한다.

③ 데이터를 관리하고 데이터 및 자원의 공유 기능을 제공한다.

④ 두 개 이상의 목적 프로그램을 합쳐서 실행 가능한 프로그램으로 만든다.

25 다음 〈보기〉에 나타난 운영체제의 발달 과정을 순서대로 바르게 나열한 것은?

〈보기〉

㉠ 일괄 처리 시스템	㉡ 분산 처리 시스템
㉢ 다중 모드 시스템	㉣ 시분할 시스템

① ㉠－㉣－㉢－㉡

② ㉢－㉡－㉣－㉠

③ ㉠－㉢－㉣－㉡

④ ㉢－㉣－㉡－㉠

26 다음 중 공개키를 이용한 암호화 기법에서 암호화키와 해독키에 대한 설명으로 옳은 것은?

① 암호키와 해독키를 모두 공개한다.

② 암호키와 해독키를 모두 비공개한다.

③ 암호키는 비공개하고, 해독키는 공개한다.

④ 암호키는 공개하고, 해독키는 비공개한다.

27 다음 블록체인 시스템(Block Chain System)에 대한 〈보기〉의 설명 중 옳지 않은 것을 모두 고르면?

〈보기〉

㉠ 모든 거래 데이터를 사슬(체인)형태로 중앙 서버에 저장한다.
㉡ 한 사용자가 다른 사용자의 거래 데이터를 열람할 수 있다.
㉢ 일부 네트워크가 해킹당하면 전체 시스템이 마비된다.
㉣ 블록체인에 기록된 내용은 암호화되어 저장되므로 신뢰성이 높다.
㉤ 의사결정을 위한 작업증명의 대가로 암호화폐를 받는 과정을 채굴이라고 한다.

① ㉠, ㉡
② ㉠, ㉢
③ ㉡, ㉣
④ ㉢, ㉤

28 다음 중 IEEE 802.3의 표준안 내용으로 옳은 것은?

① CSMA / CD LAN
② 무선 LAN
③ 토큰 링 LAN
④ 토큰 버스 LAN

29 다음 중 인터넷상에서 보안을 위협하는 유형과 그에 대한 설명이 잘못 연결된 것은?

① 스파이웨어(Spyware) : 사용자 동의 없이 사용자 정보를 수집하는 프로그램이다.
② 분산 서비스 거부 공격(DDoS) : 데이터 패킷을 범람시켜 시스템의 성능을 저하시킨다.
③ 스푸핑(Spoofing) : 신뢰성 있는 사람이 데이터를 보낸 것처럼 데이터를 위변조하여 접속을 시도한다.
④ 스니핑(Sniffing) : 악성 코드인 것처럼 가장하여 행동하는 프로그램이다.

30 다음 중 페이지 교체 알고리즘 중에서 특정 프로세스에 더 많은 페이지 프레임을 할당해도 페이지 부재율이 증가하는 현상이 나타나는 알고리즘은?

① FIFO(First In First Out)
② LRU(Least Recently Used)
③ LFU(Least Frequently Used)
④ NUR(Not Used Recently)

| 디지털 - 주관식 |

01 다음 〈보기〉 중 제시된 내용과 같은 특성을 갖는 웹 프로그래밍 언어는?

- 래스가 존재하지 않으며, 변수 선언도 필요 없다.
- 소스 코드가 HTML 문서에 포함되어 있다.
- 사용자의 웹 브라우저에서 직접 번역되고 실행된다.

〈보기〉

㉠ CGI
㉡ XML
㉢ ASP
㉣ Javascript
㉤ COBOL

( )

02 다음 종합 정보통신망(ISDN)에 대한 〈보기〉의 설명 중 옳은 것을 모두 고르면?

〈보기〉

㉠ 음성 및 비음성 서비스를 포함한 광범위한 서비스를 제공한다.
㉡ 기본 통신 계층, 네트워크 계층, 통신 처리 계층, 정보 처리 계층으로 분류된다.
㉢ 64Kbps의 디지털 기본 접속 기능을 제공한다.
㉣ SI 참조 모델에 정의된 계층화된 프로토콜 구조가 적용된다.

( )

03 다음 프로그램의 실행 결과로 나타나는 값은?(단, 소수점은 제외한다)

```
#include <stdio.h>
#define PI 3.14

int main(void)
{

    printf("%.2f", PI+5);

    return 0;

}
```

(   )

04 다음 프로그램의 실행 결과로 나타나는 값은?

```
#include <stdio.h>
main()
{
    int a=3;
    a-=5;
    printf("%d₩n", a);
}
```

(   )

05 다음 글의 빈칸에 공통으로 들어갈 용어로 옳은 것을 〈보기〉에서 고르면?

영국 기업인 N사는 2020년 S사가 자사의 _________ 특허 총 5건을 침해했고, 해당 기술을 통해 제조한 QLED TV로 판매 실적을 올렸다고 주장하면서 소송을 제기하였다. S사가 2010년 액정표시장치(LCD) 모듈 소재 기술과 관련해 자사와 협력했을 당시 자사가 S사에 _________ 샘플을 제공했고 이 과정에서 S사가 기술을 베꼈다고 주장한 것이다. _________은/는 전기 · 광학적 성질을 띤 나노미터(nm) 크기의 반도체 입자로, 빛 에너지를 받으면 스스로 색을 내 에너지 효율 및 화질을 동시에 개선할 수 있는 소재이다. 이 소송은 2023년 2월 N사와 S사가 라이선스 계약과 특정 특허를 이전하는 합의를 마쳐 중단됐으며, S사가 1억 5,000만 달러(약 1,880억 원)를 지급하기로 합의했다고 밝혔다.

〈보기〉

㉠ 트랜지스터(Transistor)
㉡ 퀀텀닷(Quantum Dot)
㉢ 도체(Conductor)
㉣ N형 반도체(N – type Semiconductor)
㉤ 다이오드(Diode)
㉥ P형 반도체(P – type Semiconductor)
㉦ 진성반도체(Intrinsic Semiconductor)

( )

4권

제3회
IBK기업은행 필기시험

제1영역 NCS 직업기초능력
제2영역 직무수행능력

〈문항 수 및 시험시간〉

<table>
<tr><th colspan="2">영역</th><th>문항 수</th><th>시험시간</th><th>모바일 OMR
답안채점 / 성적분석</th></tr>
<tr><td colspan="2">NCS 직업기초능력</td><td>객관식 40문항</td><td rowspan="3">120분</td><td rowspan="3"></td></tr>
<tr><td rowspan="2">직무수행능력</td><td>금융일반</td><td rowspan="2">객관식 30문항
주관식 5문항</td></tr>
<tr><td>디지털</td></tr>
</table>

IBK기업은행 필기시험

제3회 모의고사

문항 수 : 75문항
시험시간 : 120분

제 1 영역 NCS 직업기초능력

01 다음 기사의 제목으로 적절하지 않은 것은?

> 서울 지하철 2호선 열차가 29일(화) 오후 3시 10분부터 약 10분간 운행을 멈춘다. 테러・화재 등 재난 상황에 대비하기 위한 안전한국훈련에 호응하기 위해서이다.
> 서울교통공사는 29일 오후 3시부터 4시까지 2호선 신도림역과 인근 현대백화점(디큐브시티점)에서 전동차 폭발 테러 및 대형 화재 발생 상황을 가정한 재난대응 안전한국훈련을 실시한다고 밝혔다.
> 이번 훈련은 공사와 구로구청이 공동으로 주관하며, 군・경찰・소방・보건소 및 인근 민간 기업을 포함해 17개 유관기관의 직원 470여 명과 시민 60여 명 등이 참여하는 대규모 훈련이다.
> 훈련은 2호선 신도림역에 진입 중인 열차에 신원 미상의 테러범이 설치한 폭발물로 인해 열차가 파손되고 화재가 발생하며, 이후 테러범이 도주 중 인근 현대백화점에 추가로 불을 지르는 2차 피해 상황을 가정하여 진행된다.
> 이외에도 공사는 지하철 내 안전의식을 고취할 수 있도록 안전한국훈련 기간(10월 28일～11월 1일) 동안 다양한 시민 참여형 체험 행사를 마련했다.
> 서울교통공사 사장은 "훈련 당일 2호선이 잠시 멈출 예정이기에 시민들께 양해를 구하며, 신도림역 이용 시 발생되는 연기와 불꽃에 당황하지 말고 직원의 안내에 따라주시길 바란다."라며 안전한 지하철을 만들기 위한 이번 훈련에 시민들의 적극적인 관심과 협조를 당부했다.

① 재난・테러에 대응하는 안전한국훈련 실시
② 오늘 서울 지하철 2호선 재난대응훈련, 10분간 멈춘다.
③ 2호선 열차 운행 오후 3시 10분부터 약 10분간 중단 예정
④ 시민안전체험관에서 다양한 시민 참여형 체험 행사 마련

02 다음 글을 읽고 '클라우드'를 밑줄 친 ㉠으로 볼 수 있는 이유를 〈보기〉에서 모두 고르면?

> 최근 들어 화두가 되는 IT 관련 용어가 있으니 바로 클라우드(Cloud)이다. 그렇다면 클라우드는 무엇인가? 클라우드란 인터넷상의 서버를 통해 데이터를 저장하고 이를 네트워크로 연결하여 콘텐츠를 사용할 수 있는 컴퓨팅 환경을 말한다.
> 그렇다면 클라우드는 기존의 웹하드와 어떤 차이가 있을까? 웹하드는 일정한 용량의 저장 공간을 확보해 인터넷 환경의 PC로 작업한 문서나 파일을 저장, 열람, 편집하고 다수의 사람과 파일을 공유할 수 있는 인터넷 파일 관리 시스템이다. 한편 클라우드는 이러한 웹하드의 장점을 수용하면서 콘텐츠를 사용하기 위한 소프트웨어까지 함께 제공한다. 그리고 저장된 정보를 개인 PC나 스마트폰 등 각종 IT 기기를 통하여 언제 어디서든 이용할 수 있게 한다. 이것은 클라우드 컴퓨팅 기반의 동기화 서비스를 통해 가능하다. 즉, 클라우드 컴퓨팅 환경을 기반으로 사용자가 보유한 각종 단말기끼리 동기화 절차를 거쳐 동일한 데이터와 콘텐츠를 이용할 수 있게 하는 시스템인 것이다.
> 클라우드는 구름(Cloud)과 같이 무형의 형태로 존재하는 하드웨어, 소프트웨어 등의 컴퓨팅 자원을 자신이 필요한 만큼 빌려 쓰고 이에 대한 사용 요금을 지급하는 방식의 컴퓨팅 서비스이다. 여기에는 서로 다른 물리적인 위치에 존재하는 컴퓨팅 자원을 가상화 기술로 통합해 제공하는 기술이 활용된다.
> 클라우드는 평소에 남는 서버를 활용하므로 클라우드 환경을 제공하는 운영자에게도 유용하지만, 사용자 입장에서는 더욱 유용하다. 개인적인 데이터 저장 공간이 따로 필요하지 않기에 저장 공간의 제약도 극복할 수 있다. 가상화 기술과 분산 처리 기술로 서버의 자원을 묶거나 분할하여 필요한 사용자에게 서비스 형태로 제공되기 때문에 개인의 컴퓨터 가용률이 높아지는 것이다. 이러한 높은 가용률은 자원을 유용하게 활용하는 ㉠ 그린 IT 전략과도 일치한다.
> 또한 클라우드 컴퓨팅을 도입하는 기업 또는 개인은 컴퓨터 시스템을 유지·보수·관리하기 위하여 들어가는 비용과 서버의 구매 및 설치 비용, 업데이트 비용, 소프트웨어 구매 비용 등 엄청난 비용과 시간, 인력을 줄일 수 있고 에너지 절감에도 기여할 수 있다. 하지만 서버가 해킹 당할 경우 개인 정보가 유출될 수 있고, 서버 장애가 발생하면 자료 이용이 불가능하다는 단점도 있다. 따라서 사용자들이 안전한 환경에서 서비스를 이용할 수 있도록 보안에 대한 대책을 강구하고 위험성을 최소화할 수 있는 방안을 마련하여야 한다.

〈보기〉

ㄱ. 남는 서버를 활용하여 컴퓨팅 환경을 제공함
ㄴ. 빌려 쓴 만큼 사용 요금을 지급하는 유료 서비스임
ㄷ. 사용자들이 안전한 환경에서 서비스를 이용하게 함
ㄹ. 저장 공간을 제공하여 개인 컴퓨터의 가용률을 높임

① ㄱ, ㄴ
② ㄱ, ㄹ
③ ㄴ, ㄷ
④ ㄷ, ㄹ

※ 다음 글을 읽고 이어지는 질문에 답하시오. [3~4]

기업은 근로자에게 제공하는 보상에 비해 근로자가 더 많이 노력하기를 바라는 반면, 근로자는 자신이 노력한 것에 비해 기업으로부터 더 많은 보상을 받기를 바란다. 이처럼 기업과 근로자 간의 이해가 상충하는 문제를 완화하기 위해 근로자가 받는 보상에 근로자의 노력이 반영되도록 하는 약속이 인센티브 계약이다. 인센티브 계약에는 명시적 계약과 암묵적 계약을 이용하는 두 가지 방식이 존재한다.

명시적 계약은 법원과 같은 제삼자에 의해 강제되는 약속이므로 객관적으로 확인할 수 있는 조건에 기초해야 한다. 근로자의 노력은 객관적으로 확인할 수 없으므로, 노력 대신에 노력의 결과인 성과에 기초하여 근로자에게 보상하는 약속이 명시적인 인센티브 계약이다. 이 계약은 근로자로 하여금 자신의 노력을 증가시키도록 하는 매우 강력한 동기를 부여한다. 가령, 근로자에 대한 보상 체계가 '고정급$+a\times$성과$(0\leq a\leq 1)$'라고 할 때, 인센티브 강도를 나타내는 a가 커질수록 근로자는 고정급에 따른 기본 노력 외에도 성과급에 따른 추가적인 노력을 더 하게 될 것이다. 왜냐하면 기본 노력과 달리 추가적인 노력에 따른 성과는 a가 커질수록 더 많은 몫을 자신이 갖게 되기 때문이다. 따라서 a를 늘리면 근로자의 노력 수준이 증가함에 따라 추가적인 성과가 더욱 늘어나, 추가적인 성과 가운데 많은 몫을 근로자에게 주더라도 기업의 이윤은 늘어난다.

그러나 명시적인 인센티브 계약이 가진 두 가지 문제점으로 인해 a가 커짐에 따라 기업의 이윤이 감소하기도 한다. 첫째, 명시적인 인센티브 계약은 근로자의 소득을 불확실하게 만든다. 왜냐하면 근로자의 성과는 근로자의 노력뿐만 아니라 작업 상황이나 여건, 운 등과 같은 우연적인 요인들에 의해서도 영향을 받기 때문이다. 이처럼 소득이 불확실해지는 것을 근로자가 받아들이게 하기 위해서 기업은 근로자에게 위험 프리미엄* 성격의 추가적인 보상을 지급해야 한다. 따라서 a가 커지면 기업이 근로자에게 지급해야 하는 보상이 늘어나 기업의 이윤이 줄기도 한다. 둘째, 명시적인 인센티브 계약은 근로자들이 보상을 잘 받기 위한 노력에 치중하도록 하는 인센티브 왜곡 문제를 발생시킨다. 성과 가운데에는 측정하기 쉬운 것도 있지만 그렇지 않은 것도 있기 때문이다. 중요하지만 성과 측정이 어려워 충분히 보상받지 못하는 업무를 근로자들이 등한시하게 되면 기업 전체의 성과에 해로운 결과를 초래하게 된다. 따라서 a가 커지면 인센티브를 왜곡하는 문제가 악화되어 기업의 이윤이 줄기도 하는 것이다.

합당한 성과 측정 지표를 찾기 힘들고 인센티브 왜곡의 문제가 중요한 경우에는 암묵적인 인센티브 계약이 더 효과적일 수 있다. 암묵적인 인센티브 계약은 성과와 상관없이 근로자의 노력에 대한 주관적인 평가에 기초하여 보너스, 복지 혜택, 승진 등의 형태로 근로자에게 보상하는 것이다. ㉠ 암묵적 계약은 법이 보호할 수 있는 계약을 실제로 맺는 것이 아니다. 이에 따르면 상대방과 협력 관계를 계속 유지하는 것이 장기적으로 이익일 경우에 자발적으로 상대방의 기대에 부응하도록 행동하는 것을 계약의 이행으로 본다. 물론 어느 한쪽이 상대방의 기대를 저버림으로써 얻게 되는 단기적 이익이 크다고 생각하여 협력 관계를 끊더라도 법적으로 이를 못하도록 강제할 방법은 없다. 하지만 상대방의 신뢰를 잃게 되면 그때부터 상대방의 자발적인 협력을 기대할 수 없게 된다. 따라서 암묵적인 인센티브 계약에 의존할 때에는 기업의 평가와 보상이 공정하다고 근로자가 신뢰하게 하는 것이 중요하다.

*위험 프리미엄 : 소득의 불확실성이 커질 때 근로자는 사실상 소득이 줄어든 것으로 느끼게 되는데, 이를 보전하기 위해 기업이 지급해야 하는 보상

03 **다음 중 윗글을 이해한 내용으로 적절하지 않은 것은?**

① 기업과 근로자 사이의 이해 상충은 근로자의 노력을 반영하는 보상을 통해 완화할 수 있는 문제이다.
② 법이 보호할 수 있는 인센티브 계약으로 근로자의 노력을 늘리려는 것이 오히려 기업에 해가 되는 경우가 있다.
③ 명시적 인센티브 계약에서 노력의 결과인 성과에 기초하는 것은 노력 자체를 객관적으로 확인할 수 없기 때문이다.
④ 성과를 측정하기 어려운 업무에 종사하는 근로자에 대한 보상에서는 명시적인 인센티브의 강도가 높은 것이 효과적이다.

04 **다음 중 밑줄 친 ㉠에 대한 설명으로 적절하지 않은 것은?**

① 법원과 같은 제삼자가 강제할 수 없는 약속이다.
② 객관적으로 확인할 수 있는 조건에 기초한 약속이다.
③ 자신에게 이익이 되기 때문에 자발적으로 이행하는 약속이다.
④ 상대방의 신뢰를 잃음으로써 초래되는 장기적 손실이 클수록 더 잘 지켜지는 약속이다.

※ 다음 글을 읽고 이어지는 질문에 답하시오. **[5~7]**

(가) 우리는 처음 만난 사람의 외모를 보고, 그를 어떤 방식으로 대우해야 할지를 결정할 때가 많다. 그가 여자인지 남자인지, 얼굴색이 흰지 검은지, 나이가 많은지 적은지 혹은 그의 스타일이 조금은 상류층의 모습을 띠고 있는지 아니면 너무나 흔해서 별 특징이 드러나 보이지 않는 외모를 하고 있는지 등을 통해 그들과 나의 차이를 재빨리 감지한다. 일단 감지가 되면 우리는 둘 사이의 지위 차이를 인식하고 우리가 알고 있는 방식으로 그를 대하게 된다. 한 개인이 특정 집단에 속한다는 것은 단순히 다른 집단의 사람과 다르다는 것뿐만 아니라, 그 집단이 다른 집단보다는 지위가 높거나 우월하다는 믿음을 갖게 한다. 모든 인간은 평등하다는 우리의 신념에도 불구하고 왜 인간들 사이의 이러한 위계화(位階化)를 당연한 것으로 받아들일까? 위계화란 특정 부류의 사람들은 자원과 권력을 소유하고 다른 부류의 사람들은 낮은 사회적 지위를 갖게 되는 사회적이며 문화적인 체계이다. 다음에서 우리는 이러한 불평등이 어떠한 방식으로 경험되고 조직화되는지를 살펴보기로 하자.

(나) 인간이 불평등을 경험하게 되는 방식은 여러 측면으로 나눌 수 있다. 산업 사회에서의 불평등은 계층과 계급의 차이를 통해서 정당화되는데, 이는 재산, 생산 수단의 소유 여부, 학력, 집안 배경 등의 요소들의 결합에 의해 사람들 사이의 위계를 만들어 낸다. 또한 모든 사회에서 인간은 태어날 때부터 얻게 되는 인종, 성, 종족 등의 생득적 특성과 나이를 통해 불평등을 경험한다. 이러한 특성들은 단순히 생물학적인 차이를 지칭하는 것이 아니라, 개인의 열등성과 우등성을 가늠하게 만드는 사회적 개념이 되곤 한다.

(다) 한편 불평등이 재생산되는 다양한 사회적 기제들이 때로는 관습이나 전통이라는 이름하에 특정 사회의 본질적인 문화적 특성으로 간주되고 당연시되는 경우가 많다. 불평등은 체계적으로 조직되고 개인에 의해 경험됨으로써 문화의 주요 부분이 되었고, 그 결과 같은 문화권 내의 구성원들 사이에 권력 차이와 그에 따른 폭력이나 비인간적인 행위들이 자연스럽게 수용될 때가 많다.

(라) 문화 인류학자들은 사회 집단의 차이와 불평등, 사회의 관습 또는 전통이라고 얘기되는 문화 현상에 대해 어떤 입장을 취해야 할지 고민을 한다. 문화 인류학자가 이러한 문화 현상은 고유한 역사적 산물이므로 나름대로 가치를 지닌다는 입장만을 반복하거나 단순히 관찰자로서의 입장에 안주한다면, 이러한 차별의 형태를 제거하는 데 도움을 줄 수 없다. 실제로 문화 인류학 연구는 기존의 권력 관계를 유지시켜주는 다양한 문화적 이데올로기를 분석하고, 인간 간의 차이가 우등성과 열등성을 구분하는 지표가 아니라 동등한 다름일 뿐이라는 것을 일깨우는 데 기여해 왔다.

05 다음 중 윗글의 제목으로 가장 적절한 것은?

① 차이와 불평등
② 차이의 감지 능력
③ 문화 인류학의 역사
④ 위계화의 개념과 구조

06 윗글의 문단 (가) ~ (라) 중 다음 글이 들어갈 위치로 가장 적절한 곳은?

> 잘 알려진 나치 치하의 유태인 대학살은 아리안 종족의 우월성에 대한 믿음에서 기인했다. 또한 한 사회에서 어떠한 가치와 믿음이 중요하다고 여겨지느냐에 따라, '얼굴이 희다'는 것은 단순히 개인의 매력을 평가하는 척도로 취급될 수 있으나, 동시에 인종적 우월성을 정당화시키는 문화적 관념으로 기능하기도 한다. '나의 조상이 유럽인이다.'라는 사실은 라틴 아메리카의 다인종 사회에서는 주요한 사회적 의미를 지닌다. 왜냐하면 그 사회에서는 인종적 차이가 보상과 처벌이 분배되는 방식을 결정하기 때문이다.

① (가)의 앞
② (가)와 (나) 사이
③ (나)와 (다) 사이
④ (다)와 (라) 사이

07 다음 중 윗글을 이해한 내용으로 가장 적절한 것은?

① 자원과 권력만 공평하게 소유하게 된다면 인간은 불평등을 경험하지 않을 것이다.
② 문화 인류학자의 임무는 객관적인 입장에서 인간의 문화 현상을 관찰하는 것으로 끝나야 한다.
③ 관습이나 전통은 때로 구성원끼리의 권력 차이나 폭력을 수용하는 사회적 기제로 이용되기도 한다.
④ 두 사람이 싸우다가 당신의 나이가 몇 살이냐고 묻는 것은 단순히 생물학적 차이를 알고자 하는 것이다.

08 다음 글에서 〈보기〉의 문장이 들어갈 위치로 가장 적절한 곳은?

> __㉠__ 우리는 보통 공간을 배경으로 사물을 본다. 그리고 시간이나 사유를 비롯한 여러 개념을 공간적 용어로 표현한다. 이처럼 공간에 대한 용어가 중의적으로 쓰이는 과정에서, 일상적으로 쓰는 용법과 달라 혼란을 겪기도 한다. __㉡__ 공간에 대한 용어인 '차원' 역시 다양하게 쓰인다. 차원의 수는 공간 내에 정확하게 점을 찍기 위해 알아야 하는 수의 개수이다. __㉢__ 특정 차원의 공간은 한 점을 표시하기 위해 특정한 수가 필요한 공간을 의미한다. 따라서 다차원 공간은 집을 살 때 고려해야 하는 사항들의 공간처럼 추상적일 수도 있고, 실제의 물리 공간처럼 구체적일 수도 있다. 이러한 맥락에서 어떤 사람을 1차원적 인간이라고 표현했다면 그것은 그 사람의 관심사가 하나밖에 없다는 것을 의미한다. __㉣__

〈보기〉

> 집에 틀어박혀 스포츠만 관람하는 인간은 오로지 스포츠라는 하나의 정보로 기술될 수 있고, 그 정보를 직선 위에 점을 찍은 1차원 그래프로 표시할 수 있는 것이다.

① ㉠ ② ㉡

③ ㉢ ④ ㉣

09 다음은 예금보험공사의 금융부실관련자 책임추궁에 대한 내용이다. 이를 보고 추론한 내용으로 옳지 않은 것은?

〈금융부실관련자 책임추궁〉

공사는 자금이 투입된 금융회사에 대하여 예금자보호법 제21조2에 따라 부실에 책임이 있는 금융회사 전·현직 임직원 등에 대한 책임추궁과 금융회사에 빌린 돈을 갚지 아니함으로써 금융회사 부실의 부분적인 원인을 제공한 부실채무기업의 기업주와 임직원 등에 대하여도 책임추궁을 위한 조사를 실시하고 있습니다.

• 금융부실책임조사본부 운영
부실금융회사 및 부실채무기업에 대한 부실책임조사는 부실을 초래한 관련자들에게 민사상 책임을 묻기 위한 것으로, 업무처리과정에서 법령, 정관 위반 등으로 해당 금융회사 또는 해당 기업에 손실을 끼친 행위를 찾아내고 그 내용과 행위자 등 구체적인 사실관계와 입증자료 등을 확보하는 것입니다. 공사는 지난 2008년 3월 검찰과 협조하여 부실금융회사와 부실채무기업에 대한 조사를 총괄하는 '금융부실책임조사본부'를 발족하였으며, 2013년 3월에는 부실저축은행에서 빌린 돈을 갚지 않은 부실채무기업의 수가 3천여 개가 넘어감에 따라 전담조직(조사2국)을 신설하여 부실채무기업에 대한 조사를 강화하고 있습니다.

• 외부 전문가 위주의 금융부실책임심의위원회 운영
공사는 부실책임조사 결과에 대한 객관적이고 공정한 심의를 위하여 변호사 등 전문가 위주로 '금융부실책임심의위원회'를 구성하여 운영하고 있으며, 객관적이고도 철저한 부실책임심의를 통해 부실관련자 책임 내용과 범위, 책임금액 등을 심의하고 있습니다.

• 금융부실관련자에 대한 재산조사 실시
공사는 부실관련자에 대한 손해배상청구에 따른 책임재산을 확보하기 위해 부실관련자에 대한 철저한 재산조사를 실시하고 있으며, 부실책임조사 결과 및 부실관련자 재산조사 결과를 토대로 해당 금융회사 등을 통하여 손해배상청구소송 및 채권보전조치 등 필요한 법적조치를 취하고 있습니다.

이와 같이 공사는 부실관련자에 대한 철저한 책임추궁을 통하여 기존의 잘못된 경영관행을 혁신하여 건전한 책임경영 풍토를 정착시키고, 투입된 자금을 한푼이라도 더 회수하여 국민부담을 최대한 경감시키고자 최선을 다하고 있습니다.

① 금융부실관련자에 대한 예금보험공사의 책임추궁은 법률에 근거한다.
② 예금보험공사는 타 기관과 협조하여 부실채무기업에 대해 조사를 수행하고 있다.
③ 금융회사 부실에 대해 핵심 원인을 제공한 인물만 예금보험공사의 조사 대상이 된다.
④ 예금보험공사는 부실채무기업의 증가에 대해 전담조직 신설을 통해 대응하고 있다.

10 다음은 금융통화위원회가 발표한 통화정책 의결사항이다. 이에 대한 〈보기〉의 추론 중 옳지 않은 것을 모두 고르면?

〈통화정책방향〉

금융통화위원회는 다음 통화정책방향 결정 시까지 한국은행 기준금리를 현 수준(1.75%)에서 유지하여 통화정책을 운용하기로 하였다.

세계경제는 성장세가 다소 완만해지는 움직임을 지속하였다. 국제금융시장에서는 미 연방준비은행의 통화정책 정상화 속도의 온건한 조절 및 미·중 무역협상 진전에 대한 기대가 높아지면서 전월의 변동성 축소 흐름이 이어졌다. 앞으로 세계경제와 국제금융시장은 보호무역주의 확산 정도, 주요국 통화정책 정상화 속도, 브렉시트 관련 불확실성 등에 영향받을 것으로 보인다.

국내경제는 설비 및 건설투자의 조정이 이어지고 수출 증가세가 둔화되었지만 소비가 완만한 증가세를 지속하면서 잠재성장률 수준에서 크게 벗어나지 않는 성장세를 이어간 것으로 판단된다. 고용 상황은 취업자수 증가규모가 소폭에 그치는 등 부진한 모습을 보였다. 앞으로 국내경제의 성장 흐름은 지난 1월 전망경로와 대체로 부합할 것으로 예상된다. 건설투자 조정이 지속되겠으나 소비가 증가 흐름을 이어가고 수출과 설비투자도 하반기로 가면서 점차 회복될 것으로 보인다.

소비자물가는 석유류 가격 하락, 농축수산물 가격 상승폭 축소 등으로 오름세가 0%대 후반으로 둔화되었다. 근원인플레이션율(식료품 및 에너지 제외 지수)은 1% 수준을, 일반인 기대인플레이션율은 2%대 초중반 수준을 나타내었다. 앞으로 소비자물가 상승률은 지난 1월 전망경로를 다소 하회하여 당분간 1%를 밑도는 수준에서 등락하다가 하반기 이후 1%대 중반을 나타낼 것으로 전망된다. 근원인플레이션율도 완만하게 상승할 것으로 보인다.

금융시장은 안정된 모습을 보였다. 주가가 미·중 무역 분쟁 완화 기대 등으로 상승하였으며, 장기시장금리와 원/달러 환율은 좁은 범위 내에서 등락하였다. 가계대출은 증가세 둔화가 이어졌으며, 주택가격은 소폭 하락하였다.

금융통화위원회는 앞으로 성장세 회복이 이어지고 중기적 시계에서 물가상승률이 목표수준에서 안정될 수 있도록 하는 한편 금융안정에 유의하여 통화정책을 운용해 나갈 것이다. 국내경제가 잠재성장률 수준에서 크게 벗어나지 않는 성장세를 지속하는 가운데 당분간 수요 측면에서의 물가상승압력은 크지 않을 것으로 전망되므로 통화정책의 완화기조를 유지해 나갈 것이다. 이 과정에서 완화정도의 추가 조정 여부는 향후 성장과 물가의 흐름을 면밀히 점검하면서 판단해 나갈 것이다. 아울러 주요국과의 교역여건, 주요국 중앙은행의 통화정책 변화, 신흥시장국 금융·경제 상황, 가계부채 증가세, 지정학적 리스크 등도 주의 깊게 살펴볼 것이다.

〈보기〉

ㄱ. 미국 연방준비은행의 통화정책이 급변한다면 국제금융시장의 변동성은 증가할 것이다.

ㄴ. 소비자물가는 앞으로 남은 상반기 동안 1% 미만을 유지하다가 하반기가 되어서야 1%를 초과할 것으로 예상된다.

ㄷ. 국내산업의 수출이 하락세로 진입하였으나, 경제성장률은 잠재성장률 수준을 유지하는 추세를 보인다.

ㄹ. 수요 측면에서 물가상승압력이 급증한다면 국내 경제성장률에 큰 변동이 없더라도 금융통화위원회는 기존의 통화정책 기조를 변경할 것이다.

① ㄱ, ㄴ　　② ㄱ, ㄷ

③ ㄴ, ㄷ　　④ ㄴ, ㄹ

11 I사에 재직 중인 노대리는 9월에 결혼을 앞두고 있다. 다음 〈조건〉을 참고할 때, 노대리의 결혼날짜로 가능한 날은?

〈조건〉

- 9월은 1일부터 30일까지이며, 9월 1일은 금요일이다.
- 9월 30일부터 추석연휴가 시작되고 추석연휴 이틀 전에는 노대리가 주관하는 회의가 있다.
- 노대리는 결혼식을 한 다음 날 8박 9일간 신혼여행을 간다.
- 회사에서 신혼여행으로 주는 휴가는 5일이다.
- 노대리는 신혼여행과 겹치지 않도록 수요일 3주 연속 치과 진료가 예약되어 있다.
- 신혼여행에서 돌아오는 날 부모님 댁에서 하루 자고, 그다음 날 출근할 예정이다.

① 1일
② 2일
③ 22일
④ 23일

12 I기업의 사원 월급과 사원수를 알아보기 위해 다음과 같은 〈정보〉를 얻었다. 이에 따른 I기업의 사원수와 사원 월급 총액을 바르게 나열한 것은?(단, 월급 총액은 I기업이 사원 모두에게 주는 한 달 월급의 합을 말한다)

〈정보〉

- 사원은 모두 동일한 월급을 받는다.
- 사원이 10명 더 늘어나면, 기존 월급보다 100만 원 작아지고, 월급 총액은 기존의 80%이다.
- 사원이 20명 줄어들면, 월급은 기존과 동일하고, 월급 총액은 기존의 60%가 된다.

	사원수	월급 총액
①	45명	1억 원
②	45명	1억 2천만 원
③	50명	1억 2천만 원
④	50명	1억 5천만 원

13 다음은 I사의 연가 제도를 나타낸 자료이다. 현재 날짜는 2024년 4월 8일이며 I사의 사원 A ~ D의 입사일자와 사용한 연가일수가 〈보기〉와 같을 때, 연가일수가 가장 많이 남은 사람은?

〈I사의 연가 제도〉

재직 기간	연가일수
3개월 이상 ~ 6개월 미만	3일
6개월 이상 ~ 1년 미만	6일
1년 이상 ~ 2년 미만	9일
2년 이상 ~ 3년 미만	12일
3년 이상 ~ 4년 미만	14일
4년 이상 ~ 5년 미만	17일
5년 이상 ~ 6년 미만	20일
6년 이상	21일

※ 재직 기간은 입사일자를 시작으로 현재 날짜까지의 근로기간을 의미함

〈보기〉

구분	입사일자	사용한 연가일수
A	2023.06.23.	1일
B	2020.04.17.	9일
C	2018.05.14.	13일
D	2022.10.22.	3일

① A
② B
③ C
④ D

14 다음은 I공단의 해외취업연수 프로그램에 대한 자료이다. 이에 대한 내용으로 적절하지 않은 것은?

〈I공단 해외취업연수 프로그램〉

사업개요		K-MOVE스쿨(장기 / 단기)	
소개		• 끼와 열정을 가진 청년이 해외에서 꿈과 비전을 펼칠 수 있도록 지원 • 글로벌 수준에 이르지 못한 직종을 발굴하여 특화된 맞춤형 연수를 통한 해외진출 지원	
참여기준	민간	• 대한민국 국민으로서 아래 요건 어느 하나에 해당하는 자 – 만 34세 이하로 해외취업에 결격사유가 없는 자(30% 범위 내에서 연령 초과하여 모집 가능) – 구인업체가 요구한 채용조건(연령 등)에 부합하는 자	
	대학	• 대한민국 국민으로서 만 34세 이하 미취업자인 사업참여 학교의 졸업자 또는 최종학년 재학 중인 자로 연수종료 후 졸업 및 해외취업이 가능한 자 • 최종학교(대학교 이하) 휴학생 참여 불가	
연수비 지원	장기	1인당 최대 800만 원 지원	정부지원금의 20% 이내 구직자 비용부담 (신흥시장의 경우 10%)
	단기	1인당 최대 580만 원 지원	
	대학	800만 원 또는 580만 원	없음
연수기간		• 장기 : 600시간 이상 • 단기 : 200시간 이상 ~ 600시간 미만	
제한사항		• 공단의 해외취업연수과정(공단 인턴 포함) 수료 후(중도탈락 포함) 연수 개시일 기준 최근 1년 이내에 있는 자 또는 참여 중에 있는 자 • 연수 종료 후 취업률 산정 기간 내 졸업 및 해외취업이 불가능한 자 • 연수참여(예정)일 기준 고용보험가입 또는 개인사업자 등록 중인 자 ※ 단, 이사장이 필요하다고 인정하는 경우 일용직 · 단시간근로자 · 시간제근로자 등 포함 • 해외연수 및 취업을 위한 비자 발급이 불가능한 자 • 연수참여(예정)일 기준 해외여행에 제한이 있는 자 • 연수개시일 1년 이내에 8개월 이상 연수, 취업국가에 해외체류 사실이 있는 자 ※ 단, 해외 유학생 대상 연수과정에 대해서는 예외 인정	

① 참여자격을 충족하여 장기 연수 프로그램을 신청한 A는 최대 800만 원의 연수비를 지원받을 수 있다.
② I공단의 인턴으로 근무 중인 B는 현재 해외취업연수 프로그램을 신청할 수 없다.
③ 사업참여 대학에 재학 중인 C는 휴학을 신청해야만 해외취업연수 프로그램에 참여할 수 있다.
④ 해외취업에 결격사유가 없는 만 30세의 D는 해외취업연수 프로그램에 참여할 수 있다.

※ 갑돌이와 을순이는 친구이다. 최근에 둘은 항공 마일리지 적립용 신용카드를 만들려고 자료를 조사하였다. 이어지는 질문에 답하시오. **[15~16]**

〈카드별 연회비 및 마일리지 혜택〉

카드명	연회비	마일리지 적립 및 혜택
C카드	150,000원	• 기본 적립 : 1,000원당 A항공 1.2마일리지 또는 B항공 1.6마일리지 • 연간 소비 5천만 원 보너스 적립 : A항공 6,000마일리지 또는 B항공 8,000마일리지 • PP카드 연 25회 무료 이용 / 전월실적 : 없음
K카드	20,000원	• 기본 적립 : 1,500원당 A항공 1.2마일리지 또는 1,000원당 B항공 1.2마일리지 • 모바일 게임 : 1,500원당 A항공 2마일리지 또는 1,000원당 B항공 2마일리지 • 엔터테인먼트/커피/영화 : 1,500원당 A항공 3마일리지 또는 1,000원당 B항공 3마일리지 ※ 엔터테인먼트/커피/영화 한도 : 월 20만 원 이용금액까지 제공(초과 시 기본 적립 제공) • PP카드 무료제공 없음 / 전월실적 : 20만 원
E카드	40,000원	• 기본 적립 : 1,500원당 1.8 HA 마일 ※ 1 HA 마일당 A항공 1마일리지, B항공은 1.2마일리지 • PP카드 3회 이용 가능 / 전월실적 : 없음
S카드	50,000원	• 전월실적에 따른 마일리지 – 월 80만 원 미만은 기본 적립 적용 – 월 80만 원 이상 100만 원 이하는 A항공 2마일리지 또는 B항공 2.5마일리지 – 100만 원 초과는 특별적립한도까지 최대적립 후 나머지는 기본 적립 • 특별적립한도 : 월 최대 약 70만 원 한도까지 최대적립 가능 – 최대 1,000원당 A항공 3마일리지 적립 – 최대 1,000원당 B항공 3.5마일리지 적립 • 기본 적립 : 1,000원당 A항공 1마일리지 또는 B항공 1.3마일리지 적립(한도 없음) • PP카드 무료제공 없음

※ 단, 연회비와 PP카드 사용 시 비용을 합산한 최고액을 기준으로 나머지 카드들의 해당 차액은 모두 해당 카드 마일리지로 기본 적립됨

15 갑돌이가 다음과 같은 〈조건〉을 가지고 있을 때, 갑돌이에게 1년 마일리지 적립 기준으로 가장 마일리지가 높은 카드와 두 번째로 높은 카드를 바르게 나열한 것은?(단, PP카드 무료제공이 없을 경우, 1회 사용 시 비용은 30,000원이다)

〈조건〉

- 예상 월 소비 지출액은 100만 원이다.
- B항공의 마일리지로 적립한다.
- 해외여행을 1년에 1번 가며, PP카드를 2번 사용하고자 한다.
- 커피에 8만 원, 영화에 3만 원을 매달 고정적으로 지출하고 있다.

① S카드, C카드
② E카드, C카드
③ K카드, C카드
④ S카드, K카드

16 을순이의 〈조건〉이 다음과 같을 때, 1년 동안 마일리지 적립이 가장 높은 카드부터 차례대로 나열한 것은?(단, PP카드 무료제공이 없을 경우, 1회 사용 시 비용은 30,000원이다)

〈조건〉

- 예상 월 소비 지출액은 70만 원이다.
- A항공 마일리지로 적립한다.
- 해외출장을 1년에 3번 다니며, PP카드를 6번 사용한다.
- 커피에 10만 원, 영화에 5만 원, 공연에 5만 원을 매달 고정적으로 지출한다.

① C카드 – K카드 – S카드 – E카드
② C카드 – K카드 – E카드 – S카드
③ K카드 – C카드 – S카드 – E카드
④ K카드 – E카드 – C카드 – S카드

※ I은행의 시설관리과는 각 지부의 전산시스템을 교체하고자 한다. 전산시스템을 교체할 지부에 대한 정보는 다음과 같다. 이어지는 질문에 답하시오. **[17~18]**

〈전산시스템 교체 정보〉

- 각 지부의 전산시스템을 교체하는 데에 소요되는 기간과 매년 필요한 예산은 아래와 같다.
- 각 연도의 예산범위 내에서 동시에 여러 지부의 전산시스템 교체를 진행할 수 있으나, 예산범위를 초과해 진행할 수 없다.
- 각 지부의 교체 작업은 각 소요기간 동안 중단 없이 진행된다.
- 교체 작업은 6년 내에 모두 완료되어야 한다.

〈지부별 교체 정보〉

지부	소요기간	연간 필요 예산
수도권	4년	26억
전남권	2년	10억
충북권	1년	5억
경남권	3년	17억
경북권	2년	9억

17 I은행에서 연도별로 사용 가능한 예산이 다음과 같을 때, 〈보기〉의 설명 중 옳은 것을 모두 고르면?

〈연도별 사용 가능 예산〉

(단위 : 억 원)

구분	1년 차	2년 차	3년 차	4년 차	5년 차	6년 차
예산	32	40	38	44	28	26

〈보기〉

ㄱ. 6년 내에 모든 지부의 전산시스템 교체를 위해서는 수도권 지부는 1년 차에 시작하여야 한다.
ㄴ. 전남권의 교체 작업은 수도권의 교체 작업 중에 진행하여야 한다.
ㄷ. 충북권의 교체 작업을 6년 차에 시작하더라도 6년 내에 모든 지부의 전산시스템 교체를 완료할 수 있다.
ㄹ. 충북권과 경남권의 교체 작업은 동시에 진행된다.

① ㄱ, ㄴ
② ㄱ, ㄷ
③ ㄴ, ㄷ
④ ㄴ, ㄹ

18 연도별로 사용 가능한 예산이 다음과 같이 변경되었다고 할 때, 충북권의 전산시스템 교체가 시행될 시기는 언제인가?

〈연도별 사용 가능 예산〉

(단위 : 억 원)

구분	1년 차	2년 차	3년 차	4년 차	5년 차	6년 차
예산	28	26	50	39	36	30

① 2년 차
② 3년 차
③ 4년 차
④ 5년 차

19 다음은 I공사의 예산편성 및 운영지침의 일부이다. 지침에 따른 설명으로 옳은 것은?

> **제20조(운영계획 수립 및 보고)**
> ① 예산 운영계획안은 예산안과 동시에 수립하여, 예산안과 함께 이사회에 상정하여 심의·의결할 수 있다.
> ② 운영계획에는 전력 판매계획, 전력 구입계획, 설비 투자계획 및 기능별 예산의 분기별 집행계획을 포함한다.
> ③ 예산 운영계획은 공공기관 운영에 관한 법률 제41조의 규정에 따라 기획재정부장관, 산업통상자원부장관에 보고한다.
>
> **제21조(집행계획 수립)**
> ① 예산관리부서는 예산이 확정되면, 지체 없이 집행계획을 수립하여, 예산운영부서에 통보한다. 다만, 효율적인 집행계획을 수립하기 위하여 예산확정 이전이라도 집행계획 수립에 착수할 수 있다.
> ② 예산 집행시기, 방침의 미확정 등으로 배정이 곤란한 경우와 예산절감 및 예산편성 후 여건변동에 대비하고 예산운영의 탄력성을 기하기 위하여 확정된 예산의 일부를 유보하여 운영할 수 있다.
> ③ 예산운영부서는 예산관리부서의 집행계획을 반영하여 자체 집행계획을 수립한다.
>
> **제23조(예산의 전용 및 조정)**
> ① 예산관리부서는 예산운영상 필요한 경우 수입·지출 계획서의 단위사업 내 항목 간 및 단위사업 간의 금액을 전용할 수 있다. 단, 투자비와 기타 항목 간 전용은 제외한다.
> ② 예산관리부서는 예산운영의 탄력성을 확보하기 위하여, 예산을 조정할 수 있다.
> ③ 예산주관부서와 예산운영부서는 배정받은 예산을 조정권한 범위 내에서 조정하여 집행할 수 있다.
> ④ 다음 각호의 사유로 예산을 전용 또는 조정하고자 할 경우에는 사전에 이사회 의결을 거쳐야 한다.
> 1. 인건비, 급여성 복리후생비, 경상경비 총액 증액
> 2. 자본예산 총액 증액
> 3. 정부출자금 또는 국고보조금을 받거나 정부예산에 의한 대행사업 또는 정부지시에 의한 특수사업의 수행
> 4. 수입·지출 계획서상의 단위사업 총액을 증액하거나, 단위사업 간 전용
>
> **제36조(투자심의위원회 운영)**
> ① 다음의 사업은 예산관리부서가 주관하는 투자심의위원회의 심의를 거쳐야 한다.
> 1. 총사업비가 1,000억 원 이상이면서, 당사 부담금액이 500억 원 이상인 신규 투자 및 출자사업
> 2. 투자심의를 거친 사업 중 총사업비가 30% 이상 증가한 사업
> 3. 투자심의를 거치지 않은 사업이 사업추진 중에 투자심의 대상규모 이상으로 증가할 것으로 예상되는 사업
> 4. 투자심의 대상사업 중 투자심의를 거치지 않고 예산을 집행 중인 사업
> ② 예산관리부서는 제1항에 따른 투자심의위원회 운영절차를 별도로 마련하여 운영한다.

① 예산 운영계획안은 예산안 수립이 완료된 이후에 해당 예산안을 바탕으로 수립된다.
② 예산 운영계획은 기획재정부장관과 공정거래위원장에게 보고한다.
③ 예산운영부서는 탄력적 예산운영을 위해 예산을 조정할 수 있다.
④ 총사업비가 1,200억 원이면서, 당사 부담금액이 350억 원인 신규 투자는 반드시 투자심의위원회의 심의를 거칠 필요가 없다.

※ 다음은 감독분담금 산정 절차에 대한 자료이다. 이어지는 질문에 답하시오. **[20~21]**

〈감독분담금 산정 절차〉

• 금융회사별 감독분담금은 다음 절차에 따라 산정됩니다.

① 금융감독원 수입 및 지출예산의 확정(금융위 승인)

② 감독분담금 부과총액 결정
- 부과총액=총예산−(발행분담금+한국은행출연금+이자수입 등)

③ 영역별 감독분담금 산정
- 배분 기준 : 투입인력 60%, 영업수익 40%

④ 영역별 감독분담금 분담요율 산정(매년 금융위 결정)
- 은행·비은행 : 요율=해당 영역 감독분담금 / 해당 영역 총부채
- 금융투자 : 요율1=해당 영역 감독분담금 60% / 해당 영역 총부채
  요율2=해당 영역 감독분담금 40% / 해당 영역 영업수익
- 보험 : 요율1=해당 영역 감독분담금 70% / 해당 영역 총부채
  요율2=해당 영역 감독분담금 30% / 해당 영역 보험료수입

⑤ 금융회사별 감독분담금 산정
- 은행·비은행 : 은행·비은행 총부채×영역별 분담요율
- 금융투자 : (금융회사 총부채×영역별 요율1)+(금융회사 영업수익×영역별 요율2)
- 보험 : (보험회사 총부채×영역별 요율1)+(보험회사 보험료수입×영역별 요율2)

20 다음 중 감독분담금 산정 절차를 이해한 내용으로 옳은 것은?

① 은행·비은행의 감독분담금이 세 영역 중 가장 많다.
② 영업수익과 투입인력 모두 많은 영역이 감독분담금을 더 많이 산정받는다.
③ 보험영역 총부채가 증가하면 모든 보험회사의 감독분담금은 무조건 증가한다.
④ 보험회사 B의 총부채가 보험회사 C의 총부채보다 많다면 감독분담금은 B가 더 많다.

21 A~D회사의 요율과 총부채, 영업수익이 다음과 같을 때, A~D회사 중 감독분담금을 가장 많이 부담할 회사는?(단, 요율이 영역별로 동일하게 적용되도록 적절히 변환되었다고 가정한다)

〈A~D회사의 요율과 총부채, 영업수익〉

(단위 : %, 만 원)

구분	A은행	B금융투자	C금융투자	D보험
요율1(은행의 경우 요율)	50	30	70	90
요율2	−	40	20	10
총부채	100	130	150	210
영업수익(보험의 경우 보험수입)	50	40	20	75

① A은행
② B금융투자
③ C금융투자
④ D보험

22 다음은 I사의 압류재산 공매입찰 참가자 준수규칙의 일부이다. 이에 대한 〈보기〉의 설명 중 적절하지 않은 것을 모두 고르면?

〈압류재산 공매입찰 참가자 준수규칙〉

제3조(공매참가자 자격제한)

다음 각호의 어느 하나에 해당하는 자는 입찰에 참가할 수 없다. 다만, 제1호부터 제3호까지의 경우에는 그 사실이 있은 후 2년이 경과되지 아니한 자에 한한다.

1. 입찰을 하고자 하는 자의 공매참가, 최고가격 입찰자의 결정 또는 매수자의 매수대금 납부를 방해한 사실이 있는 자
2. 공매에 있어 부당하게 가격을 떨어뜨릴 목적으로 담합한 사실이 있는 자
3. 허위명의로 매수신청한 사실이 있는 자
4. 입찰 장소 및 그 주위에서 소란을 피우는 자와 입찰을 실시하는 담당직원의 업무집행을 방해하는 자
5. 체납자 및 공단직원

제4조(입찰방법)

입찰은 공매물건의 입찰번호 단위로 입찰하기로 한다. 다만, 별도선언이 있을 때에는 그러하지 아니하다.

제5조(입찰서 기재방법)

① 입찰하고자 하는 자는 입찰서에 입찰일 현재 주민등록부상의 주소(법인은 법인등기부상의 본점 소재지)와 성명, 매수하고자 하는 재산의 입찰번호, 입찰가격, 입찰보증금 기타 필요한 사항을 기재하여 기명날인하여야 하며 2명 이상의 공동명의로 입찰에 참가할 시는 연명으로 기명날인한 후 공동입찰자명부를 입찰서에 첨부하여야 한다.

② 입찰서에 기재할 금액은 총계금액으로서 금액의 표시는 한글로, ( ) 안은 아라비아숫자로 기재하여야 하며 금액이 불분명한 것은 무효로 한다. 다만, 오기된 경우에는 두 줄을 긋고 정정 날인 후 다시 기입하여야 한다.

③ 입찰자가 법인인 경우에는 입찰자 성명란에 법인의 이름과 대표자의 지위 및 성명을, 주민등록번호란에는 법인등록번호를 기재하고 법인인감을 날인한 후 대표자의 자격을 증명하는 서류(법인등기부등본 또는 초본과 인감증명서)를 입찰서에 첨부하여야 한다.

④ 날인란에는 반드시 도장을 찍어야 하며 손도장(무인)을 찍는 것은 인정하지 아니한다.

제6조(입찰보증금)

① 입찰보증금은 입찰금액의 1할 해당액의 현금 또는 당일 결제 가능한 금융기관(우체국 포함) 발행 자기앞수표로서 입찰서와 함께 납부하여야 한다. 단, 추심료가 소요되는 자기앞수표는 결제에 필요한 추심료를 별도로 납부하여야 한다.

② 입찰보증금을 납부하지 아니하거나 입찰보증금이 입찰금액의 1할에 미달할 때에는 입찰을 무효로 한다.

<보기>

ㄱ. 450만 원에 입찰하고자 하는 A가 당일 결제 가능한 금융기관이 발행하였고 4만 원의 추심료가 소요되는 자기앞수표로 입찰보증금을 납부하는 경우, A는 총 45만 4천 원을 입찰서와 함께 납부해야 한다.
ㄴ. 2016년 4월 1일에 있었던 입찰에서 사기 피해사실을 호소하며 소란을 피운 B는 2018년 4월 9일에 있는 입찰에 참여할 수 없다.
ㄷ. 2015년 11월 20일에 있었던 입찰에서 공매가격을 낮추기 위해 담합하였던 C는 2018년 1월 5일에 있는 입찰에 참여할 수 없다.
ㄹ. E와 함께 공동명의로 입찰에 참가하는 D는 둘 중 대표자를 정하여 대표 명의로 입찰서를 작성하여 기명 날인하면 된다.

① ㄷ
② ㄱ, ㄴ
③ ㄴ, ㄹ
④ ㄱ, ㄷ, ㄹ

23 같은 상품을 A ~ E 5개 지역에서 생산하고 있다. 이 상품을 가게에 들여올 때 선택할 수 있는 지역과 운송요금이 다음과 같을 때 1,000kg 상품을 구매하는 경우와 2,000kg 상품을 구매하는 경우 각각 가장 저렴한 지역은?(단, 전체 요금은 기본요금과 무게당 요금, 세금, 거리당 요금을 합산한 것을 말한다)

<지역별 운송요금>

지역	기본요금	1kg당 요금	세금	거리	1km당 요금
A	3,000원	200원	1,000원	2,500km	450원
B	2,000원	150원	1,500원	3,500km	350원
C	2,500원	150원	1,500원	5,000km	250원
D	1,000원	200원	2,500원	3,000km	400원
E	0원	200원	2,000원	6,000km	200원

	1,000kg	2,000kg
①	A	B
②	A	D
③	B	C
④	E	C

24 다음의 대화 내용과 원/100엔 환율 정보를 참고하였을 때, A사원의 대답으로 가장 적절한 것은?

A사원 : 팀장님, 한 달 뒤에 2박 3일간 일본에서 해외교육연수가 있다는 거 알고 계시죠? 그런데 숙박요금이 어떻게 될지 ….
팀장 : 그래, 알고 있지. 그런데 무슨 문제라도 생겼나? 예전에 1박당 13,000엔으로 숙박 당일에 현찰로 지불한다고 예약해뒀던 것 같은데.
A사원 : 네, 맞습니다. 그런데 그곳에 다시 전화해 보니 오늘까지 전액을 송금하면 10% 할인을 해준다고 합니다. 하지만 문제는 환율입니다. 오늘 뉴스에서 원/100엔 환율이 하락하는 추세로 향후 지속된다고 합니다.
팀장 : 그럼 서로 비교해 봐야겠군. A사원, 어떤 방안이 더 절약할 수 있지?
A사원 : ______________________________

〈원/100엔 환율 정보〉

구분	매매기준율(원)	현찰(원)		송금(원)	
		살 때	팔 때	보낼 때	받을 때
오늘	1,110	1,130	1,090	1,120	1,100
한 달 뒤	990	1,010	970	1,000	980

※ 환전 시 소수점 단위 금액은 절사함

① 비교해 보니 오늘 결제하는 것이 260원 더 저렴합니다.
② 비교해 보니 오늘 결제하는 것이 520원 더 저렴합니다.
③ 비교해 보니 한 달 뒤에 결제하는 것이 260원 더 저렴합니다.
④ 비교해 보니 한 달 뒤에 결제하는 것이 520원 더 저렴합니다.

25 I은행 영업점에서 수신업무를 담당하고 있는 귀하에게 금융상품 상담 문의가 접수되었다. 문의한 고객은 다음과 같이 제시된 3가지 상품 중에서 가장 수익이 높은 상품을 선택하려고 한다. 다음 중 이자수익이 높은 상품을 순서대로 바르게 나열한 것은?

〈I은행 금융상품 정보〉

구분	가입금액	가입기간	금리	이자지급방식
행복예금	가입 시 120만 원	1년	연 6%(연복리)	만기이자지급식
차곡적금	월 10만 원	1년	연 6%(월복리)	만기이자지급식
가득예금	가입 시 120만 원	1년	연 6%(월복리)	만기이자지급식

※ 이자수익의 비교는 세전 기준으로 함

① 행복예금 – 차곡적금 – 가득예금
② 행복예금 – 가득예금 – 차곡적금
③ 차곡적금 – 행복예금 – 가득예금
④ 가득예금 – 행복예금 – 차곡적금

26 어머니와 아버지를 포함한 6명의 가족이 원형 식탁에 둘러앉아 식사를 할 때, 어머니와 아버지가 서로 마주 보고 앉는 경우의 수는?

① 21가지 ② 22가지
③ 23가지 ④ 24가지

27 I사에서는 사회나눔사업의 일환으로 마케팅부에서 5팀, 총무부에서 2팀을 구성해 요양시설에서 7팀 모두가 하루에 한 팀씩 7일 동안 봉사활동을 하려고 한다. 7팀의 봉사활동 순번을 임의로 정할 때, 첫 번째 날 또는 마지막 날에 총무부 소속 팀이 봉사활동을 하게 될 확률은?

① $\frac{5}{21}$ ② $\frac{1}{3}$
③ $\frac{3}{7}$ ④ $\frac{11}{21}$

28 농도 12% 소금물 600g에서 소금물을 조금 퍼내고, 그 양만큼의 물을 다시 부었다. 그리고 여기에 농도 4% 소금물을 더 넣어 농도 5.5%의 소금물 800g을 만들었다면, 처음에 퍼낸 소금물의 양은 얼마인가?

① 100g ② 200g
③ 300g ④ 400g

29 귀하에게 A고객이 찾아와 매년 말에 일정한 금액을 적립하여 20년 후에 1억 원이 되는 목돈을 만들려고 한다고 하였다. 이에 따라 귀하는 연이율 10%인 상품을 추천하였다. A고객이 매년 말에 얼마를 적립해야 되는지를 묻는다면, 귀하는 얼마의 금액을 말해야 하는가?(단, $1.1^{20}=6.7$로 계산하고, 만의 자리 미만은 버림한다)

① 160만 원 ② 175만 원
③ 180만 원 ④ 190만 원

30 ㈜STAR 전자회사는 자사 휴대전화 생산에 필요한 부품들을 공급해 줄 하청업체를 선정하려고 한다. 휴대전화 생산에 필요한 부품들은 CPU, RAM, 카메라모듈, 액정 네 가지이며, 부품별로 가장 저렴한 하청업체를 선정하고자 할 때, 각각의 부품을 조달할 업체를 바르게 연결한 것은?(단, 괄호 안의 숫자는 고객 불만족도이며, 5%p당 50,000원의 비용이 발생한다)

〈하청업체별 부품 가격 및 고객 불만족도〉

구분	CPU	RAM	카메라모듈	액정
MOON사	100,000원(20%)	120,000원(15%)	50,000원(10%)	200,000원(10%)
SUN사	80,000원(30%)	150,000원(10%)	80,000원(5%)	180,000원(20%)
EARTH사	120,000원(10%)	130,000원(10%)	70,000원(10%)	190,000원(15%)

	CPU	RAM	카메라모듈	액정
①	SUN	SUN	MOON	SUN
②	EARTH	MOON	MOON	SUN
③	MOON	EARTH	EARTH	SUN
④	EARTH	EARTH	SUN	MOON

31 다음은 A국의 국제유가 도입현황을 나타낸 자료이다. 원유 도입단가가 3% 상승할 때마다 A국 전체가 100억 달러의 손해를 본다고 할 때, 1월 대비 4월의 손해액은 얼마인가?

〈2024년 국제유가 도입현황〉

(단위 : 달러/배럴, 백만 배럴)

구분	1월	2월	3월	4월	5월	6월	7월	8월
국제유가	41.4	40.5	52.0	49.8	50.2	51.4	51.0	53.4
도입단가	40.0	42.2	44.6	55.0	53.0	52.8	50.5	56.1
도입물량	84.6	82.8	94.9	99.5	94.7	91.0	88.0	92.5

① 250억 달러
② 500억 달러
③ 750억 달러
④ 1,250억 달러

32 다음은 대륙별 인터넷 이용자 수에 대한 자료이다. 이에 대한 설명으로 옳지 않은 것은?

〈대륙별 인터넷 이용자 수〉

(단위 : 백만 명)

구분	2016년	2017년	2018년	2019년	2020년	2021년	2022년	2023년
중동	66	86	93	105	118	129	141	161
유럽	388	410	419	435	447	466	487	499
아프리카	58	79	105	124	148	172	193	240
아시아·태평양	726	872	988	1,124	1,229	1,366	1,506	1,724
아메리카	428	456	483	539	584	616	651	647
독립국가 연합	67	95	114	143	154	162	170	188

① 2023년 중동의 인터넷 이용자 수는 2016년에 비해 9천5백만 명이 늘었다.

② 2022년에 비해 2023년의 인터넷 이용자 수가 감소한 대륙은 한 곳이다.

③ 2023년 아프리카의 인터넷 이용자 수는 2019년에 비해 약 1.9배로 증가했다.

④ 조사 기간 중 전년 대비 아시아·태평양의 인터넷 이용자 수의 증가량이 가장 큰 해는 2017년이다.

33 다음은 자동차 산업 동향에 대한 자료이다. 이에 대한 〈보기〉의 설명 중 옳지 않은 것을 모두 고르면?

〈자동차 산업 동향〉

(단위 : 천 대, 억 불)

구분	생산	내수	수출	수입
2016년	3,513	1,394	371	58.7
2017년	4,272	1,465	544	84.9
2018년	4,657	1,475	684	101.1
2019년	4,562	1,411	718	101.6
2020년	4,521	1,383	747	112.2
2021년	4,524	1,463	756	140
2022년	4,556	1,589	713	155
2023년	4,229	1,600	650	157

〈보기〉

ㄱ. 2017 ~ 2023년 사이 전년 대비 자동차 생산량의 증가량이 가장 큰 해는 2017년이다.

ㄴ. 2022년 대비 2023년의 자동차 수출액은 9% 이상 감소했다.

ㄷ. 자동차 수입액은 조사기간 동안 지속적으로 증가했다.

ㄹ. 2023년의 자동차 생산 대수 대비 내수 대수의 비율은 약 37.8%이다.

① ㄴ ② ㄱ, ㄴ

③ ㄱ, ㄹ ④ ㄴ, ㄷ, ㄹ

※ 다음은 연도별 전국 8월 인구이동에 대한 자료이다. 이어지는 질문에 답하시오. **[34~35]**

〈전국 8월 인구이동 및 이동률〉

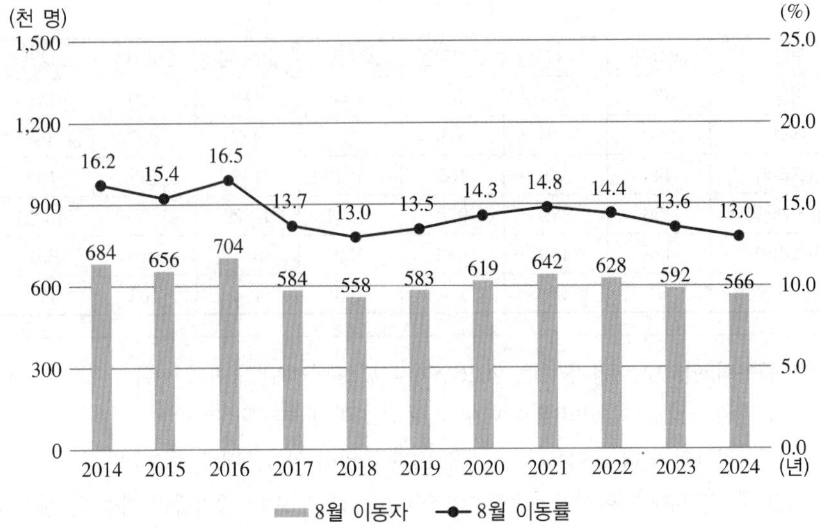

※ [월 이동률(%)] $=\frac{\text{(월 이동 인구수)}}{\text{(전국 이동 총 인구수)}}\times 100$

34 2022년 8월에 이동한 인구수는 총 몇 명인가?(단, 천 명 미만은 버림한다)

① 4,029천 명
② 4,217천 명
③ 4,361천 명
④ 4,516천 명

35 다음 중 위 자료에 대한 설명으로 옳은 것은?(단, 인원은 소수점 이하는 버림한다)

① 2022~2024년 동안 8월 이동자 평균 인원은 약 582명이다.
② 2014~2024년 중 8월 이동자 수가 700천 명을 넘는 연도는 없다.
③ 2019년 이후 이동률이 13% 이하인 적은 없다.
④ 2014~2024년 동안 8월 이동률이 16% 이상일 때는 두 번이다.

※ 다음은 I사 정보보안팀에서 배포한 사내 메신저 계정의 비밀번호 설정 규칙이다. 이어지는 질문에 답하시오. **[36~37]**

〈비밀번호 설정 규칙〉

- 오름차순 또는 내림차순으로 3회 이상 연이은 숫자, 알파벳은 사용할 수 없다.
  (예 123, 876, abc, jih, …)
- 쿼티키보드에서 자판이 3개 이상 나열된 문자는 사용할 수 없다.
- 특수문자를 반드시 포함하되 같은 특수문자를 연속하여 2회 이상 사용할 수 없다.
- 숫자, 특수문자, 알파벳 소문자와 대문자를 구별하여 8자 이상으로 설정한다.
  (단, 대문자는 반드시 1개 이상 넣는다)
- 3자 이상 영어를 연이어 사용할 경우 단어가 만들어지면 안 된다.
  (단, 이니셜 및 약어까지는 허용한다)

〈불가능한 비밀번호 예시〉

- 3756#DefG99
- xcv@cL779
- UnfkCKdR$$7576
- eXtra2@CL377
- ksn3567#38cA

⋮

36 I사에 근무하는 B사원은 비밀번호 설정 규칙에 따라 사내 메신저 계정 비밀번호를 새로 설정하였으나 규칙에 어긋난다고 하였다. 재설정한 비밀번호가 다음과 같을 때, 어떤 규칙에 위배되었는가?

qdfk#9685@21ck

① 숫자가 내림차순으로 3회 연달아 배치되어서는 안 된다.
② 같은 특수문자가 2회 이상 연속되어서는 안 된다.
③ 영어 대문자가 1개 이상 들어가야 한다.
④ 특정 영단어가 형성되어서는 안 된다.

37 B사원이 비밀번호 설정 규칙에 따라 사내 메신저 계정 비밀번호를 다시 설정할 때, 가장 적절한 것은?

① Im#S367
② asDf#3689!
③ C8&hOUse100%ck
④ 735%#Kmpkd2R6

38 다음 프로그램은 짝/홀수를 판별하는 프로그램이다. ⓐ에 들어갈 식으로 옳은 것은?

```
#include <stdio.h>
void main() {
  int num;
  scanf("%d", &num);
  if ( ⓐ )
    printf("%d 는 짝수입니다", num);
  else
    printf("%d 는 홀수입니다", num);
}
```

① num+1 ==2

② num* 2==num+2

③ num/ 2==0

④ num% 2==0

39 제시된 순서도에 의해 출력되는 값을 구하면?

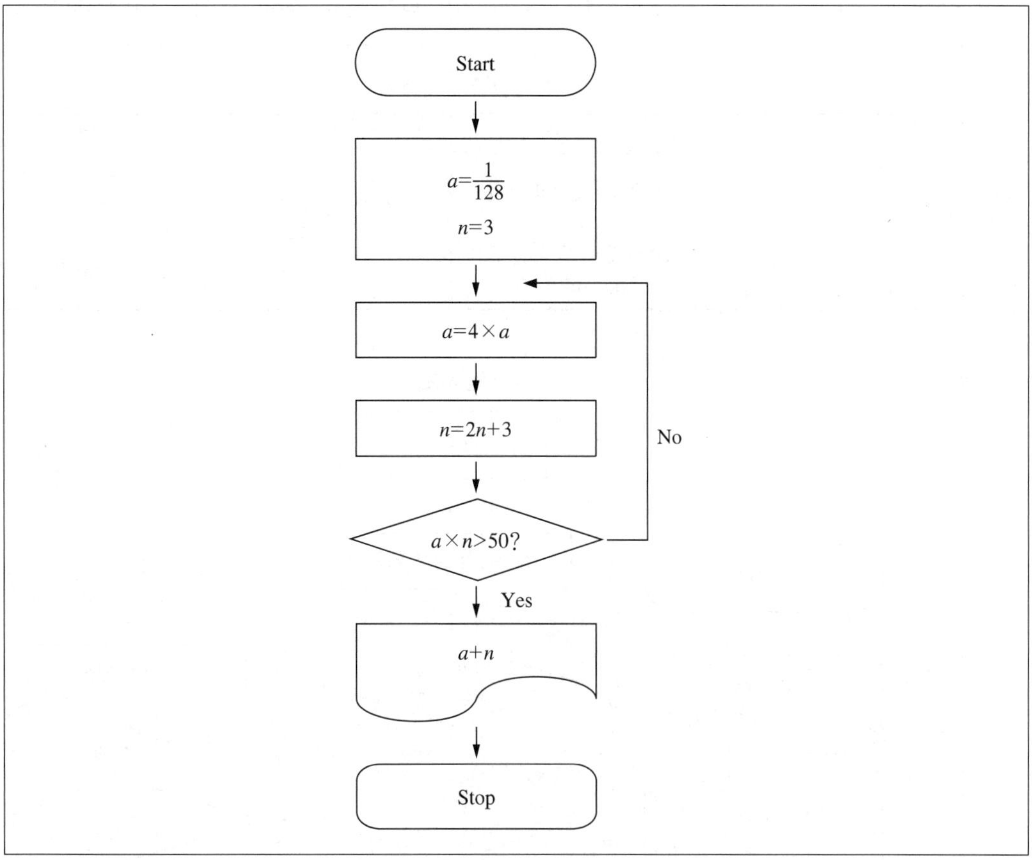

① 91 ② 93

③ 95 ④ 97

40 다음은 I은행의 신입 연수 교육 코스를 배정하기 위한 순서도이다. 신입사원 Y씨의 입사 정보가 〈조건〉과 같을 때, Y씨가 수료하게 될 코스는?(단, 우선순위는 평가 점수, 경력, 자격증 소지 여부다)

〈순서도 기호〉

기호	설명	기호	설명
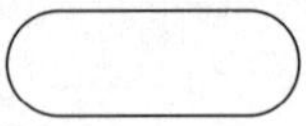	시작과 끝을 나타낸다.	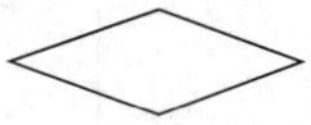	어느 것을 택할 것인지를 판단한다.
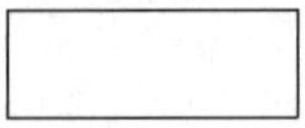	데이터 입력 및 계산 등의 명령을 처리를 한다.		선택한 값을 출력한다.

〈순서도〉

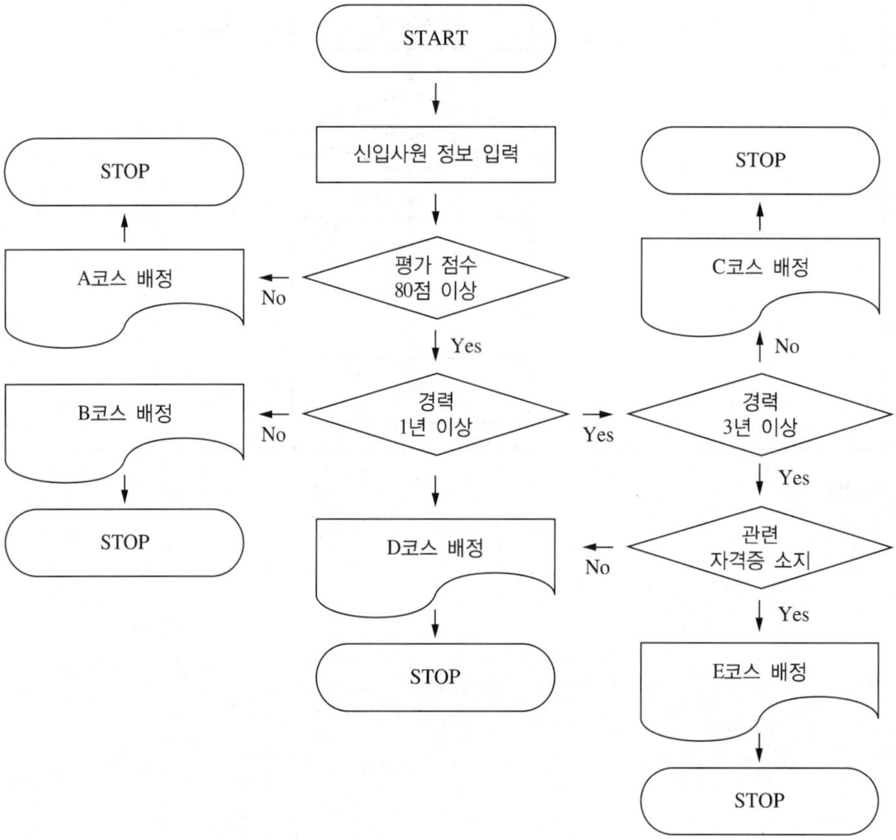

〈조건〉

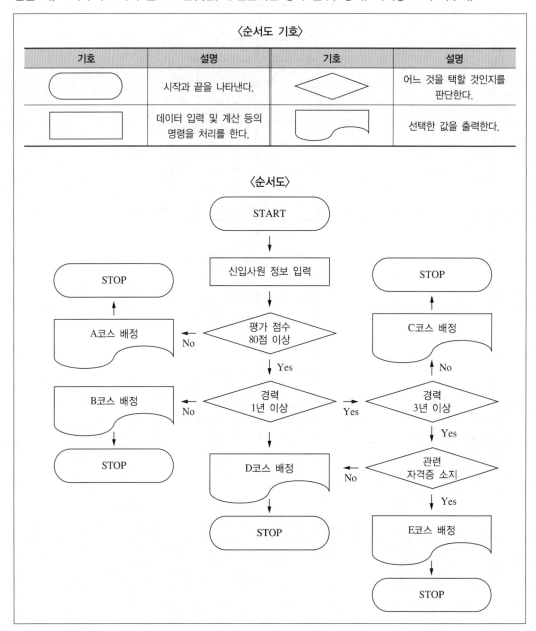

- Y씨는 신입사원 입사 평가 시험에서 84점을 받았다.
- Y씨는 이전 S은행에서 인턴 업무를 1년 동안 인턴을 수행하였다.
- Y씨는 업무 관련 자격증을 3개 소유하고 있다.

① A코스　　② B코스
③ C코스　　④ D코스

제2영역 직무수행능력

| 금융일반 - 객관식 |

01 다음의 빈칸 ㉠과 ㉡에 들어갈 내용으로 바르게 연결된 것은?

> ____㉠____이란 평가절하를 실시할 때, 경상수지가 개선되기 위해서는 양국의 수입수요의 가격탄력성의 합이 1보다 ____㉡____는 것이다.

	㉠	㉡
①	유동성함정	커야 한다
②	유동성함정	작아야 한다
③	마샬 – 러너조건	커야 한다
④	마샬 – 러너조건	동일해야 한다

02 효용을 극대화하는 A의 효용함수는 $U(x,y) = \min[x,y]$이다. 소득이 1,800, X재와 Y재의 가격이 각각 10이다. X재의 가격만 8로 하락할 때, 〈보기〉 중 옳은 것을 모두 고르면?(단, x는 X재의 소비량, y는 Y재의 소비량)

〈보기〉

ㄱ. X재의 소비량 변화 중 대체효과는 0이다.
ㄴ. X재의 소비량 변화 중 소득효과는 10이다.
ㄷ. 한계대체율은 하락한다.
ㄹ. X재 소비는 증가하고, Y재 소비는 감소한다.

① ㄱ, ㄴ
② ㄱ, ㄷ
③ ㄴ, ㄷ
④ ㄴ, ㄹ

03 다음 중 창업 시 기능별로 기업내부를 분석하려고 할 때 필요하지 않은 정보는?

① 우선순위
② 기술개발
③ 인적자원
④ 마케팅

04 다음 중 판매와 마케팅에 대한 비교로 옳지 않은 것은?

〈판매와 마케팅〉

구분	판매	마케팅
목표	판매촉진	통합마케팅
초점	제품	고객니즈
대상	특정 고객	일반대중
활동	창조활동	교환활동
기간	단기	장기

① 목표
② 초점
③ 대상
④ 활동

05 다음 설명과 반대되는 법칙은 무엇인가?

일이 좀처럼 풀리지 않고 오히려 갈수록 꼬이기만 하여 되는 일이 없을 때 흔히 사용하는 말로 자신이 바라는 것은 이루어지지 않고, 우연히도 나쁜 방향으로만 일이 전개될 때 일반적으로 사용된다.

① 줄리의 법칙
② 머피의 법칙
③ 검퍼슨의 법칙
④ 샐리의 법칙

06 다음 중 금융시장에 대한 설명으로 옳지 않은 것은?

① 사모펀드는 주로 창업 초기 및 초기 성장 단계 투자를 말한다.
② 투자자는 자본공급의 대가로 투자 수익을 얻는다.
③ 공모(Public Market) 부문은 자본 시장의 자금조달, 자금투자·운용 등을 통해 수익을 얻는다.
④ 벤처 캐피탈은 주로 비상장 기업에 투자를 한다.

07 다음 중 특정 주권의 가격이나 주가지수의 수치에 연계한 증권은 무엇인가?

① ELS
② ELW
③ ELD
④ ETF

08 민정이는 일요일마다 카페에서 두 시간씩 아르바이트를 한다. 그런데 친구들이 민정이에게 이번 주 일요일에 함께 영화를 보러 가자는 제안을 하였다. 아르바이트 시급은 7,000원이고, 영화표는 10,000원이라고 한다. 만약 민정이가 아르바이트를 하지 않고 친구들과 영화를 본다면, 기회비용은 얼마인가?

① 14,000원
② 24,000원
③ 27,000원
④ 30,000원

09 다음 중 인플레이션에 대한 설명으로 옳지 않은 것은?

① 통화가치가 하락한다.
② 경제활동을 하는 모든 사람들에게 부정적인 영향을 미친다.
③ 종합물가지수가 단위시간당 얼마나 변하는가에 따라 인플레이션이 결정된다.
④ 인플레이션은 수요의 증대, 상품의 생산 비용 증가, 환율 인상 등에 의해 발생한다.

10 다음 중 예산 집행의 신축성을 유지하기 위한 방안으로 옳지 않은 것은?

① 예산의 재배정
② 총괄예산
③ 예산의 이용과 전용
④ 예비비

11 **다음 중 통합예산 또는 통합재정에 대한 설명으로 옳지 않은 것은?**

① 일반회계, 특별회계, 기금을 모두 포괄한 국가 전체 재정을 통합재정이라고 하며, 우리나라는 1979년부터 통합재정수지를 작성하고 있다.

② 지출통제예산제도는 예산 개개의 항목에 대한 통제를 통해 집행부의 자의적 예산집행을 최대한 통제하기 위한 예산제도이다.

③ 우리나라의 통합예산에는 지방재정도 포함되지만 금융성 기금은 포함되지 않는다.

④ 통합예산은 실질적 재정 규모의 파악을 위해 예산순계기준으로 작성된다.

12 **다음 중 환매조건부채권에 대한 설명으로 옳지 않은 것은?**

① 금융기관이 일정 기간 후 확정금리를 보태어 되사는 조건으로 발행하는 채권이다.

② 발행 목적에 따라 여러 가지 형태가 있는데, 흔히 중앙은행과 시중은행 사이의 유동성을 조절하는 수단으로 활용된다.

③ 한국은행에서도 시중에 풀린 통화량을 조절하거나 예금은행의 유동성 과부족을 막기 위해 수시로 발행하고 있다.

④ 은행이나 증권회사 등의 금융기관이 수신 금융상품으로는 판매할 수 없다.

13 **다음 중 소득을 기준으로 대출금액을 제한하는 제도는?**

① TDL　　② BIS

③ DTI　　④ LTV

14 다음은 A, B 두 사람이 작사, 작곡에 드는 노동력을 표로 나타낸 것이다. 이에 대한 설명으로 옳은 것은?

구분	A	B
작사	5시간	10시간
작곡	10시간	15시간

① A는 둘 다 비교우위에 있다.
② B가 둘 다 비교우위에 있다.
③ A의 작사가 절대열위에 있다.
④ B의 작곡이 비교우위에 있다.

15 다음 중 기업 내 정보 교류를 차단하는 장치 및 제도를 일컫는 용어는?

① 차이니즈월
② 해킹 방지 방화벽
③ 열 차단벽
④ 방화벽

16 다음 중 한국은행이 통화정책수단으로 활용하고 있지 않은 것은?

① 지급준비정책
② 재할인정책
③ 공개시장조작정책
④ 유가증권투자규제

17 다음 중 한계효용에 대한 설명으로 옳은 것은?

① 추가적인 한 단위의 재화의 소비에서 얻어지는 추가적인 효용이다.
② 한 재화가 가지는 효용 단위이다.
③ 총효용과 같은 것이다.
④ 총효용을 평균효용으로 나눈 것이다.

18 **다음에 대한 설명으로 옳지 않은 것은?**

옵션거래는 주식, 채권, 주가지수 등 특정 자산을 장래의 일정 시점에 미리 정한 가격으로 살 수 있는 권리와 팔 수 있는 권리를 매매하는 거래를 말한다. 시장에서 당일 형성된 가격으로 물건을 사고파는 현물거래나 미래의 가격을 매매하는 선물거래와는 달리 사고팔 수 있는 '권리'를 거래하는 것이 옵션거래의 특징이다.

① 콜옵션은 가격이 예상보다 올랐으면 권리를 행사하고 값이 떨어지면 포기하면 된다.
② 풋옵션은 거래 당사자들이 미리 정한 가격으로 장래의 특정 시점 또는 그 이전에 특정 대상물을 팔 수 있는 권리를 매매하는 계약이다.
③ 풋옵션을 매수한 사람은 시장에서 해당 상품이 사전에 정한 가격보다 낮은 가격에서 거래될 경우, 비싼 값에 상품을 팔 수 없다.
④ 풋옵션을 매수한 사람은 해당 상품의 시장 가격이 사전에 정한 가격보다 높은 경우는 권리를 행사하지 않을 권리도 있다.

19 **다음 중 금융기관이 취급하는 예금 등으로 단기적 자금운용 목적으로 소유하거나 만기 1년 이하의 금융상품에 해당하는 것은?**

① 단기매매상품
② 단기금융상품
③ 현금성자산
④ 단기금융대여자산

20 **다음 중 선물시장이 급변할 경우 현물시장에 대한 영향을 최소화함으로써 현물시장을 안정적으로 운용하기 위해 도입한 프로그램 매매호가 관리제도는?**

① 서킷브레이커
② 사이드카
③ 어닝쇼크
④ 양적완화

21 다음과 같은 시장을 일컫는 경제용어는?

원래 물건을 팔고 난 다음에 그 물품과 관련하여 발생하게 되는 여러 가지 수요가 증가하는 현상에 착안하여 이를 하나의 관련 시장으로 보면서 등장한 개념으로, 미국의 경우 1970년대 이후부터 시작되었다. 예를 들어 자동차의 정비나 액세서리 용품, 텔레매틱스, 중고차 매매 등이나 프린터의 경우 잉크・카트리지 판매나 유지・보수, 디지털 카메라의 경우 메모리나 부속장비, 디지털 인화 서비스 등과 같은 경우이다.

① 니치마켓
② 애프터마켓
③ 블랙마켓
④ 오픈마켓

22 다음 글에서 밑줄 친 내용의 근거로 들 수 있는 경제 개념을 〈보기〉에서 모두 고르면?

A국가는 상업용 주파수 이용에 제한을 두지 않았다. 그 결과, 주파수 자원은 한정된 반면 이를 이용하여 자신의 방송 신호를 송신하려는 방송국들은 너무 많아져서 방송 신호 간에 간섭이 생겼고, 결국 청취자들이 방송 신호를 제대로 수신하지 못하는 상황이 발생했다. 이에 따라 A국가는 <u>'라디오 법'을 제정하여 라디오 방송 간에 전파 간섭이 발생하지 않도록 했다</u>.

〈보기〉

ㄱ. 공공재
ㄴ. 외부효과
ㄷ. 공유 자원
ㄹ. 시장 지배력

① ㄱ, ㄴ
② ㄱ, ㄷ
③ ㄴ, ㄷ
④ ㄴ, ㄹ

23 다음 중 수표나 어음을 자유롭게 입・출금할 수 있는 예금은?

① 당좌예금
② 별단예금
③ 실세예금
④ 회전예금

24 **수표는 은행 등 발행인이 지급인에 대하여 수취인, 기타 정당한 소지인에게 일정한 금액을 지급할 것을 위탁하는 증권을 말한다. 다음 중 수표의 종류에 대한 설명으로 옳지 않은 것은?**

① 당좌수표는 발행인이 은행에 당좌 거래를 개설한 후 발행한 수표이다.
② 선일자수표는 발행일보다 후일을 발행일자로 기재하여 미리 발행한 수표이다.
③ 횡선수표는 수표의 발행인 또는 소지인이 수표의 표면에 세 줄의 평행선을 그은 수표이다.
④ 위탁수표는 발행인이 타인의 계산으로 발행한 수표이다.

25 **다음 글에서 설명하는 개념으로 가장 적절한 것은?**

> 산업혁명을 전후로 합리주의와 자본주의 정신이 널리 퍼졌고, 삶의 방식이 농경체제에서 공업생산으로 변해갔다. 새로운 시대는 전근대적 인간상이 아닌 산업 시대에 맞는 인간상을 필요로 하였다. 근대 이전의 감옥은 비위생적이며 비인간적 행위가 빈번히 일어나는 장소였고, 근대 사회는 재사회화와 교화라는 역할을 감옥에 요구했다. 이에 '제레미 벤담(Jeremy Bentham)'은 공리주의자로서 감옥의 건축 및 운용에 관한 저서를 남겼다. 벤담의 감옥은 공리주의 원칙을 기반으로 고통완화, 엄격함, 경제성의 원칙에 따라 운용되는데 가장 중시되는 것은 바로 경제성의 원칙이다. 인간의 행동과 생각, 감정은 측정되어질 수 있다고 가정되며, 인간은 체제 전체의 부속품으로 전락한다. 이 체제의 목표는 이윤의 극대화이며 체제 내 모든 인간은 이윤을 최고의 가치로 삼는다고 가정한다.
> 벤담의 감옥이 갖는 의의는 체제에 맞는 인간을 생산하기 위해 인간을 절대적인 감시하에 놓고 행동과 생각을 교정하려고 한 구체적인 시도였다는 것이며, 이 아이디어는 실제로 학교, 병원, 감옥 등에 사용되어 근대 사회를 형성하는 데 기여했다. 또 이러한 정신은 현재에도 여전히 적용되어 사람들의 삶에 영향을 끼치고 있다. 감시의 내재화는 사람들의 마음에 스며들어 의식적, 무의식적으로 생각과 행동을 통제하여, 교육과정과 대중매체를 통해 사람들을 체제에 맞는 인간으로 만드는 데 기여한다.

① 대중매체 ② 파놉티콘
③ 시놉티콘 ④ 정보사회

26 **다음 중 워크아웃(Work Out)에 대한 설명으로 옳지 않은 것은?**

① 기업재무구조 개선작업을 말한다.
② 감자, 출자전환 등의 과정이 선행된 연후에 금융권의 자금지원이 이루어진다.
③ 채권상환유예를 통한 부도의 유예조치와 협조융자, 출자전환까지 포괄한다.
④ 금융기관이 기업으로부터 매출채권 등을 매입하고, 이를 바탕으로 자금을 빌려준다.

27 다음 중 세계 3대 국제신용평가기관이 아닌 것은?

① 세계은행(World Bank)
② 피치 IBCA(Fitch IBCA)
③ 무디스(Moody's)
④ 스탠더드 앤드 푸어스(S&P)

28 다음에서 설명하는 경제용어는?

> 시장에서 자산 운용 시 개인의 주관적 판단을 배제하고 금융공학기법을 토대로 투자자산들의 비중을 탄력적으로 조절하는 펀드를 가리킨다. 객관적인 데이터 및 원칙에 기반하여 일관성 있게 자산을 운용하는 것으로, 변동성이 큰 장세에서 부각되는 펀드이다.

① 헤지펀드
② 주가연계증권
③ 퀀트펀드
④ 랩어카운트

29 다음에서 경제 현상에 대한 설명으로 옳은 것을 〈보기〉에서 모두 고르면?

> 노동자들은 물가의 변동으로 인해 임금이나 소득의 실질가치는 변하지 않았거나 하락하였음에도 명목단위가 오르면 임금이나 소득이 상승했다고 인식한다.

〈보기〉

ㄱ. 제시된 경제 현상은 화폐환상에 따른 현상이다.
ㄴ. 동일한 기간 동안 근로자의 명목임금상승률과 물가상승률의 차이가 클수록 위 현상의 발생가능성은 높아진다.
ㄷ. 케인스학파는 이러한 현상이 실업의 해소를 방해한다고 주장하였다.

① ㄱ, ㄴ
② ㄱ, ㄷ
③ ㄴ, ㄷ
④ ㄱ, ㄴ, ㄷ

30 시장포트폴리오의 기대수익률은 10%, 표준편차는 20%이며, 주식 A의 표준편차는 50%이다. 주식 A의 비체계적 위험이 0.09라면, 주식 A의 베타는 얼마인가?(단, 시장모형이 성립한다)

① 0.5
② 1
③ 2
④ 3

| 금융일반 - 주관식 |

01 다음은 2024년 초 설립한 I회사의 법인세에 대한 자료이다. 이를 참고하여 I회사의 2024년 법인세비용을 구하면?

- 2024년 세무조정사항
  - 감가상각비한도초과액 : 125,000원
  - 접대비한도초과액 : 60,000원
  - 정기예금 미수이자 : 25,000원
- 2024년 법인세비용차감전순이익 : 490,000원
- 연도별 법인세율은 20%로 일정하다.
- 이연법인세자산(부채)의 실현가능성은 거의 확실하다.

(만 원)

02 다음 최저가격제에 대한 〈보기〉의 설명 중 옳은 것을 모두 고르면?

〈보기〉

㉠ 수요자를 보호하기 위한 제도이다.
㉡ 최저임금은 최저가격제의 한 사례이다.
㉢ 정부가 최저가격을 설정할 때 시장가격보다 높게 설정해야 실효성이 있다.
㉣ 정부가 경쟁시장에 실효성이 있는 최저가격제를 도입하면 그 재화에 대한 초과수요가 발생한다.
㉤ 아파트 분양가격, 임대료 등을 통제하기 위해 사용되는 규제방법이다.

( )

03 A는 술을 한 병 마실 때마다 최대 5천 원을 지불할 용의가 있고, B는 최대 7천 원을 지불할 용의가 있다. 현재 술 한 병의 가격은 3천 원이며, A와 B는 하루에 한 병씩 술을 마신다. 앞으로 술 한 병당 3천 원의 건강세가 부과된다고 할 때, A, B 두 사람으로부터 발생하는 하루 조세수입은 얼마인가?(단, 두 사람은 한 병 단위로 술을 소비하는 합리적 경제주체이고, 하루 최대 소비 가능한 술의 양은 각각 한 병이라고 가정한다)

(원)

04 어떤 대회에서의 상금 당첨 확률은 50%이고, 이 대회의 참가비용은 5만 원이다. 대회에서 상금에 당첨될 경우 100만 원을 받을 수 있으나, 당첨되지 않을 경우에는 대회 참가비용의 400%에 해당하는 비용이 부과된다. 이 대회에 참가할 경우 기대효용은 얼마인가?(단, 참가한 사람의 기대소득과 기대효용은 같다)

(만 원)

05 우리나라의 이자율은 연 5%이고, 미국의 이자율은 연 0%라고 한다. 현재 원화의 달러당 환율이 1,000원이라면 양국 사이에 자본의 이동이 발생하지 않을 것으로 예상되는 1년 후 환율은 얼마인가?

(원)

| 디지털 - 객관식 |

01 다음 중 분산 처리 시스템의 특징으로 옳지 않은 것은?

① 사용자들이 비싼 자원을 쉽게 공유하여 사용할 수 있고, 작업의 부하를 균등하게 유지할 수 있다.
② 작업을 병렬적으로 수행함으로써 사용자에게 빠른 반응시간과 빠른 처리시간을 제공한다.
③ 작업 부하를 분산시킴으로써 반응 시간을 항상 일관성 있게 유지할 수 있다.
④ 분산 시스템에 구성 요소를 추가하거나 삭제할 수 없다.

02 다음 중 인덱스(Index)의 특징으로 옳지 않은 것은?

① 기본적으로 오름차순으로 정렬된다.
② 데이터를 추가하거나 변경하면, 즉 데이터를 업데이트하면 속도가 느려진다.
③ 레코드를 추가하거나 변경하면 자동으로 업데이트되지 않아 수동으로 업데이트가 필요하다.
④ 데이터의 양이 많을수록 인덱스의 효과를 크게 느낄 수 있다.

03 다음 중 데이터의 도착 순서가 가변적이며, 짧은 메시지의 일시적인 전송에 가장 유리한 방식은?

① 데이터그램 방식
② 전용회선 방식
③ 회선교환 방식
④ 가상회선 방식

04 다음 중 네트워크 계층에 해당하는 프로토콜로 옳은 것은?

① RS-232C, X.21
② HDLC, BSC, PPP
③ ARP, RARP IGMP, ICMP
④ TCP, UDP

05 다음 중 실제 전송할 데이터를 갖고 있는 터미널에게만 시간 슬롯(Time Slot)을 할당하는 다중화 방식은?

① 통계적 시분할 다중화
② 주파수 분할 다중화
③ 디벨로프 다중화
④ 광파장 분할 다중화

06 다음에서 설명하는 처리기는?

• 주프로세서는 입출력과 연산 작업을 수행한다.
• 종프로세서는 입출력 발생 시 주프로세서에게 서비스를 요청한다.

① Master / Slave 처리기
② 분리 수행 처리기
③ 대칭적 처리기
④ 다중 처리기

07 다음 중 파일 디스크립터(File Descriptor)에 대한 설명으로 옳지 않은 것은?

① 사용자가 직접 참조할 수 있다.
② 파일마다 독립적으로 존재하며, 시스템에 따라 다른 구조를 가질 수 있다.
③ 대개 보조기억장치에 저장되어 있다가 해당 파일이 열릴(Open) 때 주기억장치로 이동한다.
④ 파일을 관리하기 위해 시스템(운영체제)이 필요로 하는 파일에 대한 정보를 갖고 있는 제어블록(FCB)이다.

08 다음 중 색인 순차 파일에 대한 설명으로 옳지 않은 것은?

① 순차 처리와 직접 처리가 모두 가능하다.
② 레코드의 삽입, 삭제, 갱신이 용이하다.
③ 인덱스를 이용하여 해당 데이터 레코드에 접근하기 때문에 처리 속도가 랜덤 편성 파일보다 느리다.
④ 인덱스를 저장하기 위한 공간과 오버플로 처리를 위한 별도의 공간이 필요 없다.

09 **다음 중 파일의 접근 방식에 대한 설명으로 옳은 것은?**

① 순차 접근은 디스크를 모형으로 한 것이다.

② 순차 접근에서 기록은 파일의 임의 위치에서 가능하다.

③ 직접 접근 파일에서 파일을 구성하는 어떠한 블록도 직접 접근할 수 있어서 판독이나 기록의 순서에는 제약이 없다.

④ 직접 접근 파일에서 파일을 구성하는 블록의 번호는 절대 블록 번호이어야 사용자가 자신의 파일이 아닌 부분을 접근하는 것을 운영체제가 방지할 수 있다.

10 **현재 헤드의 위치가 28에 있고 트랙 0번 방향으로 이동 중이었다. 요청 대기 큐에는 다음과 같은 순서의 액세스 요청이 대기 중일 때, SSTF 스케줄링 알고리즘을 사용한다면 헤드의 총 이동 거리는 얼마인가?(단, 가장 안쪽 트랙은 0번 트랙이다)**

요청 대기 큐 : 73, 158, 14, 97, 6, 99, 40, 42

① 200　　② 202

③ 256　　④ 320

11 **다음 SQL 검색문의 기본적인 구조로 옳게 짝지어진 것은?**

```
SELECT (1)
FROM   (2)
WHERE  (3)
```

	(1)	(2)	(3)
①	릴레이션	속성	조건
②	조건	릴레이션	튜플
③	튜플	릴레이션	조건
④	속성	릴레이션	조건

12 다음 중 테이블을 삭제하기 위한 SQL 명령은?

① DROP　② DELETE
③ CREATE　④ ALTER

13 다음 중 데이터베이스 정규화의 필요성으로 가장 거리가 먼 것은?

① 데이터 구조의 안정성 최대화
② 중복 데이터의 활성화
③ 수정, 삭제 시 이상 현상의 최소화
④ 테이블 불일치 위험의 최소화

14 다음 중 데이터베이스의 널(NULL) 값에 대한 설명으로 옳지 않은 것은?

① 아직 모르는 값을 의미한다.
② 아직 알려지지 않은 값을 의미한다.
③ 공백이나 0(Zero)과 같은 의미이다.
④ 정보 부재를 나타내기 위해 사용한다.

15 다음은 학생이라는 개체의 속성을 나타내고 있다. 여기에서 밑줄 친 '성명'을 기본 키로 사용하기 곤란한 이유로 가장 적절한 것은?

학생(<u>성명</u>, 학번, 전공, 주소, 우편번호)

① 동일한 성명을 가진 학생이 두 명 이상 존재할 수 있다.
② 성명은 기억하기 어렵다.
③ 성명을 정렬하는 데 많은 시간이 소요된다.
④ 성명은 기억 공간을 많이 필요로 한다.

16 다음 중 데이터베이스의 설계 순서로 옳은 것은?

① 요구 조건 분석 → 개념적 설계 → 논리적 설계 → 물리적 설계 → 구현
② 요구 조건 분석 → 논리적 설계 → 개념적 설계 → 물리적 설계 → 구현
③ 요구 조건 분석 → 논리적 설계 → 물리적 설계 → 개념적 설계 → 구현
④ 요구 조건 분석 → 개념적 설계 → 물리적 설계 → 논리적 설계 → 구현

17 다음 중 데이터베이스 관리 시스템에서 데이터 언어(Data-Language)에 대한 설명으로 옳지 않은 것은?

① 데이터 정의어(DDL)는 데이터베이스를 정의하거나 그 정의를 수정할 목적으로 사용하는 언어이다.
② 데이터베이스를 정의하고 접근하기 위해서 시스템과의 통신 수단이 데이터 언어이다.
③ 데이터 조작어(DML)는 대표적으로 질의어(SQL)가 있으며, 질의어는 터미널에서 주로 이용하는 비절차적 (Non Procedural) 데이터 언어이다.
④ 데이터 제어어(DCL)는 주로 응용 프로그래머와 일반 사용자가 사용하는 언어이다.

18 다음 중 아날로그 신호를 디지털로 변환하여 저장하고, 디지털 데이터를 아날로그로 변환해서 재생하는 장비는 무엇인가?

① 모뎀　　② DSU
③ 멀티플렉서　　④ 코덱

19 다음 프로그래밍 언어들에 대한 설명 중 옳지 않은 것은?

① ASP는 Active Server Page라고 하며 서버 측 스크립트 언어로 마이크로소프트사에서 제공한 웹 언어이다.
② PHP는 서버 측 스크립트 언어로서 Linux, Unix, Windows 운영체제에서 사용 가능하다.
③ JSP 스크립트는 JSP 페이지에서 자바를 삽입할 수 있으며, JSP 페이지에 실질적인 영향을 주는 프로그래밍을 할 수 있다.
④ XML 문서들은 SGML 문서 형식을 따르고 있으며, SGML은 XML의 부분 집합이라고도 할 수 있기 때문에 응용판 또는 축약된 형식의 XML이라고 볼 수 있다.

20 다음 중 컴퓨터에서 사용하는 Java 언어가 플랫폼 독립적인 프로그래밍 언어로 불리는 이유로 옳은 것은?

① 객체 지향 언어이기 때문이다.
② 멀티 스레드를 지원하기 때문이다.
③ 가상 바이트 머신 코드를 사용하기 때문이다.
④ 가비지 컬렉션을 하기 때문이다.

21 다음 중 패킷교환 방식에 대한 설명으로 옳지 않은 것은?

① 패킷길이가 제한된다.
② 전송 데이터가 많은 통신환경에 적합하다.
③ 노드나 회선의 오류 발생 시 다른 경로를 선택할 수 없어 전송이 중단된다.
④ 저장 – 전달 방식을 사용한다.

22 다음 중 IP(Internet Protocol) 데이터그램 구조에 포함되지 않는 것은?

① Version ② Reserved Len
③ Protocol ④ Identification

23 다음 중 인터넷에서 사용하는 표준 프로토콜인 TCP / IP에 대한 설명으로 옳지 않은 것은?

① TCP / IP를 이용하면 컴퓨터 기종에 관계없이 인터넷 환경에서의 정보 교환이 가능하다.
② TCP는 전송 데이터의 흐름을 제어하고 데이터의 에러 유무를 검사한다.
③ IP는 패킷 주소를 해석하고 목격지로 전송하는 역할을 한다.
④ OSI 계층 구조에서는 총 5개의 계층으로 이루어진다.

24 **다음 중 LAN(Local Area Network)의 특징으로 옳지 않은 것은?**

① 오류 발생율이 낮다.
② 통신 거리에 제한이 없다.
③ 경로 선택이 필요하지 않다.
④ 망에 포함된 자원을 공유한다.

25 **다음 중 물리 계층(Physical Layer)에 대한 설명으로 옳지 않은 것은?**

① 장치와 전송 매체 간 인터페이스의 특성과 전송 매체의 유형을 규정한다.
② 전송로의 연결, 유지, 해제를 담당한다.
③ 시스템 간 정보 교환을 위한 물리적인 통신 매체로 광케이블 등의 특성을 관리한다.
④ 회선 연결을 확립, 유지, 단절하기 위한 기계적, 전기적, 기능적, 절차적 특성을 정의한다.

26 **통신 속도가 1,200보(baud)일 때 한 개의 신호 단위를 전송하는 데 필요한 시간은?**

① 1,200sec
② 1,200msec
③ 1/1,200msec
④ 1/1,200sec

27 **다음 중 회선 경쟁(Contention) 방식에 대한 설명으로 옳지 않은 것은?**

① 회선에 접근하기 위해 서로 경쟁하는 방식이다.
② 송신측이 전송할 메시지가 있을 경우 사용 가능한 회선이 있을 때까지 기다려야 한다.
③ ALOHA 방식이 대표적인 예이다.
④ 트래픽이 많은 멀티 포인트 회선 네트워크에서 효율적인 방식이다.

28 **다음 중 데이터 전달을 위한 회선 제어 절차를 순서대로 나열한 것은?**

① 데이터 링크 확립 → 회선 접속 → 데이터 전송 → 데이터 링크 해제 → 회선 절단
② 회선 접속 → 데이터 링크 확립 → 데이터 전송 → 데이터 링크 해제 → 회선 절단
③ 데이터 링크 확립 → 회선 접속 → 데이터 전송 → 회선 절단 → 데이터 링크 해제
④ 데이터 전송 → 회선 절단 → 회선 접속 → 데이터 링크 확립 → 데이터 링크 해제

29 **다음 중 전이중(Full-Duplex) 통신 방식의 특징은?**

① 한 방향만 정보의 전송이 가능한 전송 방식이다.
② 휴대용 무전기의 통신 방식이다.
③ 전송량이 많고 통신 회선의 용량이 클 때 사용된다.
④ 라디오 방송이 이에 해당한다.

30 **다음 중 디지털 전송의 특징으로 옳은 것은?**

① 신호에 포함된 잡음도 증폭기에서 같이 증폭되므로 왜곡 현상이 심하다.
② 아날로그 전송보다 훨씬 적은 대역폭을 필요로 한다.
③ 아날로그 전송과 비교하여 유지 비용이 훨씬 더 요구된다.
④ 아날로그나 디지털 정보의 암호화를 구현할 수 있다.

| 디지털 - 주관식 |

01 **다음 〈보기〉 중 소프트웨어 유지 보수의 유형에 해당하지 않는 것은?**

〈보기〉

㉠ 수정 보수(Corrective Maintenance)
㉡ 기능 보수(Functional Maintenance)
㉢ 완전화 보수(Perfective Maintenance)
㉣ 예방 보수(Preventive Maintenance)

(　　　　　　　　　　　　　　　　　　　　　　　　)

02 **다음 밑줄 친 빈칸 A와 B에 들어갈 단어로 옳은 것을 〈보기〉에서 고르면?**

프로그램 전체가 유기적으로 연결되도록 만드는 절차 지향 프로그래밍 기법은 __A__ 이고, 객체 지향 프로그래밍 언어로서 보안성이 뛰어나며 운영체제의 종류와 관계없이 실행 가능한 것은 __B__ 이다.

〈보기〉

㉠ Java	㉡ C언어
㉢ PHP(Hypertext Preprocessor)	㉣ 스크립트(Script)
㉤ SQL(Structured Query Language)	㉥ 아키텍처(Architecture)
㉦ 넷스케이프(Netscape)	

(　　　　　　　　　　　　　　　　　　　　　　　　)

03 다음 파이썬 프로그램의 실행 결과로 나타나는 값은?(단, 소수점 이하는 생략한다)

```
>>> print(50/5)
```

( )

04 다음 프로그램의 실행 결과로 나타나는 값은?

```
#include <stdio.h>

#define SUB(a,b) a-b
#define PRT(c) printf("%d", c)

int main(void)
{
    int result;
    int a1=1, a2=2;
    result=SUB(a1, a2);
    PRT(result);
    return 0;
}
```

( )

05 다음 프로그램의 실행 결과로 나타나는 값은?

```
#include <stdio.h>
#define XN(n) x ## n

int main(void)
{
    int XN(1)=10;
    int XN(2)=20;
    printf("%d", x2);

    return 0;
}
```

(   )

5권

IBK기업은행 필기시험 정답 및 해설

온라인 모의고사 4회 무료쿠폰

금융일반(2회분) ATBM-00000-8688C

디지털(2회분) ATBN-00000-144A1

[쿠폰 사용 안내]

1. **합격시대 홈페이지**(www.sdedu.co.kr/pass_sidae_new)에 접속합니다.
2. 홈페이지 우측 상단 '쿠폰 입력하고 모의고사 받자' 배너를 클릭합니다.
3. 쿠폰번호를 등록합니다.
4. 내강의실 > 모의고사 > 합격시대 모의고사 클릭 후 응시합니다.

※ 본 쿠폰은 등록 후 30일간 이용 가능합니다.
※ iOS / macOS 운영체제에서는 서비스되지 않습니다.

IBK기업은행 필기시험

기출복원 모의고사 정답 및 해설

제1영역 NCS 직업기초능력

01	02	03	04	05	06	07	08	09	10
④	③	④	④	③	②	①	①	④	④
11	12	13	14	15	16	17	18	19	20
③	③	①	②	③	④	③	④	③	②
21	22	23	24	25	26	27	28	29	30
④	④	④	②	②	③	②	②	②	①
31	32	33	34	35	36	37	38	39	40
③	④	③	④	①	②	②	③	④	②

01

정답 ④

세 번째 문단의 마지막 부분에 따르면, 일부 기관에서 비대면 화상 면담 시스템을 도입하여 신청자의 편의성을 높이고 있다고 하였으므로 적절하다.

오답분석

① 두 번째 문단에서 최근에 신용점수 외에도 LTI, DTI 등 다양한 대안적 지표를 활용한다고 하였으므로 적절하지 않은 내용이다.
② 네 번째 문단에서 일부 금융기관에서 대출 거절 시 그 이유를 상세히 설명하고 개선 방안을 제시하고 있다고 하였으므로 모든 금융기관에서 서비스를 제공하고 있지는 않다.
③ 마지막 문단에서 ESG 요소를 대출심사에 반영하는 것은 기업의 지속가능성과 사회적 책임을 평가하여 장기적인 리스크를 관리하기 위함이라고 하였으므로 ESG 요소 심사는 대출심사의 객관성을 높이는 요인으로 작용한다.

02

정답 ③

IBK2024특판중금채에서 적용받을 수 있는 최대 금리는 가입기간에 따른 최대 기본금리인 연 3.74%에 최대 우대금리인 연 0.2%p를 더한 연 3.94%이다.

오답분석

① 가입 가능한 계좌 수의 제한은 없으나, 가입 가능한 금액은 계좌당이 아닌 1인당 1백만 원 이상 10억 원 이내이다.
② 법인사업자의 가입은 불가하지만, 외국인 중 거주자의 경우 가입이 가능하다.
④ 최초 상품 가입일에 마케팅을 미동의하였더라도 다른 두 가지 조건 중 하나를 만족한다면 최대 우대금리 혜택을 적용받을 수 있다.

03

정답 ④

교육시스템 항목을 보면 부서자체교육은 분기별 1회, 집합교육은 반기별 1회를 받는다고 되어있으며, 그 외 교육은 수시로 진행된다고 하였다. 따라서 법위반 가능성이 높은 부서 임직원이 연간 받는 정기 교육 횟수는 부서자체교육 4회와 집합교육 2회로 총 6회이다.

오답분석

① 자사의 거래조건을 협력회사가 원하지 않을 경우 거래를 강제하지 않아야 할 뿐, 협력회사가 원하는 방향으로 거래조건을 수정할 필요는 없다.
② 고객 입장에서 혼란을 줄 수 있는 정보는 기재를 하지 않는 것이 아닌 바르게 전달할 수 있도록 기재하여야 한다.
③ 경쟁사 고객을 자사의 상품을 이용하도록 유인하는 것은 가능하나, 부당한 방법을 사용해서는 안 된다.

04

정답 ④

교육시스템에 따르면 실무 관련 의문점 발생 시에는 상담을 통해 처리방향을 지도받는 것이 적절하나, 공정거래 위반이 의심될 때에는 집합교육을 통해 처리방향을 지도받아야 한다.

오답분석

① 협력회사에 대한 원칙의 두 번째 항목에 따르면, 협력회사에 부당하게 유리 또는 불리한 취급을 하거나 경제상 이익을 요구하지 않는다고 하였으므로 제시문의 내용으로 적절하다.
② 협력회사에 대한 원칙의 네 번째 항목에 따르면, 협력회사의 기술, 지적재산권을 부당하게 요구하거나 침해하지 않는다고 하였으므로 제시문의 내용으로 적절하다.
③ 경쟁사에 대한 원칙의 세 번째 항목에 따르면, 담합하지 않는다고 하였으므로 제시문의 내용으로 적절하다.

05

정답 ③

제시문에 따르면 공부방 운영자의 인터뷰 내용에서 원격 결제를 활용하면 아이들이 실물 카드를 가지고 오지 않아도 부모가 원격으로 결제를 할 수 있다.

오답분석

① 법정 카드 수수료는 사업자가 지불해야 한다.
② 회원가입 후 전화 인증이 필요하다.
④ 다양한 결제 수단을 활용할 수 있다는 내용은 있으나, 결제 수단의 제한이 없는지의 여부는 제시문의 내용만으로는 확인이 불가하다.

06

정답 ②

제시문에 따르면 글로벌 금융기관, 국내 시중은행들이 실험을 진행하거나 관련 연구에 참여하는 것을 알 수 있다.

오답분석

① 실물 화폐를 대체하는 것으로 동일한 액면가라면 동일한 가치를 갖는다.
③ 블록체인, 분산원장기술 등 민간 암호화폐의 저장기술들을 유사하게 활용한다.
④ 현금을 은행에 입금하는 것은 현금의 보관장소를 변경하는 것이며, 은행에 보관되어 있는 현금을 CBDC라고 부르지는 않는다.

07

정답 ①

제시문에 따르면 한도는 최근 1년 이내 투자유치금액의 50% 수준이며 창업 3년 이내 기업은 100%까지 대출을 받을 수 있다.

오답분석

② 일반대출과 신주인수권부사채를 결합한 대출로, 금리는 신주인수권부사채 발행액에 대해서는 0%가 적용되나, 일반대출은 정상 금리를 지불해야 한다.
③ 추천을 받은 기업들이 주요 대상이라는 언급은 있으나, 대출실행의 필요조건이라는 언급은 없다.
④ 정부지원금은 펀드 총액의 10%이다.

08

정답 ①

제3조에 따르면 실명의 개인은 최대 3계좌까지 가입이 가능하지만, 개인사업자는 제외된다.

오답분석

② 제5조에 따르면 1천 원 단위로 월 1 ~ 20만 원까지 가능하므로 55,000원의 적립방식으로 가입이 가능하다.
③ 제8조 1호, 2호에서 각각 1.0%p, 0.5%p의 우대금리를 적용받을 수 있다.
④ 제11조에 따르면 질권설정 또는 압류 등 출금제한이 등록된 계좌는 자동해지가 안 된다.

09

정답 ④

기업 대표이지만 VIP이므로 고객 코드는 ㄷ, 대출신청을 하였으므로 업무는 Y, 업무내용은 B가 적절하며 접수창구는 VIP실인 00번이 된다.

10

정답 ④

A, B → 대출상담과 대출신청을 나타내는 코드
Y → 대부계 업무를 나타내는 코드
ㄴ → 기업고객을 나타내는 코드
04 → 4번 창구를 나타내는 코드

11

정답 ③

C는 자녀가 없는 예비신혼부부이므로 신혼부부 Ⅰ·Ⅱ 유형에서 우선순위 2순위에 해당된다.

오답분석

① A는 만 6세 이하 자녀가 있는 한부모가정이므로 모든 유형에서 우선순위 1순위에 해당된다.
② B는 만 65세 이상의 고령자이므로 기존주택 유형에서 우선순위 1순위에 해당된다.
④ D는 만 6세 이하 자녀가 있는 혼인가구이므로 신혼부부 Ⅰ·Ⅱ 유형에서 우선순위 3순위에 해당된다.

12

정답 ③

제시된 정보에서 총자산가액은 자산기준인 2억 4,100만 원을 초과하였으므로 신청자격이 주어지지 않는다.

오답분석

① 한부모가정이 아니더라도 다양한 신청자격이 존재한다.
② 월평균소득은 4인 가구 월평균소득의 50% 기준인 4,124,234원 이하이므로 기존주택 유형의 2순위 기준은 갖추었다.
④ 자동차를 보유하지 않았다면 해당 항목은 자산 산정에서 제외한다고 하였다.

13

정답 ①

A ~ D의 2월 16일에 근무한 시간은 각각 다음과 같다.

- A : $(40\times2)-(7+10+9+8+10+6+5+8+7)=80-70$ $=10$시간
- B : $(40\times2)-(5+6+7+7+9+12+10+10+9)=80-75$ $=5$시간
- C : $(40\times2)-(8+7+7+7+11+10+9+10+5)=80-74$ $=6$시간
- D : $(40\times2)-(6+6+10+9+8+7+8+6+9)=80-69$ $=11$시간

따라서 2월 16일에 근무시간이 두 번째로 긴 사람은 A이다.

14

정답 ②

E의 근무시간은 9시간이므로 오전 11시부터 오후 1시까지, 오후 2시부터 오후 9시까지 근무해야 한다. 이때, 오후 6시를 초과하여 근무한 시간은 3시간이고, E의 통상시급은 $[275+20+(144\div12)]\div209\fallingdotseq14,689$원이다.

따라서 E가 받게 되는 초과근무수당은 $14,689\times1.5\times3\fallingdotseq66,101$원이다.

15

정답 ③

지로 / 공과금 자동이체 우대금리 조건을 보면 반드시 본인 명의의 입출금식 통장에서 지로 / 공과금 자동이체 실적이 3개월 이상이어야 한다.

오답분석

① 매월 납입한도는 100만 원 이하이고 계약기간은 1년제이므로 신규금액을 제외한 최대 납입 가능 금액은 100×12=1,200만 원이다.

② 에너지 절감 우대금리 적용을 위해 "아파트아이"에 회원가입을 해야 하며, 주소변경 시 아파트아이에서 주소변경을 완료해야 하므로 해당 사이트의 계정이 필요하다.

④ 최대 이율을 적용받는 사람의 금리는 약정이율에 우대금리를 더한 값인 3.0+4.0=7.0%이다. 하지만 중도해지 시에는 우대금리가 적용되지 않으므로 납입기간 50%를 경과하고 중도해지 할 경우 적용받는 금리는 3.0×0.4=1.2%이다. 따라서 중도해지 시 적용받는 금리는 이전보다 7.0−1.2=5.8%p 적다.

16

정답 ④

먼저 A고객이 적용받는 우대금리를 계산하면 다음과 같다.

- 적금가입월(22.5)부터 10개월 동안(23.2 이내) 적금가입월의 전기사용량(kWh) 대비 월별 전기사용량(kWh)이 절감된 횟수는 22년 6월, 9월, 10월과 23년 2월로 총 4회이므로 적용되는 우대금리는 연 1.0%p이다.
- 최초거래고객 우대금리 조건을 만족하므로 적용되는 우대금리는 1.0%p이다.
- 지로 / 공과금 자동이체 우대금리 조건을 만족하므로 적용되는 우대금리는 1.0%p이다.

그러므로 A고객이 적용받는 우대금리는 총 3%p이고, A고객은 만기해지하였으므로 계약기간 동안 적용되는 금리는 약정이율에 우대금리를 더한 값인 3+3=6%이다. 가입금액에 따른 이자를 계산하면 다음과 같다.

- 최초 납입금액 : 30만×6%=18,000원
- 추가 납입금액 : 70만×6%×$\frac{6}{12}$=21,000원
- 만기 후 금리: 100만×3%×30%×$\frac{6}{12}$=4,500원(만기일 경과 6개월 이후 해지)

따라서 A고객이 지급받을 이자는 총 18,000+21,000+4,500=43,500원이다.

17

정답 ③

레저업종 카드사용 실적인정 기준 중 3번째 기준에 따르면 당일자, 당일 가맹점 사용실적 건수는 최대 1회, 금액은 최대금액 1건이 인정된다고 하였다. 따라서 당일에 동일 가맹점에서 나눠서 결제하더라도 그 횟수는 1회만 반영되고, 그 금액도 가장 큰 금액 1건만 반영된다. 그러므로 한 번에 결제하는 것이 우대금리 적용에 더 유리하다.

오답분석

① 제시된 상품에서 적용 가능한 최대금리는 계약기간이 최대이며 우대금리를 만족한 3.65+2.40=6.05%이고 최저금리는 계약기간이 최소이며 우대금리를 적용받지 못한 3.40%이다. 따라서 만기해지 시 상품에서 적용 가능한 최대금리와 최저금리의 차이는 6.05−3.40=2.65%p이다.

② '우대금리' 항목에 따르면 금액 조건은 온누리상품권 구매금액과 레저업종 카드사용금액 모두 포함되는 반면, 건수 조건에는 레저업종 카드사용건수만 포함된다. 따라서 우대금리 적용에 있어서는 온누리상품권을 구입하는 것보다는 레저업종에 카드를 사용하는 것이 더 유리하다.

④ 계약기간이 1년이므로 만기일 당시 IBK 적립식중금채의 계약기간별 고시금리는 만기 후 1개월 이내 해지 시나 만기 후 6개월 초과 후 해지 시에 같으므로 만기 후 1개월 이내 해지 시 적용되는 만기 후 금리는 만기 후 6개월 초과 후 해지 시 적용되는 만기 후 금리의 $\frac{50}{20}$=2.5배이다.

18

정답 ④

A고객의 계약기간은 2년이므로 적용되는 약정이율은 3.50%이다. 우대금리 적용을 위해 금액 조건을 계산하면 다음과 같다.

- 매 짝수 월 초 30만 원 헬스클럽 결제 : 30×12=360만 원
- 매월 초 20만 원 골프연습장 결제 : 20×24=480만 원
- 매 연말 본인 명의 온누리상품권 100만 원 구매 : 200만 원 인정
- 매 연초 가족 명의 온누리상품권 100만 원 구매 : 본인 명의가 아니므로 불인정
- 매년 3, 6, 9, 12월 월말 수영장 이용료 30만 원 결제 : 30×8=240만 원

그러므로 총이용금액은 1,280만 원이고, 이를 평균하여 계산하면 월 결제금액은 1,280÷24≒53.3만 원이므로 우대금리는 1.70%p가 적용된다. 이에 대한 납입금액별 금리는 다음과 같다.

- 최초 납입금액 : 50만×(3.5+1.7)%×$\frac{24}{12}$=52,000원
- 추가 납입금액(21.8.1) : 100만×(3.5+1.7)%×$\frac{12}{12}$=52,000원
- 추가 납입금액(22.2.1) : 100만×(3.5+1.7)%×$\frac{6}{12}$=26,000원
- 만기 후 금리 : 250만×(3.5×0.3)%×$\frac{3}{12}$=6,562.5원

따라서 A고객이 지급받을 이자총액에서 10원 미만을 절사하면 136,560원이다.

19

정답 ③

- 자택에서 인근 지하철역까지 도보로 가는 데 걸리는 시간 : 3분
- 지하철역에서 환승역까지 가는 데 걸리는 시간 : 2×2=4분
- 환승하는 데 걸리는 시간 : 2분
- 환승역에서 사무실 인근 지하철역까지 가는 데 걸리는 시간 : 2×4=8분
- 인근 지하철역에서 사무실까지 도보로 가는 데 걸리는 시간 : 2분

따라서 김대리가 지하철을 타고 자택에서부터 사무실에 갈 때 걸리는 시간은 3+4+2+8+2=19분이다.

20
정답 ②

• 버스의 편도 이동시간 : $1+(4\times4)+3=20$분
• 지하철의 편도 이동시간 : $3+(2\times2)+2+(2\times4)+2=19$분
• 자가용의 이동시간 : $19+2=21$분

따라서 편도 이동시간이 가장 짧은 이동수단을 순서대로 바르게 나열하면 지하철 – 버스 – 자가용이다.

21
정답 ④

오답분석

① KCB 점수와 NICE 점수 모두 기준 점수 미달이다.
② 신청일 기준 재직상태가 아니다.
③ 당행에 본인 명의의 휴대폰 번호가 등록되어 있지 않다.

22
정답 ④

고산지대에 근무하는 공무원이 한 분기에 23일 이내인 14일간 저지대에서 가족동반으로 요양을 할 때 8번 지급 사유에 따라 발생한 비용 전액을 국외여비로 지급받을 수 있다.

오답분석

① 4번 지급 사유에 따라 발생한 비용의 일부만 국외여비로 받을 수 있다.
② 2번 지급 사유에 따라 발생한 비용의 일부만 국외여비로 받을 수 있다.
③ 6번 지급 사유에 따라 발생한 비용의 일부만 국외여비로 받을 수 있다.

23
정답 ④

• K주임
  – 12세 이상 가족 구성원의 가족 국외여비
    : $\left[(700{,}000\times2+20{,}000\times2)\times\frac{2}{3}\right]=960{,}000$원
  – 12세 미만 가족 구성원의 가족 국외여비
    : $\left[(0\times2+20{,}000\times2)\times\frac{1}{3}\right]≒13{,}333$원$≒20{,}000$원
  ∴ 총 국외여비 : $960{,}000+20{,}000=980{,}000$원

오답분석

• H부장
  – 12세 이상 가족 구성원의 가족 국외여비
    : $(900{,}000+900{,}000+(900{,}000\times0.8)+15{,}000+15{,}000]\times\frac{2}{3}=1{,}700{,}000$원
  – 12세 미만 가족 구성원의 가족 국외여비
    : $[(900{,}000\times0.8)+0]\times\frac{1}{3}=240{,}000$원
  ∴ 총 국외여비 : $1{,}700{,}000+240{,}000=1{,}940{,}000$원
• J과장
  – 12세 이상 가족 구성원의 가족 국외여비
    : $1{,}200{,}000\times4\times\frac{2}{3}=3{,}200{,}000$원
  – 12세 미만 가족 구성원의 가족 국외여비 : 0원
  ∴ 총 국외여비 : 3,200,000원
• L대리
  – 12세 이상 가족 구성원의 가족 국외여비
    : $750{,}000\times2\times\frac{2}{3}=1{,}000{,}000$원
  – 12세 미만 가족 구성원의 가족 국외여비 : 0원
  ∴ 총 국외여비 : 1,000,000원

24
정답 ②

i-ONE Bank를 통한 가입 시에는 국민건강보험공단의 재직정보를 통해 우대금리 적용대상 여부를 판단한다.

오답분석

① 납입금액의 상한이 월 20만 원으로 가입기간 동안 저축할 수 있는 최대 금액은 240만 원이다.
③ 가입기간 내내 동의를 유지하였더라도 만기일 전일까지 유지하지 않으면 우대금리 적용 자격이 소멸한다.
④ 만기 후 1개월 이내에는 만기일 기준 고시금리의 50%를 적용하지만, 1개월이 지나면 만기일 기준 고시금리의 30%만을 적용한다.

25
정답 ②

제시된 상품의 기본금리는 연 3.2%이며, A씨는 직장인이므로 우대금리 0.3%p를 적용받는다. 급여이체 실적과 카드이용 실적이 모두 만족되므로 주거래 우대금리 0.7%p를 모두 적용받으나, 마이데이터 동의를 하지 않아 이에 대한 0.5%p의 우대금리는 받지 못한다.

따라서 A씨에게 적용되는 최종 금리는 $3.2+0.3+0.7=4.2\%$이므로, 만기해지 시점에서 받게 되는 이자는 10만 원$\times\frac{0.042}{12}\times\frac{12(12+1)}{2}=27{,}300$원이다.

26

정답 ③

조건에 맞는 기본금리, 고객별 우대금리, 주거래 우대금리가 적용된다.

오답분석

① 실명의 개인이면 가입이 가능하다.
② 가입기간은 1년, 2년, 3년으로 월단위 가입이 불가능하다.
④ 자녀의 경우 주민등록등본, 가족관계증명서도 제출해야 한다.

27

정답 ②

- 3년 만기이므로 기본금리는 2.7%이다.
- 장기거래 고객 및 재예치 고객에 해당하지만 고객별 우대금리는 최고 0.1p%이다.
- 6개의 주거래 실적조건 중 2개 이상 충족하지 못했다.

따라서 만기 시 A씨의 적용금리는 2.7+0.1=2.8%이다.

28

정답 ②

제시된 조건에 따라 갑, 을, 병, 정의 사무실 위치를 정리하면 다음과 같다.

구분	2층	3층	4층	5층
경우 1	부장	을과장	대리	갑부장
경우 2	을과장	대리	부장	갑부장
경우 3	을과장	부장	대리	갑부장

따라서 을은 과장이므로 대리가 아닌 갑은 부장이다.

오답분석

① 갑부장 외의 또 다른 부장은 2층, 3층 또는 4층에 근무한다.
③ 대리는 3층 또는 4층에 근무한다.
④ 을은 과장이며 2층 또는 3층에 근무한다.

29

정답 ②

등산로별 길이, 평균 등산 속도, 완주 시간을 정리하면 다음과 같다.

구분	길이	평균 등산 속도	완주 시간
A	$3.6\times\frac{10}{3}$ =12km	3.6km/h	3시간 20분 $=\frac{10}{3}$시간
B	16km	3.2km/h	$\frac{16}{3.2}$=5시간
C	14.3km	3.9km/h	$\frac{14.3}{3.9}$시간 $=\left(3+\frac{2.6}{3.9}\right)$시간 =3시간 40분
D	12.35km	3.8km/h	3시간 15분
E	3.5×3.5 =12.25km	3.5km/h	3시간 30분 =3.5시간

따라서 가장 짧은 등산로는 A이고, 완주 시간이 가장 짧은 등산로는 D이다.

30

정답 ①

조건에 따라 앉을 수 있는 자리를 나타내면 다음과 같다.

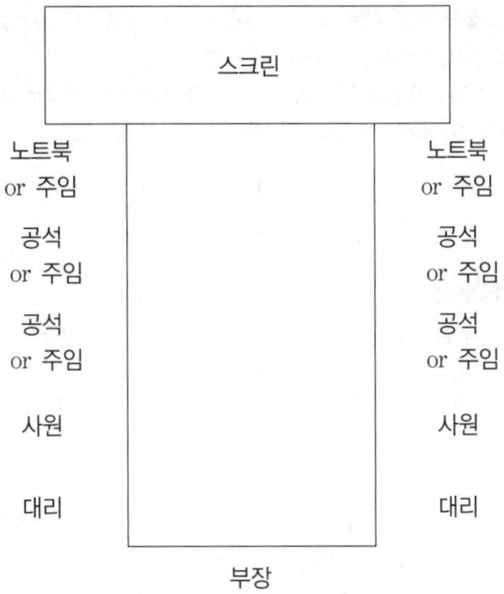

첫 번째 조건에 따라 부장의 자리는 스크린 맞은편 자리로 항상 고정되어 있고, 두 번째 조건에 따라 노트북을 연결할 수 있는 자리는 2개이다. 세 번째 조건에 따라 대리가 부장과 가장 가까운 자리에 앉을 수 있는 경우의 수는 2가지이며, 네 번째 조건에 따라 대리 2명 모두 옆 자리에 앉을 수 있는 사람은 사원 1명뿐으로 사원이 앉을 수 있는 경우의 수는 2가지이다. 그러므로 남은 5자리에 주임 3명이 앉을 수 있는 경우의 수는 $_5P_3$=60가지이다. 따라서 자리에 앉을 수 있는 경우의 수는 1×2×2×2×60=480가지이다.

31

정답 ③

직원 5명의 자동차 판매 대수 및 자동차 판매 총액에 따른 등급은 다음과 같다.

구분	자동차 판매 대수	등급	자동차 판매 총액	등급
권○○	7대	A	9천 6백만 원	C
김○○	12대	A^+	1억 4천만 원	B
류○○	4대	C	9천만 원	C
오○○	6대	B	2억 2천만 원	A
표○○	1대	D	4천 8백만 원	D

성과급 지급 조건을 만족하는 직원은 김○○, 오○○이다.
김○○가 받는 성과급은 1억 4천만 원×0.02=280만 원이고,
오○○가 받는 성과급은 2억 2천만 원×0.03=660만 원이다.
따라서 직원들이 받는 성과급의 합은 280+660=940만 원이다.

32

정답 ④

2019 ~ 2023년의 연도별 인터넷뱅킹 대출 이용 실적 건수당 대출 금액은 다음과 같다.

- 2019년 : $\frac{487}{0.1}$ =4,870억 원/만 건
- 2020년 : $\frac{1,137}{0.3}$ =3,790억 원/만 건
- 2021년 : $\frac{1,768}{0.5}$ =3,536억 원/만 건
- 2022년 : $\frac{2,394}{0.7}$ =3,420억 원/만 건
- 2023년 : $\frac{2,763}{0.9}$ =3,070억 원/만 건

따라서 2020 ~ 2023년의 연도별 인터넷뱅킹 대출 이용 실적 건수당 대출 금액은 매년 감소하는 추세이다.

오답분석

① 2020 ~ 2023년 동안 전체 인터넷뱅킹 이용 실적은 매년 증가하였고, 전체 인터넷뱅킹 이용 금액 또한 매년 증가하였다.

② 2019 ~ 2023년 동안 전체 인터넷뱅킹 이용 실적과 모바일뱅킹 이용 실적의 관계는 다음과 같다.
- 2019년 : 248×0.7=173.6 < 177
- 2020년 : 260×0.7=182 < 190
- 2021년 : 278×0.7=194.6 < 214
- 2022년 : 300×0.7=210 < 238
- 2023년 : 334×0.7=233.8 < 272

따라서 2019 ~ 2023년 동안 전체 인터넷뱅킹 이용 실적 중 모바일뱅킹 이용 실적은 매년 70% 이상이었다.

③ 2019 ~ 2023년 동안 전체 인터넷뱅킹 이용 금액과 모바일뱅킹 이용 금액의 관계는 다음과 같다.
- 2019년 : 96,164×0.3=28,849.2 > 19,330
- 2020년 : 121,535×0.3=36,460.5 > 27,170
- 2021년 : 167,213×0.3=50,163.9 > 40,633
- 2022년 : 171,762×0.3=51,528.6 > 44,658
- 2023년 : 197,914×0.3=59,374.2 > 57,395

따라서 2019 ~ 2023년 동안 전체 인터넷뱅킹 이용 금액 중 모바일뱅킹 이용 금액은 매년 30% 미만이었다.

33

정답 ③

월별 엔 / 위안 값은 월별 (중국의 1위안 환율)÷(일본의 1엔 환율)로 계산한다.

- 2023년 7월 : (188원/위안)÷(9.27원/엔) ≒ 20.3엔/위안
- 2023년 8월 : (191원/위안)÷(9.3원/엔) ≒ 20.5엔/위안
- 2023년 9월 : (192원/위안)÷(9.19원/엔) ≒ 20.9엔/위안
- 2023년 10월 : (193원/위안)÷(9.2원/엔) ≒ 21엔/위안
- 2023년 11월 : (190원/위안)÷(8.88원/엔) ≒ 21.4엔/위안
- 2024년 12월 : (192원/위안)÷(9.23원/엔) ≒ 20.8엔/위안

따라서 2023년 7 ~ 12월 동안 위안화 대비 엔화는 항상 20엔 /위안 이상이다.

오답분석

① 2023년 8 ~ 12월 동안 미국의 전월 대비 환율은 '증가 – 증가 – 증가 – 감소 – 감소'이다.

② 2023년 8 ~ 12월 동안 중국의 전월 대비 환율은 '증가 – 증가 – 증가 – 감소 – 증가'이고, 일본의 전월 대비 환율은 '증가 – 감소 – 증가 – 감소 – 증가'이다.

④ 각 국가의 2023년 7월 대비 2023년 12월의 환율 증가율은 다음과 같다.
- 미국 : $\frac{1,329-1,308}{1,308}\times 100 ≒ 1.6\%$
- 중국 : $\frac{192-188}{188}\times 100 ≒ 2.1\%$
- 일본 : $\frac{9.23-9.27}{9.27}\times 100 ≒ -0.4\%$

따라서 2023년 7월 대비 2023년 12월의 환율 증가율이 가장 큰 국가는 중국이다.

34

정답 ④

국민총소득(GNI)은 명목 GDP와 국외 순수취 요소 소득의 합이므로 국외 순수취 요소 소득은 국민총소득(GNI)과 명목 GDP의 차이다.

- 2022년 1분기 : 515,495.5−509,565.8=5,929.7십억 원
- 2022년 2분기 : 542,408.3−540,700.8=1,707.5십억 원
- 2022년 3분기 : 555,165.9−546,304.5=8,861.4십억 원

따라서 국외 순수취 요소 소득은 감소하였다 증가하였다.

오답분석

① 모든 분기에서 서비스업의 명목 GDP가 가장 높다.

② 제조업의 명목 GDP는 증가 추세이고, 명목 GDP는 당해 생산된 재화의 단위 가격과 생산량의 곱이므로 생산량이 감소하였다면 재화의 단위 가격은 증가하여야 한다.

③ 건설업의 명목 GDP는 증가하였다 감소하였고, 명목 GDP는 당해 생산된 재화의 단위 가격과 생산량의 곱이므로 생산 단가가 일정하다면 생산량은 증가하였다 감소하여야 한다.

35

정답 ①

농림어업의 명목 GDP는 증가하였다 감소하였으나 그 폭은 증가폭이 더 크다. 따라서 2022년 2분기에서 3분기로 감소할 때의 기울기는 2022년 1분기에서 2분기로 증가할 때의 기울기보다 작아야 한다.

36

정답 ②

중도해지 시 받을 수 있는 중도해지금리는 36개월 미만으로 0.025%×0.6=0.015이므로, 1.5%이다.

따라서 중도해지 환급금은 $15,000,000\times\left(1+0.015\times\frac{30}{12}\right)$ =15,562,500원이다.

37

정답 ②

현재 빌릴 돈을 x만 원이라고 하면 4년 후 갚아야 할 돈이 2,000만 원이므로, 이율은 r%, 개월 수를 n개월이라고 할 때, 복리와 단리를 계산하면 다음과 같다.

- 복리 : $(\text{원금})\times(1+r)^{\frac{n}{12}}=x\times1.08^4=2,000$

  $\therefore\ x=\frac{2,000}{1.08^4}=\frac{2,000}{1.36}\fallingdotseq1,471$만 원

- 단리 : $(\text{원금})\times\left(1+\frac{r}{12}\times n\right)=x\times(1+0.08\times4)=2,000$

  $\therefore\ x=\frac{2,000}{1.32}\fallingdotseq1,515$만 원

따라서 금액의 차이는 $1,515-1,471=44$만 원이다.

38

정답 ③

인증서 인증 과정을 거치지 못하였을 때, [4번 알림창]이 출력된다.

오답분석

① 수취 계좌가 존재하지 않을 때, [2번 알림창]이 출력된다.
② 이체 한도를 초과하였을 때, [3번 알림창]이 출력된다.
④ 은행 업무 시간이 아닐 때, [1번 알림창]이 출력된다.

39

정답 ④

가장 앞 4자리 수가 '2024'이고 거래 정지 계좌가 아닌 출금 가능 계좌이다. 따라서 4번 알림창이 출력된다.

40

정답 ②

가장 앞 4자리수가 '2024'이고 휴면 계좌이다. 따라서 2번 알림창이 출력된다.

제2영역 직무수행능력

금융일반 – 객관식

01	02	03	04	05	06	07	08	09	10
①	③	④	③	①	①	③	①	①	②
11	12	13	14	15	16	17	18	19	20
②	②	①	④	①	③	③	②	②	②
21	22	23	24	25	26	27	28	29	30
④	④	③	①	①	③	③	③	③	④

01

정답 ①

주가배수모형은 기업의 가치를 평가하는 상대가치평가법의 일종으로 PER, PBR, PSR, PCR이 있다. 반면, 고든의 성장모형은 주식의 내재가치를 평가하는 방법으로 회사의 배당금이 미래에 일정한 비율로 증가할 것으로 가정한다.

오답분석

② 주가수익비율(PER; Price to Earning Ratio) : 주가를 주당순이익으로 나눈 값으로, 기업의 수익성과 주가의 관계를 나타낸다.
③ 주가순자산비율(PBR; Price to Book Ratio) : 주가를 주당순자산으로 나눈 값으로, 기업의 자산 가치 대비 주가 수준을 나타낸다.
④ 주가매출액비율(PSR; Price to Sales Ratio) : 주가를 주당매출액으로 나눈 값으로, 기업의 매출액 대비 주가 수준을 나타낸다.

02

정답 ③

C재화는 배제성은 있으나 경합성은 없는 재화로, 유료 인터넷 등과 같이 요금을 지불함으로써 배제성은 있으나 재화를 사용하여 다른 사람의 소비에 영향을 미치지 않아 비경합성을 가진다.

오답분석

① A재화는 일상에서 소비하는 쌀, 과일 등 대부분의 재화가 해당한다.
② B재화는 무료도로와 같이 배제성은 없으나 이용자가 몰리면서 경합성을 나타낸다.
④ D재화는 국방 서비스, 막히지 않는 무료도로 등과 같은 공공재로써 비경합성, 비배제성을 나타낸다.

03

정답 ④

옵션 프리미엄은 내재가치와 시간가치를 합산한 값이다.

오답분석

② 금, 은, 원유, 곡물 등은 상품옵션의 기초자산이 된다.
③ 주식, 채권, 통화, 주가지수 등은 금융옵션의 기초자산이 된다.

04

정답 ③

인플레이션이 1%p 올랐을 경우 명목이자율은 1%p 이상으로 올려야 한다. 인플레이션이 오르면 인플레이션 압력을 줄이는 것이 필요하고, 이에 따라 명목이자율을 인플레이션 상승률보다 더 올려 실질이자율을 높이는 긴축적 통화정책을 시행하게 된다.

오답분석

① 테일러 준칙은 중앙은행이 설정하는 명목이자율의 기준이 되며, 정책금리를 변경하는 데 사용되는 이론적 근거를 제공한다.
④ 인플레이션과 산출량이 목표치보다 높은 수준인 경우 고금리 정책(긴축적 통화정책)을 권장한다.

05

정답 ①

정률법에 의한 감가상각비는 취득원가에서 기초감가상각누계액을 차감한 값에 상각률을 곱하여 구한다.
따라서 (1억 원−4,000만 원)×5%=300만 원이다.

06

정답 ①

공유자원은 소비에 대해 경합성이 있으나 배제가 불가능한 자원으로, 깨끗한 물을 사용하기 위해 경합성이 있으나 없으면 살 수 없어 배제가 불가능하다.

오답분석

② 소방 서비스는 배제가 가능하며, 소비에 있어서 경합성이 없는 자연독점 자원에 해당된다.
③ 의류는 배제가 가능하나, 소비에 있어서 경합성이 있는 사유재에 해당된다.
④ 치안은 배제가 불가능하며, 소비에 있어서 경합성이 없는 공공재에 해당된다.

07

정답 ③

우월전략 균형(내쉬균형)이 항상 파레토 최적의 상태를 나타내는 것은 아니다. 물론 우월전략 이외의 전략을 선택하는 것은 비합리적이기 때문에 선택하지 않는 것이 바람직하나, 죄수의 딜레마와 같이 파레토 비효율적인 상황에서 참가자가 서로 협력할 경우 최선의 이익을 가져다주는 경우도 존재한다.

08

정답 ①

매출원가는 기초재고액에 당기순매입액을 더한 값에서 기말재고액을 차감하여 구한다.
따라서 매출원가는 2,000+1,000−2,000=1,000만 원이다.

09

정답 ①

다각화전략은 신규시장에 신제품을 출시하여 시장을 개척하는 전략으로 가장 적극적인 성장지향 전략이라 할 수 있다.

오답분석

② 시장침투전략 : 기존시장에서 기존제품으로 매출액을 확대하는 전략으로 가장 보수적인 성장전략이다.
③ 신제품 개발전략 : 기존시장에서 신제품을 출시하는 전략으로 기존제품을 개량하거나 새로운 수요를 창출하는 성장전략이다.
④ 신시장 개척전략 : 신규시장에서 기존제품을 출시하는 전략으로 판매시장을 다변화하여 새로운 고객수요를 확보하는 성장전략이다.

10

정답 ②

내쉬균형에서는 2인 게임에서 서로 상대의 최선반응을 최선반응으로 대응할 경우, 양쪽의 전략이 모두 유지된다.

오답분석

③ 참가자 한쪽이 선택을 조정할 경우, 내쉬균형이 아닌 새로운 균형이 형성되어 다시 새로운 전략을 수립하게 된다.
④ 대표적인 예가 죄수의 딜레마이다. 죄수의 딜레마에서는 내쉬균형이 참가자 모두에게 손해를 입힐 수도 있다.

11

정답 ②

시장개발 전략을 통해 제품 및 서비스의 가격을 시장에서 수용할 수 있는 합리적인 가격으로 설정함으로써 비용을 절감할 수 있다.

오답분석

① 설문조사, 고객 맞춤형 관계형성 등을 통해 고객 충성도를 높일 수 있다.
③ 제품홍보, 유통 등을 통해 소비자 수요를 확대하여 수익을 증대시킬 수 있다.
④ 마케팅 계획, 고객관리 계획 등을 수립하여 홍보에 활용함으로써 효율성을 높일 수 있다.

12

정답 ②

우리나라는 통계청이 CPI를 조사한다. 한국은행은 5년에 한 번씩 소비자물가지수 산출에 필요한 물품을 선정하는 역할을 한다.

오답분석

① 소비자물가지수(CPI)는 소비자가 구입하는 상품이나 서비스의 가격변동을 나타내는 지수로 변동률의 변화를 토대로 인플레이션을 측정할 수 있다.
③ 소비자들은 물가가 상승하면 상대적으로 가격이 상승한 재화의 소비를 줄이는데 CPI는 이를 반영하지 못하는 한계가 있어 물가상승을 과대평가하게 된다.
④ GDP디플레이터는 소비자물가지수와 함께 한국은행이 통화정책을 결정하는 기초지수가 되며, 명목 GDP를 실질 GDP로 나눈 후 100을 곱한 값으로 구한다.

13
정답 ①

투자의 이자율탄력성이 클수록 IS곡선의 기울기는 완만해지므로 구축효과로 인해 재정정책의 효과는 작아진다.

오답분석

② 투자의 이자율탄력성이 작으면 IS곡선의 기울기가 가팔라져 금융정책의 효과는 작아진다.
③ 화폐수요의 이자율탄력성이 클수록 LM곡선의 기울기가 완만해져 재정정책의 효과는 커진다.
④ 화폐수요의 이자율탄력성이 작을수록 LM곡선의 기울기가 가팔라져 금융정책의 효과는 커진다.

14
정답 ④

랜덤워크 이론이란 주식 가격의 변화는 서로 독립적이므로 과거의 주식 가격 변화 움직임이나 시장 전체의 변화가 미래의 가격 변화를 추측할 수 없음을 의미한다.

오답분석

① 기본적 분석에 대한 설명이다.
②·③ 기술적 분석에 대한 설명이다.

15
정답 ①

묶어팔기는 여러 가지 제품을 하나로 결합하여 판매하는 전략으로 제품 간 음의 상관관계로 인해 소비자의 지불의사금액 차이가 줄어들어 더 많은 제품을 판매할 수 있는 판매전략이다. 묶어팔기 판매전략은 고객의 수요가 상이하고, 고객의 수요에 대한 정보를 사전적으로 파악할 수 없다. 또한 기업이 다른 제품도 팔고 있는 것을 전제로 하지만 제품의 수량은 묶어팔기 판매전략의 전제조건과는 관계가 없다.

16
정답 ③

코즈의 정리에 따르면 외부성이 존재하더라도 재산권이 명확하면 누구에게 귀속되는지와 관계없이 협상을 통한 효율적인 자원배분이 가능하다.

오답분석

① 소유권 귀속에 따른 소득효과는 발생하지 않는 것으로 가정한다.
② 협상을 할 때 비용이 존재하지 않는 것으로 가정한다.
④ 자원에 대한 재산권이 확립된 경우 재산권이 누구에게 귀속되는지와 관계없이 가장 효율적인 방법으로 사용할 수 있다.

17
정답 ③

마이클 포터 5포스 모델의 5가지 요소는 산업 내 경쟁, 구매자의 구매력, 공급자의 교섭력, 신규진입자의 위협, 대체재의 위협이다.

18
정답 ②

배당성향이 낮아지면 사내유보율이 높아지고 이로 인해 무상증자 등 자본금 확충 가능성이 증가한다.

오답분석

① 배당성향은 (배당금)÷(순이익) 또는 1−(사내유보율)로 구한다.
③ 지나친 배당으로 배당성향이 높아지면 기업 재무 상태에 부담이 될 수 있다.
④ 배당금은 순이익에서 지급되므로 당기순이익이 커질수록 배당성향은 높아지게 된다.

19
정답 ②

오답분석

① 국제회계기준은 회사별 상황에 따라 대손충당금 적립률을 합리적으로 결정하도록 하고 있다.
③·④ 대손상각비에 대한 설명이다.

20
정답 ②

주당 100원의 현금배당을 실시했으므로, 10,000,000주×100원=10억 원을 배당금으로 사용한다.
따라서 A기업의 배당 이후 PER은 20,000원÷200원(=20억 원÷10,000,000주)=100이다.

21
정답 ④

가장 효율적인 투자안은 가중평균자본비용(WACC)=

$$\frac{\text{자기자본비용}\times\text{자기자본}+\text{타인자본비용}\times\text{타인자본}\times(1-\text{법인세율})}{\text{자기자본}+\text{타인자본}}$$

이 가장 낮은 투자안이다. 따라서 법인세율은 동일하다고 하였으므로

$$\frac{\text{자기자본비용}\times\text{자기자본}+\text{타인자본비용}\times\text{타인자본}}{\text{자기자본}+\text{타인자본}}$$

이 가장 낮은 투자안이 가장 효율적인 투자안이다.

- A투자안 : $\frac{100\times200+200\times200}{200+200}=\frac{60,000}{400}=150$
- B투자안 : $\frac{200\times300+100\times200}{300+200}=\frac{80,000}{500}=160$
- C투자안 : $\frac{200\times200+100\times300}{200+300}=\frac{70,000}{500}=140$
- D투자안 : $\frac{100\times300+100\times200}{300+200}=\frac{50,000}{500}=100$

그러므로 D투자안이 가장 효율적이다.

22
정답 ④

포괄손익계산서에 특별손익 항목은 별도로 없다.

23

정답 ③

가중치를 장부가치 기준의 구성 비율이 아닌 시장가치 기준의 구성 비율로 하는 이유는 주주와 채권자의 현재 청구권에 대한 요구수익률을 측정하기 위해서이다.

24

정답 ①

먼저 2021년의 매출총이익을 구하기 위해 매출원가(기초재고+당기매입−기말재고)를 구할 때, 당기매입액은 매입에누리나 환출 등을 차감한 순금액으로 반영하므로 매출원가는 100,000+(280,000−0)−110,000=270,000원이다.

매출총이익(매출액−매출원가)을 계산함에 있어 매출액 역시 매출에누리나 환입 등을 차감한 순금액으로 반영하므로 2021년의 매출총이익은 (400,000−40,000)−270,000=90,000원이며, 매출총이익률(매출총이익÷매출액)은 90,000÷360,000×100=25%(매출원가율 75%)이다.

따라서 2021년의 매출총이익률이 2022년에도 동일한 경우 2022년의 매출원가는 2022년의 순매출액에 매출원가율 75%를 곱한 금액이므로 (500,000−20,000)×0.75=360,000원이며, 2022년의 기말재고 가액은 110,000+(400,000−10,000)−360,000=140,000원이다.

25

정답 ①

(유동비율)=[(유동자산)÷(유동부채)]×100
=(100÷50)×100=200%

오답분석

② (당좌비율)=[(당좌자산)÷(유동부채)]×100
=[(유동자산)−(재고자산)]÷(유동부채)×100
=80÷50×100=160%

③ (자기자본비율)=[(자기자본)÷(총자산)]×100
=(100÷200)×100=50%

④ [총자산순이익률(ROA)]=[(당기순이익)÷(총자산)]×100
=(10÷200)×100=5%

(부채비율)=[(부채)÷(자기자본)]×100=(100÷100)×100
=100%

26

정답 ③

제시된 두 사례는 이미 포진해 있는 수많은 경쟁자들과 치열한 경쟁을 해야 하는 레드오션 속에서 발상의 전환을 통하여 퍼플오션을 창출한 사례이다. 기존 인기 상품에 새로운 아이디어나 기술 등을 접목함으로써 경쟁자가 거의 없고 무한한 가능성을 지닌 미개척시장을 창출하였다.

오답분석

① 레드오션(Red Ocean) : 이미 잘 알려져 있어서 경쟁이 매우 치열한 특정 산업 내의 기존 시장을 의미한다. 산업의 경계가 이미 정의되어 있으며, 경쟁자의 수도 많으므로 같은 목표와 같은 고객을 두고 치열한 경쟁을 하게 된다.

② 블루오션(Blue Ocean) : 현재 존재하지 않거나 알려져 있지 않아 경쟁자가 없는 유망한 시장을 나타내는 말로, 시장 수요가 경쟁이 아니라 창조에 의해 얻어지며 아직 시도된 적이 없는 광범위하고 깊은 잠재력을 가진 시장을 비유하는 표현이다.

④ 그린오션(Green Ocean) : 최근 세계 각국이 환경 규제를 강화함에 따라 환경 분야에서 시장을 창출하자는 새로운 경영 패러다임에 의해 생겨났다. 친환경에 핵심 가치를 두고 환경·에너지·기후변화 문제 해결에 기여하는 '저탄소 녹색경영'을 통해 새로운 시장과 부가가치를 창출하는 기업들이 해당한다.

27

정답 ③

A ~ D증권의 포토폴리오 기대수익률을 구하는 식은 다음과 같다.

(0.1×0.2)+(0.2×0.15)+(0.3×0.1)+(0.4×0.05)
=0.02+0.03+0.03+0.02=0.1

따라서 10%이다.

28

정답 ③

기초자산의 가격이 권리행사가격보다 높아질 가능성이 커질수록 콜옵션 가격이 높아진다. 따라서 콜옵션은 기초자산의 가격이 높을수록 유리하다.

29

정답 ③

- 매출채권회전율 $=\frac{360}{40}=9=\frac{\text{매출}}{\text{200억}}$ → 매출 : 1,800억
- 재고자산회전율 $=\frac{1{,}800}{\text{재고자산}}=$18회 → 재고자산 : 100억
- 유동비율 $=\frac{\text{유동자산}}{\text{140억}}=$200% → 유동자산 : 280억
- 당좌비율 $=\frac{\text{280억}-\text{100억}}{\text{140억}}$ → $\frac{180}{140}$ → $\frac{9}{7}$

따라서 당좌비율은 $\frac{9}{7}$이다.

30

정답 ④

부채 듀레이션(D_L)을 구하는 식은 다음과 같다.

$=2\times\frac{\text{1,400(고객예금)}}{\text{2,800(총자산)}}+3.5\times\frac{\text{400(발행사채)}}{\text{2,800(총자산)}}$

=1+0.5=1.5

따라서 시대은행의 부채 듀레이션(D_L)은 1.5이다.

금융일반 - 주관식

01	02	03	04	05
150	㉠, ㉡, ㉣	3	㉠, ㉡	㉡, ㉣

01

정답 150

국내 GDP 증가액은 정부지출승수와 정부지출증가액의 곱으로 구할 수 있으며, 정부지출승수는 1÷(1−한계소비성향)으로 구할 수 있다. 따라서 정부지출승수는 1÷(1−0.8)=5, 정부지출증가액은 30조 원이므로 국내 GDP 증가액은 5×30=150조 원이다.

02

정답 ㉠, ㉡, ㉣

오답분석

㉢ 화폐수요는 이자율과 산출량에 의해 결정된다는 것은 유동성 선호이론에 대한 설명이다.

03

정답 3

I운수의 마을버스는 공공재이다. 공공재의 시장수요함수는 각 수요함수의 합이므로 $P=(8-Q)+(6-2Q)=14-3Q$이며, 한계비용(MC)과 가격(P)이 같아지는 수준에서 최적 생산량(운행대수)이 결정되므로 $14-3Q=5 \rightarrow Q=3$이다. 따라서 마을버스의 최적 운행대수는 3대이다.

04

정답 ㉠, ㉡

- A : ㉠ 대손충당금은 회수불능채권을 비용처리하기 위해 설정하는 회계 계정으로 대출부실 등 리스크에 대비하는 목적을 가진다.
- B : ㉡ 소비자물가지수(CPI)는 소비자 관점에서의 상품 및 서비스 가격 변동을 측정하여 인플레이션 변동을 측정하는 지수로 기준금리 결정에 중요한 영향을 미친다.

05

정답 ㉡, ㉣

㉡ 초코기업이 1만 원을 인수 가격으로 제시하면 파이기업은 자사 가치가 0원이거나 1만 원일 경우에만 인수에 동의하고, 2만 원일 경우에는 동의하지 않는다. 따라서 초코기업이 제시한 인수 금액이 1만 원일 때 인수 확률은 $\frac{1}{3}+\frac{1}{3}=\frac{2}{3}$이다.

㉣ 초코기업이 제시한 인수 금액이 1만 원인 경우 초코기업의 기대이득은 다음과 같다.

$\frac{1}{3}\times(0\times1.5-1)+\frac{1}{3}\times(1\times1.5-1)=-\frac{1}{6}$만 원

그러므로 인수 금액이 1만 원인 경우 초코기업의 기대이득은 음(−)임을 알 수 있다.

디지털 - 객관식

01	02	03	04	05	06	07	08	09	10
④	①	④	①	③	①	①	②	①	①
11	12	13	14	15	16	17	18	19	20
④	③	③	④	③	②	④	①	④	②
21	22	23	24	25	26	27	28	29	30
②	②	③	①	④	①	④	③	④	④

01

정답 ④

리눅스 권한 허가권 변경 명령어는 다음과 같다.

대상		권한 부여 여부	권한 기능
u : 소유자 g : 소유자 그룹 o : 기타 사용자 a : 전체 사용자		+ : 권한 추가 − : 권한 삭제 = : 권한 설정	r : 읽기 w : 쓰기 x : 실행
사용 예시	chmod o−w 파일 (※ 확장자까지 작성)	의미	기타 사용자에게 '파일'의 쓰기 권한을 삭제한다.

따라서 g는 사용자 허가권이 아닌 '소유자 그룹'을 나타낸다.

02

정답 ①

'chmod 755'는 소유자에게 읽기, 쓰기, 실행 권한을 주고 그룹 및 기타 사용자에게는 읽기와 실행 권한만 부여한다.

chmod의 의미

'chmod'는 chmod의 파일이나 디렉토리의 권한을 변경하는 데 사용하는 명령어로 기호 모드와 숫자 모드가 있다.

숫자모드의 경우 뒤 세 자리 수의 각 자리에 대한 의미는 다음과 같다.

구분	첫째 자리			둘째 자리			셋째 자리		
대상	소유자			그룹			기타 사용자		
기능	r	w	x	r	w	x	r	w	x
	4	2	1	4	2	1	4	2	1
	4+2+1=7			4+1=5			1		

각 대상에게 부여하는 권한은 읽기(r), 쓰기(w), 실행(x)이며, 각각 4, 2, 1 숫자에 대응시켜 기능에 대응되는 숫자의 합으로 권한을 결정한다.

예컨대 'chomd 751'을 통해 소유자는 모든 권한이 있고, 그룹은 읽기, 실행 권한만 있고, 기타 사용자는 실행 권한만 있음을 알 수 있다.

03

정답 ④

a와 b의 값을 텍스트로 정리하고, 합 연산자 '+'로 더하여 출력하므로 두 텍스트를 붙인 '57'이 출력된다.

04

정답 ①

문자열은 변경할 수 없는 자료형이므로, string 변수는 변경되는 것 없이 초깃값 그대로 출력된다.

05

정답 ③

Java(자바)에서는 Queue(큐)를 LinkedList를 활용하여 생성하므로 'Queue〈Integer〉 queue=new LinkedList〈Integer〉( );'로 선언하여 큐를 구현할 수 있다.

06

정답 ①

SVM은 최적 파라미터를 찾는 과정을 거치므로 적합한 모형을 찾고 구축하는 시간이 다소 긴 편이다.

07

정답 ①

HRN 스케줄링 방식은 비선점 방식으로 이루어진다.

08

정답 ②

우선순위가 높은 프로세스를 빠르게 처리할 수 있는 방식은 선점형 스케줄링 방식이다.

09

정답 ①

2NF를 만족해야 하는 것은 제3정규형으로, 제3정규형은 2NF를 만족하면서 이행 종속성을 제거하는 것이 목적이다.

10

정답 ①

자연어 이해(NLU; Natural Language Understanding)는 기계가 단어나 문장의 형태를 인식하여 분석하고 처리하는 자연어 처리(NLP; Natural Language Processing)를 넘어 자연어의 문맥과 의미를 인식하도록 하는 것으로 자연어 이해가 더욱 고차원적 처리 과정이다.

11

정답 ④

전체 모집단을 여러 군집으로 나눈 후 일부 군집을 무작위로 선택하고, 선택한 군집에서 다시 일부를 무작위로 선택하는 방법은 클러스터 샘플링이다. 유층 샘플링은 모집단을 속성에 따라 분류하고, 분류한 집단에서 임의로 고르는 방법이다.

12

정답 ③

대용량의 자료로부터 정보를 요약하고 미래에 대한 예측을 목표로 유용한 지식을 추출하는 방법은 데이터 마이닝이다. 통계분석은 어떤 현상을 종합적으로 한눈에 알아보기 쉽게 일정한 체계에 따라 숫자, 표, 그림의 형태로 나타낸 것이다.

13

정답 ③

블록체인에 일단 기록・저장된 정보를 수정하는 것은 매우 까다롭다. 또한 시간이 경과할수록 거래 기록이 계속 쌓이므로 블록체인 원장은 매우 방대한 규모의 저장 공간이 필요하게 된다. 최악의 경우에 저장 공간이 부족하다면 처리 속도가 느려지고 원장에 접근해 다운로드하는 일이 불가능해질 수도 있다.

오답분석

① 개방형 블록체인은 모든 거래 정보를 블록 단위로 기록해 모든 구성원(Peer)에게 전송하고, 블록의 유효성이 확보될 경우 이 새 블록을 기존의 블록에 추가 연결해 보관하는 방식의 알고리즘을 뜻한다. 즉, 거래 정보가 기록되는 원장(Ledger)을 모든 구성원이 각자 분산 보관하고, 신규 거래가 이루어질 때 암호 방식으로 장부를 똑같이 갱신(Update)함으로써 익명성과 함께 강력한 보안성을 갖춘 디지털 분산원장이라 할 수 있다.

② 퍼블릭 블록체인은 모두에게 개방돼 누구나 참여 가능한 개방형으로 통상적인 블록체인을 가리키고, 프라이빗 블록체인은 기관(기업)이 운영하며 사전에 허가받은 사람만 사용할 수 있는 폐쇄형이다. 퍼블릭 블록체인은 트랜잭션 내역이 모두에게 공개되어 네트워크에 참여한 모든 노드(Node)가 이를 검증하고 거래를 승인함으로써 신뢰도가 높지만, 모든 참여자의 거래 기록을 남기고 이를 공유하느라 처리 속도가 상대적으로 느리다. 반면에 프라이빗 블록체인은 승인받은 노드(Node)만 거래에 참여하고 다른 노드의 검증을 구할 필요가 없기에 처리 속도가 빠르지만, 서비스 제공자에게 의존해야 하기에 퍼블릭 블록체인에 비해 신뢰성에 한계가 있다.

④ 블록체인은 중앙기관이나 중개기관의 개입이 필요하지 않기 때문에 거래비용을 획기적으로 낮출 수 있다. 또한 디지털 환경에서 이루어지는 주식 거래, 각종 계약 체결, 송금, 자금이체 등 활용범위가 매우 넓고 잠재력 또한 크다. 따라서 디지털 전환(DT)을 추진하는 대부분의 금융기관들은 블록체인 기술을 적극 수용하고 있다.

14

정답 ④

ㄷ. 속성(Attribute)은 개체가 갖는 세부 정보(개체를 구성하는 요소)로서, 개체의 성질을 나타내는 더 이상 쪼갤 수 없는 정보의 단위이자 의미 있는 데이터의 가장 작은 논리적 단위를 가리킨다. ERD에서의 속성은 파일 구조에서의 '필드(Field)'에 대응되고, 개체는 '레코드(Record)'에 대응된다.

ㅁ. ERD에서 개체는 사각형으로, 속성은 타원으로, 관계는 마름모로 표현한다. 예컨대 어느 회사의 직원이 관리하는 서비스, 수행하는 과제를 ERD로 작성하면 다음과 같다.

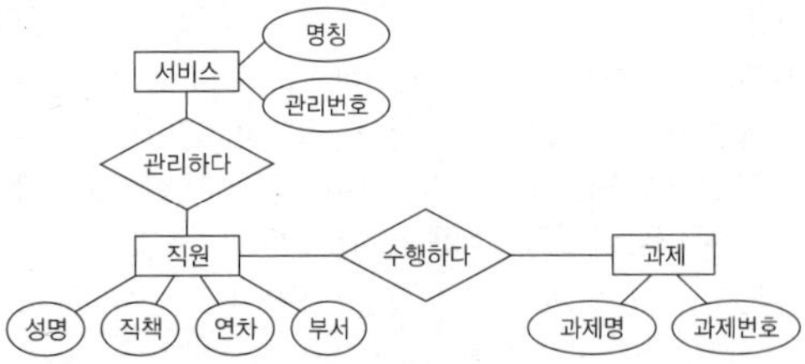

ㅂ. ○는 0개, |는 1개, <는 여러 개를 뜻한다.

- 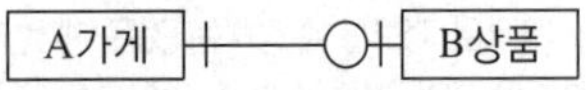

  : A가게에는 B라는 상품이 1개 또는 없을 수도 있다.
- 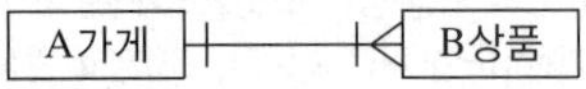

  : A가게에는 B라는 상품이 1개 또는 여러 개가 있다.

오답분석

ㄱ. ERD는 데이터베이스 구조를 모델링할 때 이를 구성하는 고유한 특성을 갖는 개체(Entity)의 속성(Attribute)과 이들 사이의 논리 관계(Relationship)의 집합을 네트워크 형태의 시각적 구조로 나타낸 도식(Diagram)을 뜻한다. 이러한 RD를 통해 데이터베이스의 전체 구조를 계획하고, 개체・속성・관계를 규정함으로써 효과적인 데이터베이스를 설계할 수 있다. 또한 ERD를 통해 데이터베이스에 발생한 특정 문제와 관련된 개체와 관계를 확인하고 원인을 찾아 해결안을 마련할 수 있다. 아울러 ERD를 통해 데이터베이스의 구조와 기능을 문서화해 기록해 두면 향후 시스템을 유지・보수・업데이트할 때 참고할 수 있다.

ㄴ. 개체(Entity)는 의미 있는 정보의 단위로서, 파일 처리 시스템에서는 1건의 자료를 구성하는 레코드에 해당된다. 개체는 다른 개체와 구별되는 이름이 있고, 각 개체는 1개 이상의 속성(고유한 특성이나 상태)을 갖는다. 예컨대 '대학생'이라는 개체는 '이름, 전공, 학번' 등의 속성(Attribute)을 갖는다.

ㄹ. 관계(Relationship)는 개체 간의 의미 있는 연관성을 가리킨다. 예컨대 '학생'과 '과목'이라는 개체는 '수강'이라는 관계로 연결될 수 있다.

15 정답 ③

ㄱ. 비선점형 스케줄링은 프로세스에 이미 할당된 CPU를 강제로 빼앗을 수 없고 사용이 끝날 때까지 기다려야 한다. 정해진 순서대로 처리된다는 공평성이 있으며, 다음에 어떠한 프로세스가 있다 해도 응답 시간을 예상할 수 있다. 반면 선점형 스케줄링은 CPU를 할당받지 않은 프로세스가 CPU를 할당받은 프로세스를 강제로 중지함으로써 CPU를 빼앗을 수 있으며, 빠른 응답 시간을 요구하는 시스템에 주로 쓰인다.

ㄹ. HRN(Highest Response-ratio Next) 방식은 실행 시간이 긴 프로세스에 불리한 SJF 방식을 보완하기 위한 방식으로, 대기 시간과 실행 시간을 이용하는 방식이다. 즉, 대기 시간과 CPU 사용 시간(실행 시간)을 고려해 스케줄링한다. 우선순위를 계산해 그 숫자가 가장 높은 것부터 낮은 순서로 우선순위를 부여한다$\left[\frac{\text{대기 시간}+\text{실행(서비스) 시간}}{\text{실행(서비스) 시간}}\right]$. SJF 방식에 비해 기아(Starvation) 현상이 완화되지만 여전히 공평성에 위배된다는 한계가 있다.

ㅁ. SRT(Shortest Remaining Time) 방식은 SJF 방식과 RR 방식을 혼합해 선점 형태로 변경한 것으로, 현재 실행 중인 프로세스의 남은 시간과 준비 상태 큐에 새로 도착한 프로세스의 실행 시간을 비교해 가장 짧은 실행 시간을 요구하는 프로세스에 CPU를 할당한다. 남은 처리 시간이 더 짧은 프로세스가 준비 상태 큐에 들어오면 그 프로세스가 바로 선점된다. 그러나 남은 실행 시간을 주기적으로 계산해야 하고, 남은 시간이 적은 프로세스와 문맥 교환(Context Switch)을 해야 하기에 다소 효율적이지 못하며, 프로세스의 종료 시간을 예측하기 어렵다는 단점이 있다.

ㅅ. 다단계 큐(Multi – level Queue) 방식에 대한 설명이다. 다단계 큐 방식은 우선순위에 따라 다단계로 나뉘어 있어 프로세스가 큐에 삽입되면 우선순위가 결정된다. 다만 우선순위가 높은 상위 큐 프로세스의 작업이 끝나기 전에는 하위 큐 프로세스의 작업이 불가능하다. 반면 다단계 피드백 큐(MFQ; Multi – level Feedback Queue) 방식은 FCFS(FIFO) 방식과 RR 방식을 혼합한 것으로, 다단계 큐 방식과 달리 특정 그룹의 준비 상태 큐에 들어간 프로세스가 다른 준비 상태 큐로 이동할 수 있다. 우선순위를 가진 여러 단계의 준비 큐를 사용하며 새 프로세스가 큐잉 네트워크에 들어올 때는 CPU를 차지할 때까지 큐에서 FCFS(FIFO) 형태로 이동하고, 작업이 끝나거나 CPU를 넘겨주는 경우에는 그 작업이 큐잉 네트워크를 떠나게 된다. 새로운 프로세스는 높은 우선순위를 가지고 프로세스의 실행 시간이 길어질수록 점점 우선순위가 낮은 큐로 이동하고 마지막 단계의 큐에서는 프로세스가 완성될 때까지 RR 방식으로 순환된다.

오답분석

ㄴ. FCFS(First Come First Service) 또는 FIFO(First In First Out) 방식은 모든 프로세스의 우선순위가 동일하며, 프로세스가 실행되면 그 프로세스가 끝나야 다음 프로세스를 실행할 수 있다. 다만 처리 시간이 긴 프로세스가 CPU를 차지하면 다른 프로세스는 기다려야 하기에 시스템의 효율성이 떨어질 수 있다.

ㄷ. SJF(Shortest Job First) 방식은 프로세스가 준비 상태 큐에 도착하는 시점을 기준으로 프로세스들 중에서 실행 시간이 가장 짧은 프로세스에 먼저 CPU를 할당하는 방식이다. 그러나 작업 시간이 긴 프로세스가 계속 연기되며 실행되지 않는 기아(Starvation) 상태(무한 연기)가 발생할 수 있다.

ㅂ. RR(Round Robin) 방식은 FCFS 알고리즘을 선점 형태로 변형한 방식이다. FCFS 방식처럼 준비 상태 큐에 먼저 들어온 프로세스에 먼저 CPU를 할당하지만, 각 프로세스는 시간 할당량(Time Slice, CPU를 사용할 수 있는 최대 시간) 동안만 실행한 후 실행이 완료되지 않으면 다음 프로세스에 CPU를 넘겨주고 준비 상태 큐의 가장 뒤로 배치되어 대기하게 된다. 각 프로세스는 같은 크기의 동일한 CPU 시간을 할당받고 선입선출에 의해 수행된다. 다만 할당 시간이 짧아지면 문맥 교환으로 인한 오버헤드가 자주 발생되어 작업을 신속히 처리하기 어렵다.

16

정답 ②

분류 모델의 예측 정확성을 평가할 때 사용하는 혼동행렬은 둘 이상의 그룹으로 분류하는 알고리즘의 수행 능력을 평가하기 위해 분류 결과를 시각화한 표를 뜻한다. 혼동행렬을 통해 분류 모델이 어떤 클래스를 더 잘 예측하는지, 오류(Error)가 어느 클래스에서 더 많이 발생하는지 등을 파악할 수 있다. 이러한 정보를 토대로 분류 모델의 성능을 평가하고 개선할 수 있다. 제시된 자료는 위암 여부를 검사하는 자료이므로 '긍정(Positive, 양성)'은 위암 발병을, '부정(Negative, 음성)'은 위암이 아님(정상)을 의미한다. 문제에서 제시된 내용을 토대로 진양성(TP), 위음성(FN), 위양성(FP), 진음성(TN) 등과 합계를 나타내면 다음과 같다.

예측값 / 실젯값	위암 환자가 맞을 것이다 (Positive)	위암 환자가 아닐 것이다 (Negative)	합계
위암 환자가 맞다 (Positive)	400명(TP)	100명(FN)	500명
위암 환자가 아니다 (Negative)	600명(FP)	900명(TN)	1,500명
합계	1,000명	1,000명	2,000명

㉠ 정확도는 예측한 전체 건수 중에서 사실에 적중한 것의 비율이므로 정확도를 계산하는 식은 '(진양성+진음성)÷(진양성+위양성+진음성+위음성) → (TP+TN)÷(TP+FP+TN+FN)'이다. 정확도가 높을수록 현실에 부합한 비율이 높은 것이므로 활용도가 높다고 평가할 수 있다. 따라서 정확도는 $\frac{400+900}{400+600+900+100}=\frac{1,300}{2,000}=0.65$이다.

㉡ 정밀도는 양성이라고 예측한 것 중에서 적중한 비율이므로, 정밀도를 계산하는 식은 '진양성÷(진양성+위양성) → TP÷(TP+FP)'이다. 정밀도가 높을수록 긍정적인 예측이 적중한 비율이 높다는 뜻으로 안정성이 높다고 평가할 수 있다. 따라서 계산식에 따라 정밀도를 구하면 $\frac{400}{400+600}=\frac{400}{1,000}=0.4$이다.

㉢ 재현율은 실제로 양성일 때 예측 결과도 양성인 비율이므로, 재현율을 계산하는 식은 '진양성÷(진양성+위음성) → TP÷(TP+FN)'이다. 재현율이 높을수록 현실이 긍정일 때 그 예측이 제대로 잘 이루어지고 있다고 평가할 수 있다. 따라서 계산식에 따라 재현율을 구하면 $\frac{400}{400+100}=\frac{400}{500}=0.8$이며, 실제 위암 환자를 위암 환자로 옳게 진단한 비율이 80%이므로 예측력을 신뢰할 수 있다고 평가할 수 있다.

㉣ 특이도는 음성을 대상으로 예측한 것 중에서 적중한 비율이므로, 특이도를 계산하는 식은 '진음성÷(진음성+위양성) → TN÷(TN+FP)'이다. 특이도가 높을수록 현실이 부정일 때 그 예측이 제대로 잘 이루어지고 있다고 평가할 수 있다. 따라서 계산식에 따라 특이도를 구하면 $\frac{900}{900+600}=\frac{900}{1,500}=0.6$이다.

17

정답 ④

LRU 알고리즘은 최근에 가장 오랫동안 사용하지 않은 페이지를 교체하는 기법이다. 페이지마다 계수기나 스택을 두어 현시점에서 가장 오랫동안 사용하지 않은, 즉 가장 오래 전에 사용된 페이지를 교체한다. 가장 최근에 사용한 페이지가 스택(후입선출구조)의 top에 위치하게 되고 나머지는 bottom 쪽으로 이동한다. 내부적으로 삽입(push)과 삭제(pop) 동작이 이루어진다.

삽입	1	2	3	4	5	3	4	2	5	4	6	7	2	4
top				4	5	3	4	2	5	4	6	7	2	4
↑			3	3	4	5	3	4	2	5	4	6	7	2
		2	2	2	3	4	5	3	4	2	5	4	6	7
bottom	1	1	1	1	2	2	2	5	3	3	2	5	4	6

마지막으로 삽입된 데이터는 top에 위치하고 1 ~ 4까지는 그대로 입력되며 5를 삽입하기 위해서 가장 오래전에 사용한 1을 교체한다. 4까지 입력된 상태에서 4, 3, 2, 1을 순서대로 출력하고 2, 3, 4, 5를 입력한다. 스택 구조는 후입선출구조로 가장 마지막에 입력된 데이터가 가장 먼저 출력된다. top은 스택의 포인터로 삽입과 삭제가 이루어지는 곳을 말하며 초기상태는 top과 bottom이 동일한 위치(0에 위치)이다. top 포인터를 1 증가시킨 후 데이터를 삽입할 수 있다. 따라서 ④가 최종 스택의 내용으로 옳다.

18

정답 ①

제시된 알고리즘은 입력받은 수 N의 모든 약수를 출력하고 종료하는 순서도이다. '반복 L=1, N, 1'의 의미는 'L은 초깃값 1에서 시작하며 N이 될 때까지 반복된다.'이다.

예를 들어 N=10이라면, '반복 L=1, 10, 1'처럼 표현될 수 있고, 의미는 'L은 1에서 시작하여 10이 될 때까지 반복된다.'이다. 그러면 L=1, 2, 5, 10일 때 mod(N, L)=0이고, L=3, 4, 6, 7, 8, 9일 때 mod(N, L)≠0이므로 출력되는 L값은 1, 2, 5, 10이다. 따라서 알고리즘이 N회 반복되는 동안 L은 N의 약수일 때만 출력되므로 L이 출력되는 횟수는 N과 같거나 작다.

오답분석

② 1을 제외한 모든 양의 정수는 약수의 개수가 2개 이상이다. 따라서 N=1일 경우에는 '1'만 출력되고, 나머지 수는 최소 2개 이상 출력된다.

③ N이 1보다 클 때, 출력된 L 값의 합의 최솟값은 (N+1)이므로 항상 N보다 크다.

④ mod(N, L)는 N을 L로 나눴을 때의 나머지를 구하는 함수이다.

19

정답 ④

데이터베이스에서 알 수 없는 값, 할당할 수 없는 값, 적용할 수 없는 값 등을 표시할 때 널(Null)을 사용하며 0이나 공백과는 다른 의미이다.

20

정답 ②

DISTINCT는 중복행을 제외하고 검색하라는 명령이다.

21

정답 ②

출발지와 목적지의 IP 주소를 속여 공격하는 것은 Land 공격(Attack)에 대한 설명이다.

> **Exploit 공격**
> 컴퓨터의 소프트웨어나 하드웨어 및 컴퓨터 관련 전자 제품의 버그, 보안 취약점 등 설계상 결함을 이용해 공격자의 의도된 동작을 수행하도록 만들어진 절차나 일련의 명령, 스크립트, 프로그램 또는 특정한 데이터 조각을 말하며, 이러한 것들을 사용한 공격 행위를 이른다.

22

정답 ②

인터럽트 사이클은 프로그램 계수 장치에 저장된 현재의 주소가 특정 영역에 보관되었다가 다시 장애가 발생했던 지점으로 되돌아가는 주기이다. 내・외적인 여러 요인에 의해 컴퓨터 시스템에 인터럽트가 발생하면, 실행 중인 프로그램을 특정 장소에 보관하고 인터럽트를 처리하기 위한 서비스 프로그램을 수행하게 되는데, 이러한 일련의 과정을 인터럽트 사이클이라고 하며 실행 사이클의 마지막에서 시작된다.

23

정답 ③

DMA에 대한 설명으로 DMA가 메모리 접근을 하기 위해서는 사이클 스틸(Cycle Steal)을 해야 한다.

> **사이클 스틸(Cycle Steal)**
> 입출력 채널과 주기억 사이의 데이터 전송 방식의 하나로 보통은 중앙 처리 장치가 주기억을 사용하고 있는데, 입출력 시에는 채널로부터 주기억으로의 접근 요구가 있을 수 있다. 이때 양자의 접근이 경합하면 채널로부터의 요구를 우선으로 하여, 채널이 중앙 처리 장치의 기억 사이클을 빼앗는 형태로 처리하게 한다.

24

정답 ①

RAID는 여러 대의 하드디스크가 있을 때 동일한 데이터를 다른 위치에 중복해서 저장하는 기술로, 하드디스크의 모음뿐만 아니라 자동으로 복제해 백업 정책을 구현한다.

25

정답 ④

채널은 정보의 발생원으로부터 수요처에 이르는 선로와 장비들을 포함하는 기능적인 접속 회로로, CPU와는 독립적으로 작동하여 입출력을 완료한다.

26

정답 ①

캐시메모리는 CPU와 주기억장치 사이의 속도 차이를 줄이기 위한 고속 메모리로 주기억장치보다 소용량으로 구성되며, 주로 SRAM을 사용한다.

27

정답 ④

대체키는 후보키들 중에서 기본키를 제외한 나머지 후보키이다.

28

정답 ③

최근 트래픽 패턴이 동적으로 변화하면서 네트워크 규모 예측이 어려워지고 있다.

29

정답 ④

데이터베이스의 특징 중 '계속적인 변화(Continuous Evolution)'로 데이터베이스는 동적인 특성이 있어 데이터를 계속 삽입(Insert)・삭제(Delete)・수정(Update)하여 현재의 정확한 데이터를 유지해야 한다.

오답분석

① 실시간 접근(Real – Time Accessibility) : 데이터베이스는 사용자의 데이터 요구에 실시간으로 응답할 수 있어야 한다.
② 동시 공유(Concurrent Sharing) : 데이터베이스는 여러 사용자가 동시에 이용할 수 있는 동시 공유의 특성을 제공해야 한다.
③ 내용으로 참조(Content Reference) : 데이터베이스는 저장된 주소나 위치가 아닌 데이터의 내용(Content), 즉 값(Value)으로 참조할 수 있다.

30

정답 ④

(A) push( ) : 스택에 데이터를 삽입한다.
(B) isfull( ) : 스택에 원소가 없으면 false 값을 반환하며 있으면 true 값을 반환한다.
(C) isem pty( ) : 스택에 원소가 없으면 true 값을 반환하고 있으면 false 값을 반환한다.

디지털 - 주관식				
01	02	03	04	05
33	7	㉠, ㉡, ㉤	㉡	0

01

정답 33

후입선출(Last In First Out)은 나중에 들어온 것이 먼저 나가는 형태이다. 제시된 일렬번호 순서대로 물품을 입력하고 출력하는 과정을 정리하면 다음과 같다.

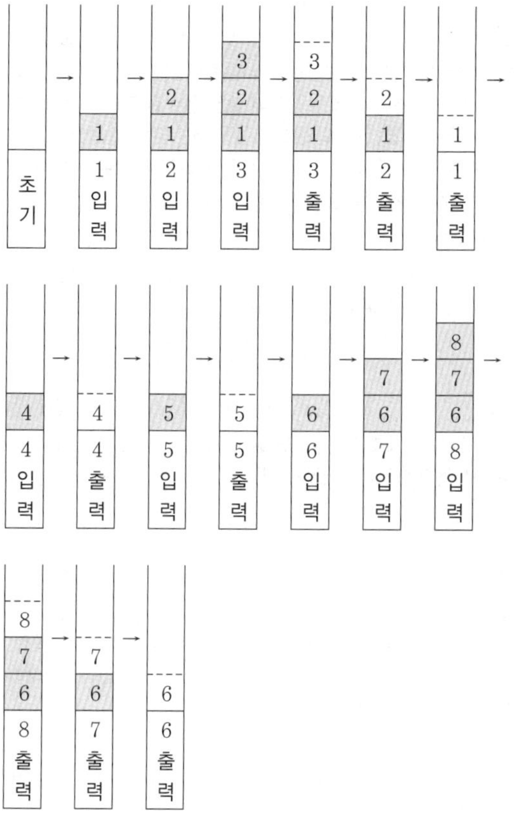

따라서 A=3, B=4, C=4, D=6, E=8, F=8이므로 A+B+C+D+E+F=3+4+4+6+8+8=33이다.

02

정답 7

제시된 Java 프로그램은 'scan.nextInt();' 명령어에 의해 입력한 수를 정수로 받은 후 coins 배열의 (n−1)번째 수를 나누었을 때의 나머지를 n번째 수로 나누었을 때의 몫의 합을 더하는 프로그램이다. 따라서 1,450을 500으로 나누었을 때의 몫은 2, 450을 100으로 나누었을 때의 몫은 4, 50을 50으로 나누었을 때의 몫은 1이므로 출력되는 값은 2+4+1=7이다.

03

정답 ㉠, ㉡, ㉤

㉠ 리눅스는 1991년 리누스 토르발스가 중대형 컴퓨터에서만 사용 가능하던 유닉스를 기반으로 어셈블리어로 개발해 개인용 컴퓨터에서도 사용 가능한 운영체제로서, 프로그램 소스 코드를 무료로 공개했기 때문에 사용자는 자신이 원하는 대로 특정 기능을 추가할 수 있다.

㉡ 전 세계적으로 수백만 명 이상의 프로그래머들이 리눅스 개발자 그룹에 참여하고 있으며, '다수를 위한 공개'라는 원칙에 따라 지속적인 개발과 향상이 이루어지고 있다.

㉤ 리눅스는 유닉스를 기반으로 만들어졌기에 유닉스와 대부분 호환이 가능하다. 리눅스는 인터넷 프로토콜(TCP/IP)을 적극 지원하는 등 네트워크 작업에 매우 유용하다. 또한 각종 주변기기에 따라, 사용하는 시스템의 특성에 따라 소스를 변경할 수 있으므로 다양한 변종이 등장하고 있다. 리눅스는 데스크톱의 용도 외에도 웹서버, 클라우드 컴퓨팅, 모바일 기기, 임베디드 기기, 사물인터넷 디바이스 등 다양한 분야에서 활용되고 있다.

오답분석

㉢ 커널은 리눅스 운영체제의 핵심으로, 하드웨어를 제어하는 기능을 한다. 다른 운영체제와 마찬가지로 운영체제가 제공하는 메모리나 하드디스크 등의 디바이스 관리 및 프로세스에 대한 제어, 네트워크 연결 및 설정 관리, 파일 시스템 할당 등의 역할을 한다. 또한 셸(Shell)은 커널과 사용자를 연결하는 인터페이스로서, 사용자 명령을 해석하고 실행하기 위한 도구이다.

㉣ 리눅스는 CLI뿐만 아니라 윈도우(Windows)처럼 GUI(Graphical User Interface)에서도 작동한다. 여기서 CLI는 도스나 명령 프롬프트처럼 사용자가 문자를 입력해 컴퓨터에 명령을 내리는 방식으로, 자원을 적게 차지하면서도 안정적이고 빠르다. 그러나 CLI를 능숙히 다루려면 명령어 암기, 스크립트 학습 등 오랜 교육이 필요하다는 점에서 숙련된 기술을 갖추어야 한다는 단점이 있다.

04

정답 ㉡

비선점형 스케줄링은 이미 사용되고 있는 CPU의 사용이 끝날 때까지 기다리는 스케줄링 기법으로, 응답시간을 예측할 수 있고 일괄처리방식이 적합하며 모든 프로세스의 요구에 대해서 공정하다.

05

정답 0

C의 초깃값이 0이기 때문에 몇 번을 곱해도 C는 0이다.

IBK기업은행 필기시험

제1회 모의고사 정답 및 해설

제 1 영역 NCS 직업기초능력

01	02	03	04	05	06	07	08	09	10
①	②	④	②	②	④	④	①	③	②
11	12	13	14	15	16	17	18	19	20
①	④	①	①	④	②	②	④	④	②
21	22	23	24	25	26	27	28	29	30
③	④	④	①	④	①	④	③	②	④
31	32	33	34	35	36	37	38	39	40
③	②	③	①	②	④	②	③	④	④

01 정답 ①

제시문은 '탈원전 · 탈석탄 공약에 맞는 제8차 전력수급기본계획안 수립 → 분산형 에너지 생산시스템으로의 정책 방향 전환 → 분산형 에너지 생산시스템에 대한 대통령의 강한 의지 → 중앙집중형 에너지 생산시스템의 문제점 노출 → 중앙집중형 에너지 생산시스템의 비효율성'의 내용으로 전개되고 있다. 따라서 제시문은 일관되게 '에너지 분권의 필요성과 나아갈 방향을 모색해야 한다.'는 점을 말하고 있다.

오답분석

② 다양한 사회적 문제점들과 기후, 천재지변 등에 의한 문제점들을 언급하고 있으나, 이는 글의 주제를 뒷받침하기 위한 이슈이므로 글 전체의 주제로 보기는 어렵다.
③ 제시문에서 언급되지 않았다.
④ 전력수급기본계획의 수정 방안을 제시하고 있지는 않다.

02 정답 ②

제시문은 집단 수준의 인과가 개연성을 지닌다는 관점과 필연성을 지닌다는 관점 두 가지를 스트레스와 병의 사례를 통해 설명하고 있다.
각 문단의 핵심 내용을 요약하면 첫 번째 문단은 집단 수준의 인과의 필연성, 두 번째 문단은 집단 수준의 인과의 개연성, 세 번째 문단은 개별자 수준과 집단 수준의 인과를 독립적으로 보는 관점, 마지막 문단은 개별자 수준과 집단 수준의 인과를 연관된 것으로 보는 관점이다.

03 정답 ④

4D 프린팅은 기존 3D 프린팅에 '시간'을 추가한 개념으로 시간의 경과, 온도의 변화 등 특정 상황에 놓일 경우 출력물의 외형과 성질이 변한다. 따라서 물의 온도가 높을 때는 닫히고, 물의 온도가 낮아지면 열리는 것과 같이 물의 온도 변화에 따라 달라지는 수도 밸브는 4D 프린팅을 통해 구현할 수 있다.

오답분석

①·②·③ 시간의 경과나 온도의 변화 등과 관계없는 제품으로, 3D 프린팅을 통해 구현 가능하다.

04 정답 ②

20 ~ 24세 연령층의 여성 고용률이 증가한 이유는 최근 늘어난 시간제 일자리에 흡수되었기 때문이다.

05 정답 ②

시행규칙 제2조를 보면 개인정보를 제3자에게 제공하는 경우 목적 외 이용 등을 한 날짜, 목적 외 이용 등의 법적 근거·목적, 목적 외 이용 등을 한 개인정보의 항목을 관보 또는 인터넷 홈페이지에 게재해야 한다.

오답분석

① 제15조 제1항 제1호를 보면 정보주체의 동의를 받은 경우 개인정보를 수집할 수 있다.
③ 제15조 제1항 제2호에서 확인할 수 있다.
④ 제15조 제2항 제1호를 보면 개인정보의 수집·이용 목적이 변경된 경우 정보주체에게 알리고 동의를 받아야 한다.

06 정답 ④

제7조 제2항에 따르면 '급여이체 우대이율'은 신규일로부터 3개월 이내에 1회 이상의 급여이체 실적이 있는 고객의 계좌에 연 0.3%p 적용된다.

07 정답 ④

채권을 발행한 기업의 경영 환경이 악화되면 지급 불능 위험이 높아지므로, 채권 가격은 떨어지게 된다.

08

정답 ①

빈칸 앞의 '금리는 현재가치에 반대 방향으로 영향을 준다.'와 빈칸 뒤의 '금리가 상승하면 채권의 현재가치가 하락하게 되고'는 논리적 모순 없이 인과관계를 이룬다. 그러므로 빈칸에는 '따라서'가 가장 적절하다.

09

정답 ③

확정기여형(DC) 퇴직연금유형은 근로자가 선택하는 운용 상품의 운용 수익률에 따라 퇴직 급여가 달라진다.

오답분석

① 확정급여형(DB)과 확정기여형(DC)은 운영방법의 차이로 인해 퇴직연금 수준이 달라질 수 있다.
② 확정급여형에서는 기업부담금이 산출기초율로 정해지며, 이는 자산운용 수익률과 퇴직률 변경 시 변동되는 사항이다.
④ 확정급여형은 직장이동 시 합산이 어렵기 때문에 직장이동이 잦은 근로자들은 확정기여형을 선호할 것이라고 유추할 수 있다.

10

정답 ②

운용 현황에 관심이 많은 근로자는 확정기여형 퇴직연금유형에 적합하다.

11

정답 ①

이자지급식주기는 매년 3월, 6월, 9월, 12월의 제3토요일 결산 후 익일에 지급된다고 하였으므로, 두 번째 이자 지급은 3개월마다 셋째 주 일요일에 지급되지만, 최초 가입일에 따라 첫 번째 이자지급일은 3개월 이내에 지급될 수 있다.

오답분석

② 계좌 잔액이 1억 원 미만까지는 많을수록 기본 약정이율도 증가하지만, 1억 원 이상인 경우 기본 약정이율은 최저로 감소한다.
③ 동일 사업자당 1계좌만 가입이 가능하므로, 여러 개의 사업자등록증 소지 시에는 그 개수만큼 계좌가입이 가능해진다.
④ 잔액증명서 발급수수료는 비대면 채널로 발급받을 경우에만 발급수수료가 무료로 제공되는 기본우대 내용이다.

12

정답 ④

기여형의 경우 무이자예금으로 가입되며, 가입금액에 대한 이자는 혁신창업기업에 지원된다. 따라서 만기 시 받는 금액은 가입금액 그대로를 돌려받게 된다.

오답분석

① 계약기간이 3년인 가입자의 약정이율은 '36개월 이상' 구간에 적용되는 약정이율인 3.30%이고, 계약기간이 1년인 가입자의 약정이율은 '12개월 이상 ~ 24개월 미만' 구간에 적용되는 약정이율인 3.15%이므로 전자가 후자보다 0.15%p 더 높다.
② IBK혁신창업기업응원통장은 거치식예금 상품으로 최초 가입일 이후 입금은 불가능하지만, 중도해지를 통한 출금은 가능하다.
③ 금리혜택을 적용받기 위해서는 '기본형'으로 가입하여야 하므로 대면 및 비대면 채널 모두 가입이 가능하다.

13

정답 ①

납기일에 잔액이 부족한 경우, 잔액 한도 내에서 먼저 출금이 되고 미납금은 익월 10일, 25일에 재출금된다.

14

정답 ①

- A씨 : 7일에 자동이체 신규 신청을 하였으므로 정기 청구파일 생성일인 6월 4일을 넘겨서 신청하였다. 따라서 A씨의 신청분은 6월 보험료부터 자동이체가 적용되므로 다음 달인 7월 10일에 출금된다.
- B씨 : 출금일은 매달 10일이고 정기 청구파일 생성일은 납부마감일로부터 휴일을 제외한 3일 전인 5일이다. B씨는 정기 청구파일 생성일보다 전인 6월 3일에 자동이체 해지 신청을 했으므로, 신청한 날 즉시 자동이체 해지를 적용한다.

15

정답 ④

고객의 문의 내용을 보았을 때, 고객은 이자율이 3.0% 이하인 상품을 원한다고 하였으므로, 상품 중 기본금리가 3.0% 이하인 든든대출과 신뢰대출을 비교해 본다. 먼저 든든대출은 사회초년생을 대상으로 하고 있지만 2,000만 원 이상 대출 시 사은품 제공, 예금상품 동시 가입 시 금리 우대를 제공한다. 또한 신뢰대출은 혜택에 자사 예금상품이 있는 경우 200만 원 한도로 무이자 대출을 제공한다. 고객은 100만 원 정도 대출하기를 원하고, I은행 예금상품을 사용하므로 신뢰대출로 무이자 대출이 가능하다.
따라서 고객에게 '신뢰대출'을 추천하는 것이 가장 적절하다.

16

정답 ②

고객은 2년 동안 상환할 수 있는 상품을 원하고 있으므로 3개월 이내 상환해야 하는 이지대출은 이용할 수 없다. 또한 만 36세이므로 사회초년생 대상 대출인 든든대출도 가입할 수 없고, 자사 상품 가입 내용이 없어 신뢰대출도 받을 수 없다. 그리고 일사천리 대출은 스마트폰 전용 상품으로 고객이 스마트폰 사용을 하지 않아 가입할 수 없다.
따라서 고객에게 적절한 대출상품은 일반 고객 대상으로 제공하고, 다자녀 우대금리를 적용받을 수 있는 '안심대출'이다.

17

정답 ②

성수기는 매년 별도 공지가 되고 그 시기는 여름과 겨울로 한정한다.

오답분석

① 금요일은 주말에 포함되므로 월평균소득이 246만 원을 초과하는 근로자는 이용할 수 없다.
③ 이용요금은 조식이 포함되어 있지 않은 가격이며, 조식 가격에 대한 정보는 알 수 없다.
④ 기본점수는 매년 1회 부과되고 연령이 높을수록 높은 점수가 부과된다.

18

정답 ④

병의 경우 월소득이 300만 원으로 월평균소득 246만 원을 초과하여 성수기와 주말에는 이용할 수 없으므로 순위에서 제외된다.
휴양콘도 이용우선순위의 첫 번째는 주말, 성수기 선정박수가 적은 근로자이므로 주말과 성수기 이용횟수가 적은 을이 우선 이용자여야 하지만, 신혼여행의 경우 최우선 선정대상이기 때문에 정이 우선, 을이 두 번째 순위자가 된다.
갑과 A씨는 주말, 성수기 선정박수가 동일하므로 이용가능 점수를 비교하여 우선순위를 가려야 한다.
갑은 55세로 연령에 따른 기본점수 100점에 성수기에 1박 이용하였으므로 20점을 차감하여 80점이고, A씨는 33세이므로 기본점수 80점에 주말 1박 이용하였으므로 10점을 차감하여 70점이 된다. 따라서 갑이 세 번째, A씨가 네 번째 순위자가 된다.

19

정답 ④

출산장려금 지급 시기의 가장 우선순위인 임신일이 가장 긴 임산부는 B, D임산부이다. 이 중에서 만 19세 미만인 자녀 수가 많은 임산부는 D임산부이다. 따라서 D임산부가 가장 먼저 출산장려금을 받을 수 있다.

20

정답 ②

먼저 A사원의 말이 거짓이라면 A사원과 D사원 두 명이 3층에서 근무하게 되고, 반대로 D사원의 말이 거짓이라면 3층에는 아무도 근무하지 않게 되므로 조건에 어긋난다. 따라서 A사원과 D사원은 진실을 말하고 있음을 알 수 있다. 또한 C사원의 말이 거짓이라면 아무도 홍보팀에 속하지 않으므로 C사원도 진실을 말하고 있음을 알 수 있다. 그러므로 거짓말을 하고 있는 사람은 B사원이며, 이때 B사원은 총무팀 소속으로 6층에서 근무하고 있다.

21

정답 ③

B주임이 받은 점수를 평가항목별 만점으로 나누어 표준화하면 다음과 같다.

- 응대 서비스 : $\frac{28}{35}=0.8$
- 업무처리 : $\frac{21}{25}=0.84$
- 상담능력 : $\frac{27}{30}=0.9$
- 기본 환경 : $\frac{10}{10}=1$

따라서 B주임은 응대 서비스보다 상담능력에서 상대적으로 더 높은 평가를 받았다.

오답분석

① $(79+86+94+86)\div 4=86.25$점
② A사원의 응대 서비스는 35점으로 가장 높은 점수를 받았다.
④ 고객의 니즈 파악 및 적절한 상품 권유 등의 능력은 상담능력인데, C과장은 상담능력에 만점인 30점을 받았으므로 그 능력이 탁월하다고 판단할 수 있다.

22

정답 ④

'KS90101-2'는 아동용 10kg 이하의 자전거로, 109동 101호 입주민이 2번째로 등록한 자전거이다.

오답분석

① 등록순서를 제외한 일련번호는 7자리로 구성되어야 하며, 종류와 무게 구분 번호의 자리가 서로 바뀌어야 한다.
② 등록순서를 제외한 일련번호는 7자리로 구성되어야 한다.
③ 자전거 무게를 구분하는 2번째 자리에는 L, M, S 중 하나만 올 수 있다.

23

정답 ④

마지막의 숫자는 동일 세대주가 자전거를 등록한 순서를 나타내므로 해당 자전거는 2번째로 등록한 자전거임을 알 수 있다. 따라서 자전거를 2대 이상 등록한 입주민의 자전거이다.

오답분석

① 'T'를 통해 산악용 자전거임을 알 수 있다.
② 'M'을 통해 자전거의 무게는 10kg 초과 20kg 미만임을 알 수 있다.
③ 104동 1205호에 거주하는 입주민의 자전거이다.

24

정답 ①

문제 B를 맞힐 확률을 p%라고 하면 다음과 같은 식이 성립한다.

$$\left(1-\frac{3}{5}\right)\times p=\frac{24}{100}$$

$$\rightarrow \frac{2}{5}p=\frac{6}{25}$$

$$\therefore p=\frac{3}{5}$$

따라서 문제 A는 맞히고 문제 B는 맞히지 못할 확률은 $\left(1-\frac{3}{5}\right)\times\left(1-\frac{3}{5}\right)=\frac{4}{25}$이므로 16%이다.

25

정답 ④

같은 부서 사람끼리 옆자리에 함께 앉아야 하므로 먼저 부서를 한 묶음으로 생각하고 세 부서를 원탁에 배치하는 경우는 $2!=2$가지이다. 또한 각 부서 사람끼리 자리를 바꾸는 경우의 수는 $2!\times2!\times3!=2\times2\times6=24$가지이다.

따라서 조건에 맞게 7명이 앉을 수 있는 경우의 수는 $2\times24=48$가지이다.

26

정답 ①

A소금물의 농도를 x%, B소금물의 농도를 y%라고 하면 다음과 같은 식이 성립한다.

$\frac{x}{100}\times200+\frac{y}{100}\times300=\frac{9}{100}\times500 \rightarrow 2x+3y=45 \cdots$ ㉠

$\frac{x}{100}\times300+\frac{y}{100}\times200=\frac{10}{100}\times500 \rightarrow 3x+2y=50 \cdots$ ㉡

㉠과 ㉡을 연립하면 $x=12$, $y=7$이다.

따라서 A소금물의 농도는 12%이고, B소금물의 농도는 7%이다.

27

정답 ④

K고객이 만기 시 수령하는 이자액을 계산하면 다음과 같다.

$150,000\times\frac{36\times37}{2}\times\frac{0.02}{12}=166,500$원

또한 가입기간 동안 납입한 적립 원금을 계산하면 다음과 같다.

$150,000\times36=5,400,000$원

따라서 A가 K고객에게 안내할 만기환급금액은 $5,400,000+166,500=5,566,500$원이다.

28

정답 ③

건강보험 지출 중 보험급여비가 차지하는 비중은 2018년에 $\frac{37.2}{40.0}\times100=93\%$, 2019년에 $\frac{37.8}{42.0}\times100=90\%$로 모두 95% 미만이다.

오답분석

① 2021년 보험료 등이 건강보험 수입에서 차지하는 비율은 $\frac{44.0}{55.0}\times100=80\%$이다.

② 건강보험 수입과 지출은 매년 전년 대비 증가하고 있으므로 전년 대비 증감 추이는 2017년부터 2023년까지 같다.

④ 건강보험 수지율이 전년 대비 감소하는 2017년, 2018년, 2019년, 2020년 모두 정부지원 수입이 전년 대비 증가하였다.

29

정답 ②

2회차 토익 점수를 x점, 5회차 토익 점수를 y점이라고 하면 평균점수가 750점이므로 다음과 같은 식이 성립한다.

$\frac{620+x+720+840+y+880}{6}=750$

$\rightarrow x+y=1,440$

$\therefore x=1,440-y$

x값의 범위가 $620\le x\le700$이므로 다음과 같은 식이 성립한다.

$620\le1,440-y\le700$

$\rightarrow -820\le-y\le-740$

$\therefore 740\le y\le820$

따라서 ㉡에 들어갈 수 있는 최소 점수는 740점이다.

30

정답 ④

2024년 부품 수를 x개, 2022년 불량품 수를 y개라고 하자.

2020년의 부품 수가 2019년보다 $2,517-1,230=1,287$개 늘었을 때, 불량품 수는 $111-72=39$개 늘었다.

2024년의 부품 수가 2023년보다 $(x-4,662)$개 늘었을 때, 불량품 수는 $230-188=42$개 늘었으므로 다음과 같은 식이 성립한다.

$1,287:39=(x-4,662):42$

$\rightarrow x-4,662=1,386$

$\therefore x=6,048$

2022년의 부품 수가 2021년보다 $3,870-3,144=726$개 늘었을 때, 불량품 수는 $(y-130)$개 늘었으므로 다음과 같은 식이 성립한다.

$1,287:39=726:(y-130)$

$\rightarrow y-130=22$

$\therefore y=152$

따라서 ㉠$=6,048$, ㉡$=152$이다.

31

정답 ③

ㄱ. 근로자가 총 100명이고 전체에게 지급된 임금의 총액이 2억 원이므로 근로자 1명당 평균 월 급여액은 $\frac{2억\ 원}{100명}=200$만 원이다.

ㄴ. 월 210만 원 이상 급여를 받는 근로자 수는 $26+22+8+4=60$명이다. 따라서 총 100명의 절반인 50명보다 많으므로 옳은 설명이다.

오답분석

ㄷ. 월 180만 원 미만의 급여를 받는 근로자 수는 $6+4=10$명이다. 따라서 전체 근로자 중 $\frac{10}{100}\times100=10\%$의 비율을 차지하고 있으므로 옳지 않은 설명이다.

32

정답 ②

ㄱ. 유로화가 달러화 대비 약세가 심화되고 있는 부분은 첫 번째 그래프에서 달러/유로 환율 추이를 통해 알 수 있다. 2022년 9월까지 1유로당 1.3 ~ 1.4달러 사이를 유지하다가 그 이후부터 하락하기 시작하여 2023년에 들어와서는 1유로당 1.1달러 내외인 것을 확인할 수 있다. 따라서 유로화는 달러화 대비 약세가 심화되고 있다는 것은 옳은 내용이다.

ㄹ. 원/엔 환율 추이를 통해 2023년 원/엔 환율이 전반적으로 900원 선에서 상회하고 있다는 것을 확인할 수 있다.

오답분석

ㄴ. 엔화는 달러화에 대해 전반적으로 전년 대비 약세를 보이고 있는데, 이는 첫 번째 그래프에서 엔/달러 환율 추이를 통해 확인할 수 있다. 2022년에는 1달러당 100엔 근처에서 형성되었으나, 2023년에 와서 1달러당 120엔을 넘었다. 즉, 1달러당 지불해야 할 엔화가 늘어난 것으로 달러는 강세, 엔화는 약세로 해석할 수 있다.

ㄷ. 두 번째 그래프에서 원/달러 환율 추이를 통해 원/달러 환율이 전년 대비 상승했다는 것을 확인할 수 있다. 그러나 원/달러 환율이 1,000원대가 아닌 1,100원대에서 형성되어 있다. 따라서 1,000원을 중심으로 등락하고 있다는 설명은 옳지 않다.

33

정답 ③

통근수단으로 버스와 지하철을 모두 이용하는 직원은 $1,200\times0.45\times0.51 \fallingdotseq 275$명이고, 도보를 이용하는 직원은 $1,200\times0.39=468$명이다. 따라서 버스와 지하철을 모두 이용하는 직원은 도보를 이용하는 직원보다 $468-275=193$명 적다.

오답분석

① 통근시간이 30분 이하인 직원은 전체 직원의 $\frac{210}{1,200}\times100=17.5\%$를 차지한다.

② 대중교통을 이용하는 인원은 $1,200\times0.45=540$명이고, 그중 $\frac{1}{4}$은 135명이며, 60분 초과 전체 인원의 80%인 $160\times0.8=128$명보다 많다.

④ 통근시간이 45분 이하인 직원은 $210+260=470$명이고, 1시간 초과인 직원의 $\frac{470}{160} \fallingdotseq 2.9$배이다.

34

정답 ①

도보를 이용하는 직원은 $1,200\times0.39=468$명, 버스만 이용하는 직원은 $1,200\times0.45\times0.27 \fallingdotseq 146$명이므로, 이들의 25%는 $614\times0.25 \fallingdotseq 154$명이다. 30분 초과 45분 이하인 인원에서 도보 또는 버스만 이용하는 직원을 제외하면 $260-154=106$명이 된다. 따라서 이 인원이 자가용으로 출근하는 전체 인원에서 차지하는 비중은 $\frac{106}{1,200\times0.16}\times100 \fallingdotseq 55\%$이다.

35

정답 ②

국어사전의 배열 순서에 따른다고 했으므로, 쌍자음까지 포함하여 소문자로 치환해야 하는 것에 유의해야 한다.

- 자 : m1
- 전 : m5C
- 거 : a5
- 1+5+5=11 → 1+1=2

36

정답 ④

- 마 : g1
- 늘 : c19F
- 쫑 : n9L
- 1+19+9=29 → 2+9=11 → 1+1=2

37

정답 ②

- l15C : 원
- d5 : 더
- r14F : 풀

38

정답 ③

'ary[3]'으로 크기가 3인 배열을 설정하고 반복 명령문을 설정하기 위해 i=0을 설정한다.

그 후에 크기가 3인 배열의 각 변수를 설정하고 for 반복 명령문으로 '++' 증감 연산자를 이용하여 i<3까지 반복한다.

printf 명령어를 통해 첫 번째 변수는 'i+1', 두 번째 변수는 ary[i]를 텍스트와 함께 출력한다.

따라서 배열에 저장된 값은 순서대로 1, 2, 3이고, 반복문 내부에서 i값의 1을 더하고 있으므로 '1, 2, 3번째 요소'에 저장된 값이 각각 문자열과 함께 한 줄씩 출력된다.

39

정답 ④

a	n
5	50
5+(5+1)=11	50−1=49
11+(11+1)=23	49−1=48
23+(23+1)=47	48−1=47
47+(47+1)=95	47−1=46

$\therefore 95\times46=4,370$

40

정답 ④

'5lions'를 알고리즘에 바르게 입력하면 '정수', '문자', '문자', '문자', '문자', '문자'가 출력된다. 하지만 두 번째와 네 번째 출력 값이 '실수'이므로 두 번째와 네 번째에 입력한 문자가 잘못 입력되었음을 알 수 있다.

제2영역 직무수행능력

금융일반 - 객관식

01	02	03	04	05	06	07	08	09	10
④	④	④	①	③	③	③	③	①	④
11	12	13	14	15	16	17	18	19	20
③	③	①	②	④	②	①	④	①	④
21	22	23	24	25	26	27	28	29	30
②	④	②	①	①	③	②	④	④	②

01

정답 ④

수요의 가격탄력성이 1일 경우는 수요곡선상의 중점이므로 이때의 X재 가격은 50원이다. 독점기업은 항상 수요의 가격탄력성이 1보다 큰 구간에서 재화를 생산하므로 독점기업이 설정하는 가격은 50원 이상이다.

오답분석

① 수요곡선의 방정식은 $P=-Q+100$이다. 즉, 가격이 100원이면 X재의 수요량은 0이다.
② 수요곡선이 우하향의 직선인 경우 수요곡선상의 우하방으로 이동할수록 수요의 가격탄력성이 점점 작아진다. 그러므로 수요곡선상의 모든 점에서 수요의 가격탄력성이 다르게 나타난다.
③ X재는 정상재이므로 소득이 증가하면 수요곡선이 오른쪽으로 이동한다.

02

정답 ④

명목GDP는 재화와 서비스 생산액을 현재가격으로 계산한 것이며, 실질GDP는 일정 기준연도 가격을 사용해 불변가격으로 계산한 것이다. 또한 GDP디플레이터는 명목GDP를 실질GDP로 나누고 100을 곱한 것이다. 그러므로 2023년 GDP디플레이터는 100, 명목GDP는 300억 원이었기 때문에 실질GDP도 300억 원이고, 2024년 GDP디플레이터는 120, 명목GDP는 360억 원이므로 실질GDP는 300억 원이다. 따라서 실질GDP에는 변화가 없었다.

03

정답 ④

순현재가치(NPV) $=-1{,}000+\dfrac{600}{1.1}+\dfrac{600}{(1.1)^2}$

$=-1{,}000+1{,}041=41$

따라서 순현재가치(NPV)는 41만 원이다.

한편, 1,000만 원을 투자하면 41만 원 만큼 이득을 보는 것이므로 투자를 하는 것이 이득이다. 1,041만 원 미만을 투자하면 이득인 셈이다. 그러므로 프로젝트 수행자가 시장에서 투자 자금을 공개적으로 모집한다면 이 프로젝트를 구입하려는 금액(가격)은 1,041만 원에 수렴한다.

04

정답 ①

구축효과는 정부의 확대 재정정책으로 인해 오히려 총수요가 줄어드는 현상으로, 정부 지출 증가가 이자율 상승을 통해 민간부문의 투자를 위축시키는 것을 의미한다. 따라서 정부의 실제 지출금액보다 총수요가 더 크게 증가하는 현상은 승수효과이다.

05

정답 ③

소득과 부의 이전은 예상치 못한 인플레이션으로 인해 발생하는 영향으로 화폐자산 보유자로부터 실물자산 보유자에게로 소득과 부를 이전시키는 효과가 나타난다.

오답분석

①·② 구두창 비용에 대한 설명으로 현금보유자가 인플레이션에 대비하기 위해 보유한 현금을 예금 등에 투자하기 위해 은행 방문횟수가 증가하고, 이로 인해 소요시간, 교통비용 등이 증가한다.

06

정답 ③

정부가 국채를 매입하면 시중에 유동성이 공급되어 통화량은 늘어나고 이로 인해 금리가 하락하여 가계, 기업 등의 조달비용 등이 낮아져 소비와 투자가 늘어나게 된다.

07

정답 ③

전체 대출기간에 대하여 총 지급이자가 가장 큰 것은 만기일시상환이다. 만기일시상환은 원금을 납부하지 않고 이자만 납부하다 한 번에 원금과 이자를 납부하기 때문에 대출원금 전액에 대한 이자를 계속 납부해야 한다.

오답분석

①·④ 원금균등상환은 매월 원금을 동일하게 상환하기 때문에 시간이 갈수록 이자가 줄어들게 된다.
② 원금균등상환은 원금을 대출기간으로 나누어 동일하게 납부하기 때문에 초기 상환금액이 원리금균등상환보다 더 크다.

08

정답 ③

- 통화량(M)=현금통화(C)+예금통화(D)
- 본원통화(H)=현금통화(C)+지급준비금(Z)
- 현금예금비율(k)=현금통화(C)÷예금통화(D)
- 지급준비율(z)=지급준비금(Z)÷예금통화(D)
- 통화승수(m)=통화량(M)÷본원통화(H)

현금통화가 200, 현금예금비율이 0.2로 주어졌으므로 이 경제의 예금통화는 200÷0.2=1,000이다.

통화량은 200+1,000=1,200이고, 본원통화는 200+100=300이다. 따라서 통화승수는 통화량을 본원통화로 나눈 값이므로, 1,200÷300=4이고, 지급준비율은 지급준비금을 예금통화로 나눈 값이므로, 100÷1,000=0.1이다.

09
정답 ①

공동소유 목초지와 같은 공동자원은 한 사람이 소비하면 다른 사람이 소비할 수 없으므로 경합성은 있으나 다른 사람이 소비하는 것을 막을 수는 없으므로 배제성은 없다. 또한, 유료도로는 통행료를 내지 않은 차량은 배제가 가능하므로 공유자원이 아닌 데 비해, 막히는 무료도로는 누구나 이용할 수 있으나 소비가 경합적이므로 공유자원으로 볼 수 있다. 이로 인해 공유지의 비극 현상이 나타나기 쉽다.

10
정답 ④

정부나 금융권이 유가증권을 매입하거나 재할인율의 인하, 지급준비율의 인하 등은 통화량을 증가하는 결과를 초래한다.

11
정답 ③

직접금융시장이란 자금의 수요자가 금융기관을 중개하지 않고 공급자와 자금을 직접 거래하는 시장으로 주식시장, 채권시장 등이 있다. 반면에 간접금융에는 은행 등 제3자를 통해서 돈을 빌리는 방법이 있다.

12
정답 ③

(영업레버리지도)=(공헌이익)÷(영업이익)

- (공헌이익)=(총매출액)−(총변동원가)=5억 원(=10,000개×50,000원)−2천만 원(=10,000개×2,000원)=4억 8천만 원
- (영업이익)=(공헌이익)−(총고정원가)=4억 8천만 원−1억 6천만 원(=10,000개×16,000원)=3억 2천만 원

따라서 영업레버리지도는 4억 8천만 원÷3억 2천만 원=1.5이다.

13
정답 ①

공공재는 비경합성과 비배제성의 특징을 가진다.

14
정답 ②

명목환율은 서로 다른 나라 화폐 간의 교환비율을 의미하며, 실질환율은 명목환율에 서로 다른 나라 간의 물가변동을 반영하여 구매력 변동을 나타내도록 조정한 환율을 말한다.

15
정답 ④

ESG 경영의 주된 목적은 착한 기업을 키우는 것이 아니라 불확실성 시대의 환경, 사회, 지배구조라는 복합적 리스크에 얼마나 잘 대응하고 지속적 경영으로 이어나갈 수 있느냐 하는 것이다.

16
정답 ②

엥겔지수는 가계 소비지출에서 차지하는 식비의 비율을 의미하며, 가계 소비지출은 소비함수[(독립적인 소비지출)+{(한계소비성향)×(가처분소득)}]로 계산할 수 있다. 각각의 숫자를 대입하면 100+(0.6×300)=280만 원이 소비지출이 되고, 이 중 식비가 70만 원이다. 따라서 엥겔지수는 70÷280=0.25이다.

17
정답 ①

매슬로는 인간의 욕구를 생리적 욕구, 안전 욕구, 소속 및 애정 욕구, 자존 욕구, 자아실현 욕구 등 5단계로 구분하였으며 가장 고차원적인 욕구를 자아실현의 욕구로 보았다. 자아실현의 욕구는 다른 욕구와 달리 충족되면 될수록 욕구의 크기가 커진다. 또한 이는 모든 단계들이 기본적으로 충족되어야만 이뤄질 수 있는 마지막 단계이며 자기 발전을 이루고 자신의 잠재력을 끌어 내 극대화할 수 있는 단계라고 주장했다.

18
정답 ④

판단적 수요예측법으로 '델파이법'에 대한 내용이다.

19
정답 ①

- 시장수요함수 $Q_d = 10,000 \times (12-2P)$
- 시장공급함수 $Q_s = 1,000 \times (20P)$

따라서 균형가격과 균형수급량은 $120,000-20,000P=20,000P$이므로 $P=3$이고, $Q=60,000$이다.

20
정답 ④

W이론은 한국에 맞는 독자적 경영철학을 수립하자는 이론이므로, 외국의 경영철학을 도입하자는 설명은 옳지 않다.

오답분석

①·② X·Y이론 : 미국 경영학자 맥그리거의 『기업의 인간적인 측면』에서 주창한 인간행동 유형에 대한 이론

③ Z이론 : 맥그리거의 X·Y이론을 비판하거나 두 이론을 조화시킨 이론을 말하며, 주요 학자는 룬트슈테트, 롤리스, 미국의 오우치 교수 등이 있음

21
정답 ②

메모리 반도체의 경우, D-RAM 등 표준화된 품목으로 구성되며 설계부터 생산까지 일괄적으로 이루어짐에 따라 규모의 경제를 통한 소품종 대량생산 체계를 갖추고 있다.

오답분석

① 차량용 충전기는 수요는 많지 않으나 이용자, 차량 등에 따라 형태나 방식이 제각각이므로 다품종 소량생산이 적합하다.
③ 생활용품은 수요가 매우 많고, 선호에 맞는 다양한 종류를 모두 필요로 하므로 다품종 대량생산이 적합하다.
④ 지하철 광고물, 발전기 부품 등은 수요도 많지 않고 사용하는 장소 등도 제한적이므로 소품종 소량생산이 적합하다.

22

정답 ④

철수가 프로야구 올스타전 입장권을 10만 원에 구입했다는 것은 철수가 프로야구 올스타전으로부터 얻는 편익 X가 10만 원 이상이라는 것을 의미한다. 또한 철수가 프로축구 올스타전을 선택했다는 것은 프로야구 올스타전으로부터 얻는 편익 X가 프로야구 올스타전을 선택했을 때의 기회비용보다 작다는 것을 의미한다. 철수가 프로야구 올스타전을 선택할 때의 기회비용은 프로축구 올스타전 관람에서 얻을 수 있는 편익 6만 원과 프로야구 올스타전을 환불받아 얻을 수 있는 8만 원의 합인 14만 원이다.
따라서 편익X의 범위는 $10 \leq X \leq 14$이다.

23

정답 ②

OTP(One Time Password)는 무작위로 생성되는 난수의 일회용 패스워드를 이용하는 사용자 인증 방식이다. 보안을 강화하기 위하여 도입한 시스템으로, 로그인할 때마다 일회성 패스워드를 생성한다. 이를 통해 동일한 패스워드가 반복해서 사용됨으로 발생하는 보안상의 취약점을 극복할 수 있다.

오답분석

① 공동인증서 : 전자 서명의 검증에 필요한 공개 키에 소유자 정보를 추가하여 만든 일종의 디지털 신분증(증명서) 및 디지털 인감증명이다.
③ 전자서명 : 서명자를 확인하고 서명자가 문서에 서명하였음을 나타내기 위하여 해당 전자 문서에 첨부되거나 논리적으로 결합된 전자 형태의 정보이다.
④ 보안카드 : 인터넷·모바일뱅킹 등을 할 때 사용하는 4자리 숫자 25 ~ 35개가 적혀있는 보안매체이다. OTP는 버튼만 누르면 비밀번호가 생성되는 반면, 보안카드는 꺼내서 일일이 번호를 찾아 입력해야 하는 불편함이 있다.

24

정답 ①

2015년 10월 30일에 시행된 계좌이동서비스는 인터넷 홈페이지로만 가능하던 것을 2017년부터는 은행창구와 모바일앱으로 확대·시행하였다.

25

정답 ①

다국적 기업의 현지 근로자가 기업 본국의 경영 방식에 따르는 것은 문화 전파에 해당하고, 다국적 기업이 현지에 토착화하는 것은 문화 접변에 해당한다.

오답분석

② ㉠은 문화 전파, ㉤은 자문화 중심주의에 해당한다.
③ ㉡이 가진 문화 인식 태도는 문화 상대주의가 아니라 본국의 문화가 우월하다는 자문화 중심주의에 해당한다.
④ ㉢과 ㉣을 요구하는 것은 문화 상대주의에 따른 주장이다.

26

정답 ③

오답분석

① 프레이밍 효과 : 긍정적 프레임을 가지는 경우와 부정적 프레임을 가지는 경우에 의사결정과 행동이 달라지는 현상
② 피그말리온 효과 : 타인의 기대나 관심으로 인하여 능률이 오르거나 결과가 좋아지는 현상
④ 후광 효과 : 어떤 대상이나 사람에 대한 일반적인 견해가 그 대상이나 사람의 구체적인 특성을 평가하는 데 영향을 미치는 현상

27

정답 ②

핵티비즘(Hacktivism)은 해커(Hacker)와 액티비즘(Activism)의 합성어로, 해킹을 통해 자신과 노선을 달리하는 국가나 권력기관에 압력을 행사하는 행위를 말한다.

오답분석

① 포퓰리즘(Populism) : 대중들의 견해나 바람을 대변하고자 하는 활동을 말한다.
③ 쇼비니즘(Chauvinism) : 자국의 이익을 위해서는 수단과 방법을 가리지 않는 맹목적·배타적 애국주의를 가리킨다.
④ 파시즘(Fascism) : 20세기 초반 이탈리아의 무솔리니가 주장한 국수적·권위적·반공주의적 정치사상 및 운동을 가리킨다.

28

정답 ④

정부가 확대적인 재정정책을 시행하더라도 고전학파 모형에서는 국민소득이 변하지 않는다. 하지만 확대적인 재정정책을 실시하면 실질이자율이 상승하므로 민간투자와 민간소비가 감소하게 된다.

29

정답 ④

메디치 효과(Medici Effect)는 서로 관련이 없어 보이는 분야의 결합을 통해 기발한 아이디어를 내고 생산성을 높이는 것을 말한다. 14세기 이탈리아의 메디치 가문이 다양한 분야의 전문가들을 후원하면서 서로 다른 분야의 전문가들이 상호작용을 통해 르네상스를 꽃피운 데서 유래하였다.

오답분석

① 시너지 효과(Synergy Effect) : 하나의 기능이 다중으로 사용될 때, 즉 1+1이 2 이상의 효과를 내는 것을 말한다.
② 링겔만 효과(Ringelmann Effect) : 집단에 참여하는 구성원이 많을수록 노력을 덜 기울이게 되면서 1인당 공헌도는 오히려 떨어지는 현상을 말한다.

30

정답 ②

제시문은 밀레니얼 세대(Millenials)에 대한 설명이다.

오답분석

① N세대 : 'Net세대'의 줄임말로, 인터넷으로 대표되는 '네트워크 세대'라는 의미를 지닌다. 1970년대 중반 이후에 태어나 경제적 혜택과 문화적 혜택을 동시에 누린 X세대 중에서도 특히 컴퓨터에 익숙한 세대를 가리킨다.

③ 에코붐 세대 : 베이비붐 세대의 자녀 세대로, 1970년 말 또는 1980년대 초부터 1980년대 말 또는 1990년대 말까지 태어난 이들을 가리킨다.

④ MZ세대 : 밀레니얼 세대(M세대)와 Z세대를 묶어서 지칭하는 것으로, X세대 이전의 기성세대와 대비하여 종종 쓰인다.

금융일반 - 주관식

01	02	03	04	05
9	2	㉡, ㉣	6	㉡, ㉣

01

정답 9

재고자산 등식에 따라 (기초재고액)+(당기상품매입액)=(기말재고액)+(매출원가)이므로 다음과 같은 식이 성립한다.

100,000+30,000=(기말재고액)+40,000

→ 130,000−40,000=90,000

따라서 기말재고액은 9만 원이다.

02

정답 2

현금예금비율$\left(K=\dfrac{C}{D}\right)$과 지급준비율(Z)이 주어진 경우, 통화승수를 구하는 식은 다음과 같다.

$$m=\frac{K+1}{K+Z}=\frac{0.2+1}{0.2+0.4}=2$$

따라서 구하고자 하는 통화승수는 2이다.

03

정답 ㉡, ㉣

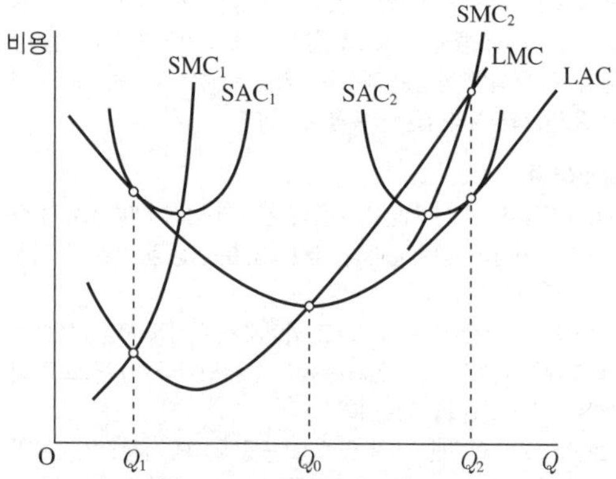

㉡ 단기한계비용곡선(SMC)은 장기한계비용곡선(LMC)보다 항상 가파른 기울기를 가진다.

㉣ 단기한계비용곡선(SMC)은 항상 단기평균비용곡선(SAC)이 최저가 되는 생산량 수준에서 장기평균비용곡선(LAC)과 만나지 않는다. 장기평균비용곡선(LAC)이 우하향하는 경우 단기평균비용곡선(SAC)의 최소점보다 왼쪽에서 단기한계비용곡선(SMC)과 장기한계비용곡선(LMC)이 교차하고, 장기평균비용곡선(LAC)이 우상향하는 경우에는 단기평균비용곡선(SAC)의 최소점보다 오른쪽에서 단기한계비용곡선(SMC)과 장기한계비용곡선(LMC)이 교차한다.

04

정답 6

외부불경제가 발생할 경우 SMC(사회적 한계비용)는 PMC(사적 한계비용)에 EMC(외부 한계비용)을 합한 값으로 계산되어 PMC는 4Q+20이고, EMC는 10이므로 SMC는 4Q+30이다. 따라서 사회적 최적생산량은 사회적 한계비용과 수요곡선이 교차하는 지점에서 형성되기 때문에 P=SMC이고, 시장수요는 P=60−Q이므로 4Q+30=60−Q → 5Q=30 → Q=6이다.

05

정답 ㉡, ㉣

피셔방정식에 따르면 명목금리(명목이자율)는 실질금리(실질이자율)와 물가상승률의 합으로 표현된다. 따라서 물가상승률을 매개로 명목금리와 실질금리는 상호 의존적인 관계를 가지며, 명목금리가 고정적이라고 가정할 때 물가가 상승하면 실질금리는 일시적으로 하락할 수 있다.

오답분석

㉠ 실물투자에 영향을 미치는 것은 명목금리보다 실질금리이다.
㉢ 명목금리는 실질금리에서 예상물가상승률을 합한 값이다.
㉤ 총수요가 감소하여 물가와 명목금리가 하락하면 실질금리도 하락한다.

디지털 – 객관식

01	02	03	04	05	06	07	08	09	10
③	②	④	④	③	④	①	②	①	④
11	12	13	14	15	16	17	18	19	20
③	④	④	①	②	④	②	④	②	①
21	22	23	24	25	26	27	28	29	30
④	①	④	④	③	④	③	①	④	④

01

정답 ③

고객 테이블의 모든 자료를 검색하는 SQL문의 SELECT 명령에서 *는 테이블 전체열을 대상으로 하며 DISTINCT는 중복행을 대상으로 한다.

02

정답 ②

데이터베이스 관리시스템은 소프트웨어이므로 ②가 데이터베이스에 대한 설명으로 옳지 않다.

03

정답 ④

스마트 데이터란 막대한 양의 데이터인 빅데이터 속에서 실질적으로 쓸모가 있을 것으로 판단되어 뽑아낸 데이터를 말한다.

오답분석

① 하드데이터(Hard Data) : 명백한 것으로 쉽게 수집할 수 있으며, 금전 전환이 쉽게 되는 데이터를 말한다.
② 다크데이터(Dark Data) : 보유하고는 있지만, 실제적으로는 취급하지 않고 방치중인 많은 양의 자료들을 말한다.
③ 패널데이터(Panel Data) : 패널조사자의 참여를 통해 취득하는 데이터를 말한다.

04

정답 ④

블록체인의 확장성에 대한 설명이다. 블록체인은 소스가 공개되어 있기 때문에 네트워크에 참여하는 누구나 구축, 연결 및 확장이 가능하다.

오답분석

① 블록체인의 분산성에 대한 설명이다.
② 블록체인의 안정성에 대한 설명이다.
③ 과거 은행과 신용카드 회사, 결제 제공자와 같은 중개자에 의존했던 것과 달리 블록체인 기술은 중개자를 필요로 하지 않으며, 이는 신뢰가 필요 없는 시스템이라고도 불린다.

05

정답 ③

DROP TABLE 테이블명 [CASCADE / RESTRICT]는 테이블을 삭제하는 명령 형식이다. 따라서 CASCADE를 사용할 경우 연쇄(다단계) 삭제를 의미하며 RESTRICT은 제한 삭제를 의미한다.

06

정답 ④

깊이 우선 탐색(DFS)에 대한 설명으로, 시작 정점 V를 기점으로 하여 V에 인접하면서 방문하지 않은 정점 W를 선택하고, W를 시작점으로 스택을 사용하여 깊이 우선 탐색을 다시 시작한다.

07

정답 ①

FORTRAN은 복잡한 수식 계산을 위해 시작된 과학 기술용 컴퓨터 프로그램 언어이다.

08

정답 ②

자바(Java)는 웹상에서 멀티미디어 데이터를 유용하게 처리할 수 있는 객체 지향(Object-oriented) 언어로 네트워크 환경에서 분산 작업이 가능하도록 설계되었다.

09

정답 ①

이진 병합 정렬(2-Way Merge Sort)은 주어진 입력 파일을 크기가 2인 서브 파일로 모두 나누어서 각 서브 파일들을 정렬하는 방법으로, 두 개의 키들을 한 쌍으로 하여 각 쌍에 대하여 순서를 정하고 나서 순서대로 정렬된 각 쌍의 키들을 병합하여 하나의 정렬된 서브 리스트로 만들어 최종적으로 하나의 정렬된 파일이 될 때까지 반복한다.

10

정답 ④

!=는 '같지 않다'는 연산자로, 1은 3이 아니기 때문에 실행 결과 True가 출력된다.

오답분석

① ==는 '같다'는 연산자로, 1은 3이 아니기 때문에 실행 결과 False가 출력된다.
② <는 앞에 있는 수가 뒤에 있는 수보다 작아야 참이 되는 연산자로, 5가 3보다 크므로, 실행 결과 False가 출력된다.
③ a는 11이 입력되어 있고, a는 1과 10보다 크므로 실행 결과 False가 출력된다.

11

정답 ③

프로그램을 일정한 크기로 나눈 단위는 페이지(Page)이다.

세그멘테이션(Segmentation)
다양한 크기의 논리적인 단위로 나눈 후 주기억장치에 적재시켜 실행시키는 기법으로 프로그램을 배열이나 함수 등의 논리적 크기로 나눈 단위를 말한다. 각 세그먼트는 고유한 이름과 크기를 가지며, 주소 변환을 위해 세그먼트의 위치정보를 가지는 세그먼트 맵 테이블(Segment Map Table)이 필요하다. 세그먼트가 주기억장치에 적재될 때 다른 세그먼트에게 할당된 영역을 침범할 수 없으며, 이를 위해 기억장치 보호키(Storage Protection Key)가 필요하다.

12

정답 ④

NFC(Near Field Communication)는 13.56MHz 대역의 주파수를 사용하여 약 10cm 이내의 근거리에서 데이터를 교환할 수 있는 비접촉식 무선통신 기술로, 다양한 분야에서 활용될 수 있다.

오답분석

① WLAN(Wireless LAN) : 기존 케이블 대신에 전파를 이용해 컴퓨터 간의 네트워크를 구축하는 방식이다.
② 블루투스(Bluetooth) : 휴대폰, 노트북 등의 휴대기기를 서로 연결해 정보를 교환하는 근거리 무선 기술 표준이다.
③ MST(Magnetic Secure Transmission) : 마그네틱 신용카드가 정보를 무선으로 전송시켜 결제하는 마그네틱 보안 전송 방식이다.

13

정답 ④

프로세스 제어 블록(PCB)

1. 프로세서 식별자 : 각 프로세스에 대한 고유 식별자(숫자, 색인, 항목)를 지정한다.
2. 프로세스 상태 : 생성, 준비, 실행, 대기, 중단 등의 상태를 표시한다.
3. 프로그램 카운터 : 프로세스 실행을 위한 다음 명령의 주소를 표시한다.
4. 레지스터 저장 영역 : 인터럽트 발생 시 프로그램 카운터와 함께 저장되어 재실행할 때 원상 복구한다.
5. 프로세서 스케줄링 정보 : 프로세스의 우선순위, 스케줄링 큐에 대한 포인터, 그 외의 다른 스케줄 매개변수를 가진다.
6. 계정 정보 : 프로세서 사용시간, 실제 사용시간, 사용 상한 시간, 계정 번호, 작업이나 프로세스 번호 등을 나타낸다.
7. 입출력 상태 정보 : 특별히 입출력 요구 프로세스에 할당된 입출력장치, 개방된 파일의 목록 등을 나타낸다.
8. 메모리 관리 정보 : 메모리 관리에 필요한 정보를 나타낸다.

14 정답 ①

프로그램의 수행 순서는 프로그램 속에 들어 있는 명령 코드에 따라 결정된다.

15 정답 ②

실시간 처리(Real Time Processing) 시스템이란 자료가 수신되는 즉시 처리하여 사용자 입력에 즉시 응답할 수 있는 시스템으로 좌석 예약, 은행 업무 등이 해당한다.

오답분석

①·③·④ 일괄 처리 시스템에 적합한 업무이다.

16 정답 ④

운영체제의 기능에는 프로세스 관리, 메모리 관리, 기억장치 관리, 파일 관리, 입출력 관리, 리소스 관리 등이 있다.

17 정답 ②

낸드플래시(Nand Flash)는 전원이 없는 상태에서도 메모리의 정보가 사라지지 않는 플래시 메모리로 정보의 저장과 삭제가 자유로우며, 주로 스마트폰과 같은 휴대기기의 저장 장치로 활용된다.

18 정답 ④

디지털 전송에서 장거리 전송 시 데이터의 감쇠 및 왜곡 현상을 방지하기 위해서 리피터(Repeater)를 사용한다.

19 정답 ②

- 인트라넷 : 기업 내부의 정보망을 인터넷에 흡수하여 경영의 합리화와 효율성 증대를 추구한다.
- 엑스트라넷 : 인트라넷의 적용 범위를 확대해서 기업 대 기업을 대상으로 하는 정보 시스템이다.
- VPN(가상 사설망) : 인터넷과 같은 공중망을 마치 전용선으로 사설망을 구축한 것처럼 사용하는 방식이다.

20 정답 ①

소프트웨어 위기(Software Crisis)는 수요를 따르지 못하는 생산성에 대한 심각한 문제로, 요구되는 소프트웨어 제품이 많은 것에 비해 요구된 소프트웨어를 개발할 방법론이나 개발 인력이 부족한 상태를 일컫는다.

21 정답 ④

속성(Attribute)은 하나의 릴레이션에서 열(Column)의 이름을 의미하므로 속성(학번, 이름, 학과, 성별, 학년)의 개수는 5개이다.

22 정답 ①

요구 분석 단계에서 나온 결과를 DBMS에 독립적인 E－R 다이어그램으로 작성하는 것은 개념적 설계에 대한 설명이다.

23 정답 ④

데이터 조작어(DML)에 대한 설명이다.

> **데이터 제어어(DCL)**
> 불법적인 사용자로부터 데이터를 보호하기 위한 데이터 보안 제어, 데이터 정확성을 위한 데이터 무결성(Integrity) 제어, 시스템 장애에 대비한 데이터 회복(복구)과 병행 수행 제어를 관리한다.

24 정답 ④

온톨로지에 대한 설명으로, 인공지능(AI) 등 여러 정보통신 분야에서 사용되고 있는 개념화 방법이다.

오답분석

① 도메인(Domain) : 숫자로 기재되어 있는 IP주소를 쉽게 파악할 수 있도록 문자로 변환하는 것을 말한다.
② 스키마(Schema) : 데이터를 일정한 기준에 맞춰 조직화하는 것을 말한다.
③ 시소러스(Thesaurus) : 데이터와 관련이 있는 키워드들을 대상으로 데이터와의 상관관계를 정리한 것을 말한다.

25 정답 ③

OFDM(Orthogonal Frequency Division Multiplexing)은 고속의 송신 신호를 수백 이상의 직교(Orthogonal)하는 협대역 반송파(Subcarrier)로 다중화시켜 변조하는 방식이다.

오답분석

① TDM(Time Division Multiplexer) : 컴퓨터 통신에서 하나의 통신회선을 여러 사람이 동시에 사용할 수 있게 하기 위해 사용하는 방식이다.
② CCM(Computer Color Matching) : 컴퓨터로 만들어야 하는 색을 측정하고 색채의 배합을 예측하여 조색하는 것이다.

26 정답 ④

오답분석

① 외래 키 필드의 값은 Null 값일 수 있다.
② 외래 키 필드에는 중복된 값이 입력되는 것이 가능하다.
③ 한 테이블에서 특정 레코드를 유일하게 구별 가능한 것은 기본키이다.

27

정답 ③

TODAY( )는 현재 날짜 값을 반환해주는 함수이고, DATE(연,월,일)은 연, 월, 일의 값을 입력받아 해당 날짜 값으로 변환해주는 함수이다.

28

정답 ①

분산 데이터베이스의 무관성 중 위치 무관성으로 사용자는 데이터의 위치에 대하여 알 필요가 없다.

29

정답 ④

교착상태의 회피 기법은 예방보다 덜 엄격한 조건을 요구하여, 자원을 좀 더 효율적으로 이용하는 것을 목적으로 하며, 회피 기법에는 프로세스의 시작 거부와 자원 할당의 거부(은행원 알고리즘) 두 가지가 있다.

30

정답 ④

Isolation(분리성, 격리성)은 트랜잭션이 완료될 때까지는 그 실행 결과를 다른 트랜잭션이 이용할 수 없게 하는 것으로 트랜잭션이 가져야 하는 성질이다.

디지털 – 주관식

01	02	03	04	05
㉠, ㉣, ㉥, ㉦	7	1	㉡	81

01

정답 ㉠, ㉣, ㉥, ㉦

구분	RISC	CISC
명령어 종류	적음	많음
명령어 길이	고정	가변
전력소모	적음	많음
처리속도	빠름	느림
설계	간단	복잡
프로그래밍(구현)	복잡	간단
레지스터 수	많음	적음
제어	하드와이어 방식	마이크로 프로그래밍 방식
용도	워크스테이션	PC용
비용	감소	증가

따라서 RISC에 대한 설명으로 옳은 것은 ㉠, ㉣, ㉥, ㉦이다.

02

정답 7

FIFO는 대기 행렬에서 복수의 신호 혹은 잡(Job)이 처리 대기로 있을 경우 처리의 우선순위를 붙이지 않고, 먼저 도착한 순서대로 처리하는 방식으로 1, 2, 3, 1, 2, 4, 1, 2, 5 참조 시 다음과 같은 순서로 처리된다.

1	1	1	1	1	4	4	4	5
	2	2	2	2	2	1	1	1
		3	3	3	3	3	2	2

이 중 네 번째 1, 다섯 번째 2는 페이지 프레임에 적재 시 이미 같은 번호가 있어 다른 프레임에 삽입되지 않는다. 이 둘 외에는 부재가 발생하여 프레임에 삽입되므로 총 9개 중 2개를 뺀 7번의 부재가 발생한다.

03

정답 1

3항 조건 연산자는 '?' 이전의 식이 참이면 ':' 앞의 값을 결과값으로 전달하고 거짓이면 ':' 뒤에 값을 전달한다. 따라서 A>B가 거짓이므로 결괏값은 1이 전달된다.

04

정답 ㉡

인터넷과 최첨단 정보통신기기를 통해 별도의 사무실 없이 새로운 가상 조직을 구성하며 살아가는 인간형을 디지털 노마드(Digital Nomad)라 한다.

오답분석

㉠ 디지털 부머(Digital Boomer) : 디지털 시대의 소비 확산을 주도하는 디지털 신인류

㉢ 디지털 아카이브(Digital Archive) : 시간의 경과에 따라 질이 떨어지거나 없어질 우려가 있는 정보들을 디지털화하여 보관하는 일

㉣ 디지털 디바이드(Digital Divide) : 경제적, 사회적 여건 차에 의해 발생하는 정보격차

㉤ 디지털 컨버전스(Digital Convergence) : 하나의 기기와 서비스에 모든 정보통신기술을 묶은 새로운 융합 상품

㉥ 디지털 커뮤니쿠스족(Digital Communicus族) : 디지털 기술로 여러 의사소통을 하는 사람

㉦ 디지털 네이티브(Digital Natives) : 디지털 기기를 자유자재로 사용하는 새로운 세대를 지칭하는 용어

㉧ 디지털 코쿠닝(Digital Cocooning) : 디지털 기기를 통해 자신만의 여가를 즐기는 문화

05

정답 81

num3=num1++; : num1의 값을 1 증가시킨 뒤 num3에 할당한다.

num4=num2--; : num2의 값을 1 감소시킨 뒤 num4에 할당한다.

따라서 결괏값은 81이다.

IBK기업은행 필기시험

제2회 모의고사 정답 및 해설

제 1 영역 NCS 직업기초능력

01	02	03	04	05	06	07	08	09	10
③	③	①	①	④	②	③	③	④	②
11	12	13	14	15	16	17	18	19	20
④	①	①	②	④	④	②	②	③	④
21	22	23	24	25	26	27	28	29	30
④	④	①	④	①	③	②	④	③	③
31	32	33	34	35	36	37	38	39	40
④	③	②	②	②	①	④	②	①	④

01

정답 ③

두 번째 문단에 따르면 기초적인 전제가 확립되었으므로 과학자들은 이 시기에 상당히 심오한 문제의 작은 영역들에 집중함을 알 수 있다.

오답분석

① 정상 과학의 시기에는 이미 이론의 핵심 부분들은 정립되어 있으며 이 시기에는 새로움을 좇기보다는 기존 연구의 세부 내용이 깊어진다. 따라서 다양한 학설과 이론의 등장은 적절하지 않다.

② 어떤 현상의 결과가 충분히 예측된다 할지라도 그 세세한 과정은 의문 속에 있기 마련이다. 정상 과학의 시기에 과학자들의 열정과 헌신성은 예측 결과와 실제의 현상을 일치시켜 보기 위한 연구로 유지될 수 있다.

④ 과학적 사고 방식과 관습, 기법 등이 하나의 기반으로 통일되어 있을 뿐이지 해결해야 할 과제가 없는 것은 아니다. 따라서 완성된 과학이라고 부를 수 없다.

02

정답 ③

'또한'이라는 접속어를 보면 외래문화나 전통문화의 양자택일에 대한 내용이 앞에 있을 것임을 알 수 있다. ㉢ 다음의 내용이 '전통문화는 계승과 변화가 다 필요하고 외래문화의 수용과 토착화를 동시에 요구하고 있기 때문이다.'이기 때문에 보기의 문장은 ㉢에 들어가는 것이 적절하다.

03

정답 ①

㉠은 페로몬이 많은 쪽의 경로를 선택하여 이동하는 개미의 특징에 의해 개미 떼가 가장 짧은 경로를 이용해 먹이를 운반하는 것에서 개발된 알고리즘이다. 이는 각 개체가 다수의 개체들이 선택하는 경로를 이용하여 자신의 이동 방향을 결정하는 특성인 '정렬성'에 해당한다.

㉡은 각자의 진동수에 따라 빛을 발하던 반딧불이가 상대방의 반짝임에 맞춰 결국에는 하나의 반딧불이처럼 반짝이는 현상에서 착안한 알고리즘으로 이는 각 개체가 주변 개체들과 동일한 행동을 하는 특성인 '결합성'에 해당한다.

04

정답 ①

제시문에서는 고전적 조건 형성, 동물 반사 행동의 유형, 조건 형성 반응이 일어나는 이유, 바람직하지 않은 조건 반사를 수정하는 방법 등을 밝히고 있다. 하지만 소거의 종류에 대해서는 다루고 있지 않으므로 ①은 답을 찾을 수 없는 질문이다.

05

정답 ④

④는 잔여적 복지 모델을 따른 경우이다. 제도적 복지 모델의 경우, 소득이나 자산에 관계없이 누구나 복지를 제공받을 수 있도록 한다.

오답분석

① 오늘날 국가에서 하나의 복지 모델만을 선택하여 모든 제도에 적용하는 것은 현실적으로 불가능하다. 따라서 대부분의 국가에서는 복지 모델을 상호 보완적으로 운영하고 있다고 하였다.

② 사회복지 제도는 국민의 안정적인 생활을 보장하기 위한 여러 사업을 조직적으로 행하는 제도를 말하며 이는 사회복지를 제도화하려는 것이다. 따라서 복지 모델은 공통적으로 사회복지의 제도화를 추구한다고 볼 수 있다.

③ 공공 부조는 잔여적 복지 모델을 바탕으로 한 국가가 제공하는 사회복지 서비스이며 소득 조사나 자산 조사의 과정을 반드시 거쳐 제공된다.

06

정답 ②

(A)는 사회 정책적 차원으로 구분하는 것이므로 잔여적 복지 모델과 제도적 복지 모델로 구분된다. 두 모델의 가장 큰 차이점은 정부의 개입 정도이다. 전자는 일차적으로 개인과 가족이 해결하지만, 후자는 처음부터 정부가 직접적으로 개입한다.

(B)는 운영 방식 차원으로 구분하는 것이므로 보편적 복지와 선택적 복지로 구분한다. 두 모델의 큰 차이점은 수혜자의 범위이다. 전자는 모든 국민이 수혜자가 되지만, 후자는 일정한 기준을 두고 기준을 충족하는 사람만이 수혜자가 될 수 있다.

07

정답 ③

세 번째 문단은 안전보장이사회의 결의안 채택 방식을 소개하고 있으며 상임이사국의 거부권 행사는 그중 일부 내용이므로 문단의 제목으로는 적절하지 않다.

08

정답 ③

국제사법재판소의 판결이행사항 이행은 안전보장이사회의 역할 중 하나이다.

오답분석

① 분쟁의 평화적 해결 문제를 다루는 것은 UN헌장 제6장이다.
② 5개의 상임이사국은 미국, 영국, 프랑스, 러시아, 중국으로 구성되어 있다.
④ 냉전종식 이후 UN헌장 제7장이 더 많이 활용되고 있다.

09

정답 ④

- 두 번째 조건과 여섯 번째 조건에 의해 지원은 화요일과 목요일에는 근무할 수 없다. 또한 기태는 월요일에 근무할 수 없으며 조건에 의해 기태는 목요일에 근무하게 된다.
- 세 번째·네 번째·일곱 번째 조건에 의해 다래, 고은은 월요일에는 근무할 수 없고, 리화는 월요일과 화요일에 근무할 수 없다. 따라서 월요일에는 여자 사원 중 나영이 반드시 근무해야 한다.
- 다섯 번째 조건에 의해 남호는 월요일에 근무할 수 없다. 따라서 월요일에 근무할 수 있는 사원은 동수와 지원이다.

즉, 고은이 화요일에 근무하게 될 경우 다래는 수요일 혹은 목요일에 근무할 수 있다. 다래가 수요일에 근무할 경우, 목요일에는 리화가 근무하게 된다. 세 번째 조건에 의해 동수가 화요일에 근무하게 되므로 남호는 수요일에, 지원은 월요일에 근무하게 된다.

오답분석

① 고은이 수요일에 근무한다면, 일곱 번째 조건에 의해 리화는 목요일에 근무하게 된다. 따라서 기태와 리화는 함께 근무하게 된다.
③ 리화가 수요일에 근무하게 되면 고은은 화요일에 근무하게 되고 다래는 목요일에 근무하게 된다. 따라서 동수는 수요일에 근무하게 된다. 이때 여섯 번째 조건에 의해 지원은 월요일에 근무하게 되므로 남호는 화요일에 근무하게 된다.

10

정답 ②

[보수월액보험료(월)]=(보수월액)×(보험료율)이므로 2,400,000×0.0612%=146,880원이다.

따라서 본인부담금은 보수월액보험료의 50%이므로 A사원이 부담하는 보험료는 73,440원이다.

11

정답 ④

장기요양보험료율은 6.55%로 동결되었다.

오답분석

① 치아 임플란트는 만 70세 이상부터 의료보험이 적용된다.
② 사립학교 교원은 가입자 50%, 사용자 30%, 국가 20% 순으로 건강보험료를 부담한다.
③ 3. 인상배경의 건강보험 등 보장성확대 항목을 보면 4대 중증질환(암, 심장질환, 뇌혈관질환, 희귀성 난치질환)의 보장성이 강화되었다.

12

정답 ①

B고객과 C고객은 규제지역이므로 주택담보대출비율 40%를 적용받는다. 이에 따른 각 고객의 대출가능금액은 다음과 같다.

- A고객 : 7억 2,000×0.6=4억 3,200만 원
- B고객 : 10억 4,000×0.4=4억 1,600만 원
- C고객 : 9억 8,000×0.4=3억 9,200만 원
- D고객 : 6억 4,000×0.6=3억 8,400만 원

따라서 대출가능금액이 큰 순서대로 나열하면 A고객>B고객>C고객>D고객이다.

13

정답 ①

A～D고객의 적용 대출금리는 다음과 같다.

- A고객 : 3.874+1.562−0.025=5.411%
- B고객 : 3.96+2.527−0.25=6.237%
- C고객 : 3.874+1.562−0.005=5.431%
- D고객 : 3.96+2.527−0.37=6.117%

따라서 적용 대출금리가 가장 낮은 고객은 A고객이다.

14

정답 ②

직장인 K씨가 I은행 적금 베스트 3종에서 우대금리까지 고려하여 가입 시 적용되는 금리는 다음과 같다.

구분	적용되는 우대금리	최종 적용금리
I직장인 월 복리 적금	• 급여이체 여성 연계상품 : 0.3%p • 당행 적립식 펀드 1개 이상 가입 : 0.2%p	1.8+0.3+0.2=2.3%
e금리우대적금	• 급여이체 여성 연계상품 : 0.1%p • 당행 신용 또는 체크카드 사용 중 : 0.1%p • 당행 적립식 펀드 1개 이상 가입 : 0.2%p	2.2+0.1+0.1+0.2=2.6%
I쏠쏠적금	• 급여이체 여성 연계상품 : 0.1%p • I쏠쏠 신용카드 실적 월 30만 원 이상 50만 원 미만 : 0.1%p	1.8+0.1+0.1=2.0%

e금리우대적금과 I쏠쏠적금은 같은 연 복리 적금 상품이고, 가입 기간과 금액이 같으므로 최종 적용금리가 더 높은 e금리우대적금의 이자와 I직장인 월 복리 적금의 이자금액만 비교해 보면 다음과 같다.

구분	이자금액
I직장인 월 복리 적금	$300,000\times\frac{\left(1+\frac{0.023}{12}\right)\left\{\left(1+\frac{0.023}{12}\right)^{24}-1\right\}}{\frac{0.023}{12}}$ $-300,000\times24$ $=300,000\times\frac{1.0019\times0.047}{0.0019}-7,200,000$ $\fallingdotseq300,000\times24.78-7,200,000=234,000$원
e금리우대 적금	$300,000\times\frac{(1+0.026)^{\frac{1}{12}}\left\{(1+0.026)^{\frac{24}{12}}-1\right\}}{(1+0.026)^{\frac{1}{12}}-1}$ $-300,000\times24$ $=300,000\times\frac{1.002\times(1.05-1)}{0.002}-7,200,000$ $=300,000\times25.05-7,200,000=315,000$원

따라서 e금리우대적금이 315,000원으로 가장 많은 이자를 받을 수 있다.

15

정답 ④

안대리가 만기 시까지 중도해지를 하지 않고 유지하므로 약정금리는 기본금리 0.75%에 우대금리를 합한 것과 같다. 안대리는 월요일 오후 8시에 신규가입을 하였고(0.1%p), 만기 전일까지 매일 자동이체를 통한 입금 횟수는 183회로 60회 이상(0.3%p)이다. 만기해지 시 적립원금은 200만 원 이상이 되지 않으므로 이에 대한 우대금리는 적용하지 않는다. 이에 따라 적용되는 금리는 0.75+0.1+0.3=1.15%이다.

안대리는 183일 동안 매일 10,000원씩 납입하고, 입금 건별 이자는 (입금액)×(약정금리)×(예치일수)÷365이다.

이에 따라 1일부터 183일까지 납입하며 받을 수 있는 이자를 구하면 다음과 같다.

- 1일 : 10,000×0.115×1÷365≒0.4원
- 2일 : (10,000×0.115×1÷365)+(10,000×0.115×2÷365)
- 3일 : (10,000×0.115×1÷365)+(10,000×0.115×2÷365) +(10,000×0.115×3÷365)

⋮

- 182일 : (10,000×0.115×1÷365)+(10,000×0.115×2÷365)+(10,000×0.115×3÷365)+ ⋯ +(10,000×0.115×182÷365)
- 183일 : (10,000×0.115×1÷365)+(10,000×0.115×2÷365)+(10,000×0.115×3÷365)+ ⋯ +(10,000×0.115×182÷365)+(10,000×0.115×183÷365)

즉, 공차가 0.4이고 항이 183개인 등차수열의 합이다. 등차수열의 합 공식은 $\frac{2a_1+(n-1)d}{2}n$이므로(n은 항의 수, d는 공차, a_1은 첫째항) 이를 통해 총이자액을 구하면 다음과 같다.

$$\frac{2\times0.4+(183-1)\times0.4}{2}\times183=\frac{73.6}{2}\times183=6,734.4\text{원}$$

따라서 원금 총액은 183×10,000=1,830,000원이고, 이자액은 6,734원이므로 안대리의 만기환급 금액은 1,830,000+6,734=1,836,734원이다.

16

정답 ④

신용카드의 공제율은 15%이고, 체크카드의 공제율은 30%이기 때문에 공제받을 금액은 체크카드를 사용했을 때 더 유리하게 적용된다.

오답분석

① 신용카드와 체크카드 사용금액이 연봉의 25%를 넘어야 공제 가능하다.

② 연봉의 25%를 초과 사용한 범위가 공제대상에 해당한다. 연봉 35,000,000원의 25%는 8,750,000원이므로 현재까지의 사용금액 6,000,000원에서 2,750,000원보다 더 사용해야 공제받을 수 있다.

③ 사용한 금액인 5,000,000원에서 더 사용해야 하는 금액인 2,750,000원을 뺀 2,250,000원이 공제대상금액이 된다. 이는 체크카드 사용금액 내에 포함되므로 공제율 30%를 적용한 소득공제금액은 675,000원이다.

17

정답 ②

I씨의 신용카드 사용금액은 총 6,500,000원이고, 체크카드 사용금액은 총 3,500,000원, 추가된 현금영수증 금액은 5,000,000원이다. 변경된 연봉의 25%는 40,000,000원×0.25=10,000,000원이다.

즉, 15,000,000원에서 10,000,000원을 차감한 5,000,000원에 대해 공제가 가능하며, 현금영수증 사용금액 내에 포함되므로 공제율 30%를 적용한 소득공제금액은 1,500,000원이다. 과표에 따르면 연봉 40,000,000원에 해당하는 세율은 15%이고, 이를 소득공제금액에 적용하면 세금은 1,500,000원×0.15=225,000원이다.

18

정답 ②

구분	성과평가 점수	성과평가 등급	성과급 지급액
1/4분기	(8×0.4)+(8×0.4) +(6×0.2)=7.6	C	80만 원
2/4분기	(8×0.4)+(6×0.4) +(8×0.2)=7.2	C	80만 원
3/4분기	(10×0.4)+(8×0.4) +(10×0.2)=9.2	A	100+10 =110만 원
4/4분기	(8×0.4)+(8×0.4) +(8×0.2)=8.0	B	90만 원

따라서 영업팀 성과급의 1년 총액은 80+80+110+90=360만원이다.

19

정답 ③

주어진 조건에 의하면 C는 재료손질 역할을 원하지 않고, A는 세팅 및 정리 역할을 원하고, D 역시 재료손질 역할을 원하지 않는다. A가 세팅 및 정리 역할을 하면 A가 받을 수 있는 가장 높은 점수는 90+9=99점이고, C·D는 요리보조, 요리 두 역할을 나눠하면 된다. 마지막으로 B는 어떤 역할이든지 자신 있으므로 재료손질을 담당하면 된다.

C·D가 요리보조와 요리 역할을 나눠가질 때, D는 기존 점수가 97점이므로 요리를 선택할 경우 97+7=104점이 되어 100점이 넘어가게 되어 요리 역할을 선택할 수 없다.

따라서 A는 세팅 및 정리, B는 재료손질, C는 요리, D는 요리보조 역할을 담당하면 모든 참가자들의 의견을 수렴하면서 지원자 모두 최종점수가 100점을 초과하지 않는다.

20

정답 ④

2025년 비용 계획을 구하기 위해서는 미정인 신청자 수를 구해야 한다. 최근 3년간 동문회 참가현황의 평균으로 구한다고 하였으므로 2022 ~ 2024년 동문회 참가인원의 평균을 구하면 다음과 같다.

$\frac{185+201+163}{3}=183$명

이를 각 항목에 대입하여 2025년의 비용 계획을 구하면

$\{(25,000+12,500+5,000)\times183\}+\{5,000\times(120+100)\}=$ 8,877,500원이므로 1인당 회비는 $\frac{8,877,500}{183}\fallingdotseq48,511$원이다.

따라서 1인당 최소 5만 원을 각출해야 한다.

21

정답 ④

완성품 납품 수량은 총 100개이다. 완성품 1개당 A부품은 10개가 필요하므로 1,000개가 필요하고, B부품은 300개, C부품은 500개가 필요하다. 이때 각 부품의 재고 수량에서 A부품은 500개를 가지고 있으므로 필요한 1,000개에서 가지고 있는 500개를 빼면 500개의 부품을 주문해야 한다. 이와 같이 계산하면 B부품은 180개, C부품은 250개를 주문해야 한다.

22

정답 ④

2024년 3분기의 이전 분기 대비 수익 변화량(108천 원/톤)이 가장 크다.

오답분석

① 수익의 증가는 2024년 2분기에서만 관찰된다.
② 재료비를 제외한 금액은 2024년 4분기가 2023년 4분기보다 낮다.
③ 수익의 변화량은 제품가격의 변화량과 밀접한 관계가 있다.

23

정답 ①

2025년 1분기의 재료비는 $(1.6\times70,000)+(0.5\times250,000)+(0.15\times200,000)=267,000$원이다. 2025년 1분기의 제품가격은 (2025년 1분기의 수익)+(2025년 1분기의 재료비)이며 2025년 1분기의 수익은 2024년 4분기와 같게 유지된다고 하였으므로 291,000원이다.

따라서 291,000+267,000=558,000원이므로 책정해야 할 제품가격은 558,000원이다.

24

정답 ④

두 사람이 내릴 수 있는 층은 1 ~ 8층이다.

따라서 두 사람이 엘리베이터에서 내리는 경우의 수는 $8\times8=64$가지이고, 같은 층에서 내리는 경우의 수는 8가지이다.

그러므로 두 사람이 같은 층에서 내릴 확률은 $\frac{8}{64}=\frac{1}{8}$이고, 서로 다른 층에서 내릴 확률은 $1-\frac{1}{8}=\frac{7}{8}$이다.

25

정답 ①

주택청약을 신청한 집합을 A, 펀드는 B, 부동산 투자는 C라고 가정하고, 벤 다이어그램 공식을 사용하여 투자항목 중 2개만 선택한 직원 수를 구하면 다음과 같다.

$A\cup B\cup C=A+B+C-\{(A\cap B)+(B\cap C)+(C\cap A)\}+(A\cap B\cap C)$=(전체 직원 수는 각 항목에 해당하는 총 인원에서 중복(3개 또는 2개)으로 선택한 직원 수를 제외한 것)

$(A\cap B)+(B\cap C)+(C\cap A)$의 값을 x라 가정하면,

$A\cup B\cup C=A+B+C-\{(A\cap B)+(B\cap C)+(C\cap A)\}+(A\cap B\cap C)$

$\rightarrow 60=27+23+30-x+5 \rightarrow x=25$

따라서 $(A\cap B)+(B\cap C)+(C\cap A)$의 값은 25명이며, 여기서 $(A\cap B\cap C)$, 3개 모두 선택한 직원 수가 3번 포함되어 있다. 그러므로 2개만 선택한 직원 수는 $25-5\times3=10$명이다.

26

정답 ③

내일 검은 펜을 사용하려면 오늘은 파란 펜이나 빨간 펜을 사용해야 한다.

따라서 확률은 $\left(\frac{1}{2}\times\frac{1}{2}\right)+\left(\frac{1}{3}\times\frac{2}{3}\right)=\frac{17}{36}$이다.

27

정답 ②

100만 원을 맡겨서 다음 달 104만 원이 된다는 것은 이자율이 4%라는 것을 의미한다.

따라서 50만 원 입금 시 다음 달 잔액은 52−30=22만 원이고, 그다음 달 총잔액은 $220,000\times1.04=228,800$원이다.

28

정답 ④

2020년에 업체 수의 증감률이 78.5%로 가장 크다.

오답분석

① 전년 대비 생산실적의 성장은 표의 전년 대비 성장률 항목에서 확인할 수 있다. 주어진 기간 동안 성장률이 양수이므로 항상 성장했음을 알 수 있다.
② 품목 수의 증감률을 보면 2021년에 음수였으므로 품목 수가 줄어든 해가 있었음을 알 수 있다.
③ 업체 수는 제조업체 중 생산실적을 보고한 업체만 포함한 것이므로 옳은 설명이다.

29

정답 ③

2023년과 2024년의 총 학자금 대출 신청건수를 구하면 다음과 같다.

- 2023년 : 1,921+2,760+2,195+1,148+1,632+1,224=10,880건
- 2024년 : 2,320+3,588+2,468+1,543+1,927+1,482=13,328건

따라서 2024년 총 학자금 대출 신청건수는 2023년 대비 $\frac{13,328-10,880}{10,880}\times100=22.5\%$ 증가하였다.

오답분석

① 2024년 학자금 총 대출금액은 (대출 신청건수)×(평균 대출금액)으로 구할 수 있으므로 대구와 부산의 학자금 총 대출금액을 구하면 다음과 같다.
  - 대구 : 2,320×688=1,596,160만 원
  - 부산 : 2,468×644=1,589,392만 원

  따라서 2024년 학자금 총 대출금액은 대구가 부산보다 많다.
② 대전의 2024년 학자금 평균 대출금액은 376만 원으로 전년인 235만 원 대비 $\frac{376}{235}=1.6$배 증가하였다.
④ 학자금 대출 신청건수가 가장 많은 지역은 2023년은 2,760건으로 인천이고, 2024년도 3,588건으로 인천으로 동일하다.

30

정답 ③

ㄴ. 휴게소가 없는 노선 중 평택충주선의 경우 영업소의 수가 17개이므로 옳지 않은 설명이다.
ㄹ. 영업소의 수가 휴게소의 수보다 많으면 영업소 1개당 휴게소 수는 1보다 작다. 영업소 수와 휴게소 수가 같으면 영업소 1개당 휴게소 수는 1이고, 영업소 수가 휴게소 수보다 적으면 영업소 1개당 휴게소 수는 1보다 크다. 영업소 수가 휴게소 수보다 적은 노선은 중앙선뿐이므로 계산하면 다음과 같다.
  - 중앙선 : $\frac{14}{6}\fallingdotseq2.33$개

  따라서 영업소 1개당 휴게소의 수가 가장 많은 노선은 중앙선이다.

오답분석

ㄱ·ㅁ. 제시된 자료를 통해 알 수 있다.
ㄷ. 휴게소의 수와 주유소의 수가 일치하지 않는 노선은 경부선, 88올림픽선, 호남선으로 총 3개의 노선이다.

31

정답 ④

미국의 점수 총합은 4.2+1.9+5.0+4.3=15.4점으로 프랑스의 총점 5.0+2.8+3.4+3.7=14.9점보다 높다.

오답분석

① 기술력 분야에서는 프랑스가 제일 높다.
② 시장지배력 분야의 점수는 일본이 1.7점으로 3.4점인 프랑스보다 낮다.
③ 브랜드파워 분야에서 각국 점수 중 최댓값과 최솟값의 차이는 4.3−1.1=3.2점으로 3 이상이다.

32

정답 ③

인천광역시와 광주광역시는 전년 대비 2024년에 헌혈률이 감소하였다.

33

정답 ②

헌혈률의 공식을 헌혈 인구를 구하는 공식으로 변형하면 '(헌혈 인구)=(헌혈률)×(광역시별 인구)÷100'이다. 따라서 대구광역시와 인천광역시의 헌혈 인구를 구하면 다음과 같다.

- 대구광역시 헌혈 인구 : 4.8×2,400,000÷100=115,200명
- 인천광역시 헌혈 인구 : 5.4×3,000,000÷100=162,000명

34

정답 ②

'6A1W−∑Å&+ㅋπ'을 해독하면 MARKET이다.
MARBLE을 암호로 변환하면 '6A1W−∑Å&♭£ㅋ'이다.

35

정답 ②

'WE CAN DO IT'은 공백을 제외한 글자 수는 9개이고, 단어 수는 4개이므로 맨 앞에 '9A4W−'를 붙인다. WE는 ₩ㅋ, CAN은 ⊃Å♬, DO는 □@, IT은 !π에 대응하고 각 공백을 '−'로 표시한다. 따라서 'WE CAN DO IT'을 변환하면 '9A4W−₩ㅋ−⊃Å♬−□@−!π'이다.

36

정답 ①

(가)의 SUMPRODUCT 함수는 배열 또는 범위에 대응하는 값끼리 곱해서 그 합을 구하는 함수이다.
=SUMPRODUCT(B4:B10,C4:C10,D4:D10)은 (B4×C4×D4)+(B5×C5×D5)+ … +(B10×C10×D10)의 값으로 나타난다.
따라서 (가) 셀에 나타나는 값은 2,610이다.

37

정답 ④

a	n
4	16
$2\times4+1=9$	$2\times16-6=26$
$2\times9+1=19$	$2\times26-6=46$
$2\times19+1=39$	$2\times46-6=86$
$2\times39+1=79$	$2\times86-6=166$

$\therefore\ 79+7=86$

38

정답 ②

a	n
5	2
$5+2=7$	$2\times2=4$
$7+4=11$	$2\times4=8$
$11+8=19$	$2\times8=16$
$19+16=35$	$2\times16=32$
$35+32=67$	$2\times32=64$
$67+64=131$	$2\times64=128$

$\therefore\ 131-128=3$

39

정답 ①

'예금 추천 서비스'는 예금 관련 키워드(→ YES)의 분기점에서 제시된 키워드이므로, 예금 추천 서비스(→ YES), '데이터 기반 예금 추천 서비스 메뉴'가 출력되고, 이때 출력되는 색상은 빨강이다.

40

정답 ④

주어진 학생의 배치고사 성적은 국어 60점(→ No), 수학 80점(→ No), 영어 70점(→ No), 한국사 45점(→ Yes)이므로 D반으로 배정받는다.

제2영역 직무수행능력

금융일반 – 객관식

01	02	03	04	05	06	07	08	09	10
④	④	③	①	④	②	②	④	③	①
11	**12**	**13**	**14**	**15**	**16**	**17**	**18**	**19**	**20**
④	④	③	④	③	④	④	①	①	①
21	**22**	**23**	**24**	**25**	**26**	**27**	**28**	**29**	**30**
④	①	②	④	④	④	④	②	②	①

01

정답 ④

기타포괄손익의 종류로는 재평가잉여금, 현금흐름위험회피 파생상품평가손실, 해외사업환산손익, 공정가치측정 금융자산평가손익, 재측정요소 등이 있다. 만기보유평가이익은 기타포괄손익에 해당하지 않는다.

02

정답 ④

성공요인은 기업의 경영전략을 평가하고 이를 통해 정의하는 것으로 평가 관점에 해당하지 않는다.

균형성과평가제도(BSC; Balanced ScoreCard)
조직의 목표 실현을 위해 기존 전략에 대해 재무, 고객, 업무 프로세스, 학습 및 성장 관점으로 평가하고, 이를 통해 전략 목표 달성을 위한 성공요인을 정의하는 성과 관리 시스템

03

정답 ③

M&A는 해외 직접투자에 해당하는 진출 방식이다.

오답분석

①·②·④ 프랜차이즈, 라이센스, 턴키, 현지 생산계약 등은 계약에 의한 해외 진출 방식이다.

04

정답 ①

조세가 부과될 경우 가격은 조세부과 액수보다 적게 상승하게 되므로 소비자와 생산자가 동시에 조세 부담을 하게 된다. 소비자와 생산자의 조세 부담은 수요·공급의 가격탄력도의 크기에 따라 상대적 부담이 다르게 된다.

05
정답 ④

평균가변비용과 한계비용의 관계는 다음과 같다.

- 평균가변비용이 증가하는 구간 : 평균가변비용이 한계비용보다 낮다.
- 평균가변비용이 최소인 점 : 평균가변비용과 한계비용이 같다.
- 평균가변비용이 감소하는 구간 : 평균가변비용이 한계비용보다 높다.

06
정답 ②

독점기업은 시장지배력을 갖고 있으므로 원하는 수준으로 가격을 설정할 수 있으나 독점기업이 가격을 결정하면 몇 단위의 재화를 구입할 것인지는 소비자가 결정하는 것이므로 독점기업이 가격과 판매량을 모두 원하는 수준으로 결정할 수 있는 것은 아니다.

07
정답 ②

일반적으로 자국 통화의 가치가 상대국 통화의 가치에 비해 하락하면 수입은 감소하고 수출은 증가한다. 한국 원화의 가치가 미 달러화에 대해서는 상승(달러화에 대한 환율 하락)하고, 일본 엔화에 대해서는 하락(엔화에 대한 환율 상승)하였으므로, 이를 통해 미 달러화에 대한 일본 엔화의 가치가 상승하였음을 의미한다. 따라서 미국이 수입하는 일본 자동차의 수는 감소할 것으로 예상할 수 있다.

08
정답 ④

제시문은 워크셰어링을 설명하고 있다. 임금피크제는 워크셰어링의 한 형태로, 일정 연령이 된 근로자의 임금을 삭감하는 대신 정년까지 고용을 보장하는 제도를 말한다.

오답분석

① 레이오프제(Lay Off System) : 경제 불황 등으로 조업단축이 불가피해 일손을 줄일 때 사업주가 노동조합과 협의하여 장래 재고용할 것을 약속하고 일시 해고하는 제도
② 타임오프제(Time Off System) : 노조 전임자에 대한 사용자의 임금지급을 원칙적으로 금지하되 노사 교섭, 산업안전, 고충처리 등 노무 관리적 성격이 있는 업무에 한해서 근무시간으로 인정하여, 이에 대한 임금을 지급하는 제도
③ 플렉스타임제(Flexible Working Hours System) : 근로자가 정해진 시간대 안에서 취업의 시작과 끝을 자유로이 정할 수 있는 근무시간제로, 자유근무시간제 또는 변동근무시간제라고도 함

09
정답 ③

디마케팅(Demarketing)은 기업이 자사 상품에 대한 고객의 구매를 의도적으로 줄임으로써 적절한 수요를 창출하고, 장기적으로는 수익의 극대화를 꾀하는 마케팅 기법이다.

10
정답 ①

구매력평가설은 한 재화 가격은 어디에서나 같아야 한다는 일물일가의 법칙에 입각한 것이다.

11
정답 ④

플랫폼이 갖고 있는 네트워크 효과는 핀테크 관련 사업에서 큰 영향을 미친다. 따라서 특정 영역의 선도사업자만이 이를 보유할 수 있는 과점 형태로 운영되고 있다.

12
정답 ④

로보어드바이저(Robo-advisor)란 로봇(Robot)과 투자전문가(Advisor)의 합성어로 로봇이 자산을 관리해 주는 자동화 서비스를 말한다.

오답분석

① 크라우드펀딩(Crowd Funding) : 자금이 없는 예술가나 사회활동가 등이 자신의 프로젝트를 인터넷에 공개하고 익명의 다수에게 투자를 받는 방식을 말한다.
② 쇼닥터(Show Doctor) : 의사 신분으로 방송 매체에 빈번하게 출연하여 근거 없는 치료법이나 건강 기능식품을 추천하는 사람을 말한다.
③ 스타트업(Start-up) : 설립한 지 오래되지 않은 신생 벤처기업을 뜻하며, 일반적으로 고성장・고수익 가능성을 지닌 기술・인터넷 기반의 회사를 말한다.

13
정답 ③

기술적 실업이란 기술이 진보함에 따라 노동이 기계로 대체되면서 발생하는 실업을 의미한다.

오답분석

① 계절적 실업 : 수요의 계절적 변화에 따라 발생하는 실업
② 구조적 실업 : 경제 구조의 변화로 노동수요 구조가 변함에 따라 발생하는 실업
④ 마찰적 실업 : 노동시장의 정보가 불완전하여 노동자들이 구직하는 과정에서 발생하는 실업

14
정답 ④

국내총생산(GDP; Gross Domestic Product)은 일정 기간 동안 한 나라의 국경 안에서 생산된 모든 재화와 서비스의 시장 가치를 화폐 단위로 합산한 것이다. 한편, 국민총생산(GNP; Gross National Product)은 일정 기간 동안 한 나라의 국민 전체가 생산한 모든 재화와 서비스의 시장 가치를 화폐 단위로 합산한 것이다.

제시된 표의 (가)는 A국 국민이 A국에서 생산하고, 시장에서 거래한 부가가치의 합이다. (나)는 A국 국민이 B국에서 생산하고, 시장에서 거래한 부가가치의 합이다. (다)는 B국 국민이 A국에서 생산하고, 시장에서 거래한 부가가치의 합이다. (라)는 B국 국민이 B국에서 생산하고, 시장에서 거래한 부가가치의 합이다.

오답분석

- A국 영화계에 진출한 B국 국적 배우의 출연료 → (다)
- B국에서 공부하는 A국 국적의 유학생이 B국에서 아르바이트를 하고 받은 임금 → (나)

15

정답 ③

양적완화는 중앙은행이 시중에 통화를 풀어 경기를 부양하는 정책이다. 통화량이 늘어나면 통화가치가 떨어지고, 원자재 가격이 상승하면서 물가도 상승한다.

오답분석

① 양적완화를 '하늘에서 돈을 흩뿌린다.'라는 의미로 '헬리콥터 머니'라고도 한다.
② 금리가 너무 낮아 더 내리는 것이 불가능한 비상 상황에서 중앙은행이 직접 국채나 금융자산을 매입하여 통화를 푼다.
④ 통화가치가 하락한 A국의 수출경쟁력은 상승하고, 반대로 A국과 거래하는 B국의 통화가치는 평가절상된다.

16

정답 ④

오답분석

① 뱅크런(Bank Run)에 대한 설명이다.
② 모라토리엄(Moratorium)에 대한 설명이다.
③ 디폴트(Default)에 대한 설명으로 채무불이행(Non-Payment)이라고도 한다.

17

정답 ④

자금이 이탈하면 주가 하락, 채권가격 하락(채권수익률 상승), 증권투자수지 악화 등의 효과가 직접적으로 나타난다. 이는 외환시장에서 달러화의 수요를 늘려 달러 대비 원화가치 하락의 원인이 된다. 그 결과 수입품 가격이 올라 수입물가가 상승한다.

18

정답 ①

총인구에서 생산연령인구의 비중이 높아지는 시기를 인구보너스기, 인구고령화로 인해 인구가 경제성장에 부담으로 작용하는 시기는 인구오너스기라고 부른다.

19

정답 ①

디플레이션(Deflation)은 통화량의 축소에 따라 물가가 하락하고 경제활동이 침체되는 현상을 말한다.

20

정답 ①

수요부족에 따른 초과공급이 발생하지 않는다는 '세이의 법칙'을 설명하고 있다.

오답분석

② 코즈의 정리 : 소유권이 잘 확립되고 거래비용이 없을 때, 시장 참여자가 자발적인 협상을 통해 환경오염 등 외부성이 야기하는 문제가 해결될 수 있다는 이론
③ 슈바베의 법칙 : 소득과 주거비 지출과의 관계에 대해 정리한 이론으로 소득수준이 높을수록 전체 생계비에서 주거비가 차지하는 비율이 낮아지고, 소득수준이 낮을수록 전체 생계비에서 주거비가 차지하는 비율이 높아진다는 것
④ 피구효과 : 물가하락에 따른 자산의 실질가치 상승이 소비를 증가시키는 효과

21

정답 ④

공동변동환율제란 역내에서는 제한환율제를 채택하고, 역외에서는 공동으로 변동환율제를 채택하는 환율제도이다.

22

정답 ①

가중평균금리는 금융상품의 금리를 금융상품의 금액별로 가중치를 두고, 평균을 내어 구하며 가중평균 수신금리와 가중평균 대출금리로 나누어 구한다.

23

정답 ②

Off-JT는 직장 내 교육훈련(OJT)을 보다 효과적으로 하려는 목적에서 직장 밖에서 실시하는 교육훈련을 말한다.

24

정답 ④

계속기업의 가정이란 보고기업이 예측 가능한 미래에 영업을 계속하여 영위할 것이라는 가정이다. 기업이 경영활동을 청산 또는 중단할 의도가 있다면, 계속기업의 가정이 아닌 청산가치 등을 사용하여 재무제표를 작성한다.

오답분석

① 원칙적으로 최소 1년에 한 번씩은 작성해야 한다.
② 현금흐름표 등 현금흐름에 관한 정보는 현금주의에 기반한다.
③ 재무제표는 재무상태표, 포괄손익계산서, 자본변동표, 현금흐름표 그리고 주석으로 구성된다. 법에서 이익잉여금처분계산서 등의 작성을 요구하는 경우, 주석으로 공시한다.

25

정답 ④

경영관리란 경영상에서의 각종 업무수행이 경영목적을 가장 효과적으로 행할 수 있도록 여러 가지 시책을 체계적으로 연구하고 경영조직체를 만들어 이를 운영하는 일을 의미한다.

26

정답 ④

결손금 보전 순서는 이월이익잉여금 → 임의적립금 → 기타 법정적립금 → 이익준비금 → 자본잉여금이다.

27

정답 ④

오답분석

① 코스닥 : 한국의 장외 주식시장을 말한다.
② 나스닥 : 미국의 장외 주식시장을 말한다.
③ 다우존스 : 세계적인 명성을 지니고 있는 금융정보, 언론서비스 회사이다.

28

정답 ②

오답분석

① 브리지론 : 자금이 급히 필요할 때 일시적으로 조달하기 위해 도입되는 자금
③ 비소구금융 : 사업주의 모기업과 법적으로 별개인 독립적인 사업으로 프로젝트를 운영, 프로젝트로부터의 현금흐름을 모기업의 그것과 완전히 분리시켜서 프로젝트의 소요 자금을 조달하는 기법
④ 금융중개기관 : 저축자 일반으로부터 자금을 예입받아 그 자금을 차용인에게 대부하는 금융기관

29

정답 ②

오답분석

① 모태펀드 : 여러 개의 채권형 펀드 또는 주식형 펀드를 하나의 펀드로 만든 상품
③ P2P대출 : 금융기관을 거치지 않고 온라인 플랫폼을 통해 개인끼리 자금을 주고받는 대출 서비스
④ 외자대출 : 국내의 외국환 은행들이 국제금융시장에서 빌려온 외자자금을 국내 기업들에 빌려 주는 것

30

정답 ①

오답분석

② 지급준비율 : 은행이 고객으로부터 받은 예금 중 중앙은행에 의무적으로 적립해야 하는 비율
③ 기준금리 : 중앙은행인 한국은행 안에 설치된 금융통화위원회에서 매달 회의를 통해 결정하는 금리
④ 콜금리 : 금융기관 사이의 단기자금 과부족을 조정해 주는 콜시장에서 형성되는 금리

금융일반 - 주관식

01	02	03	04	05
35	1,000	◎	20	1

01

정답 35

수요의 가격탄력성이란 어떤 재화의 가격 변화에 대한 수요량 변화 정도를 나타내는 지표이므로 수요변화율을 가격변화율로 나누어 계산한다. 쌀의 가격이 10% 하락하였을 때 쌀 수요의 가격탄력성은 5이므로 수요증가율은 $10\times5=50\%$이다. 즉, 쌀의 가격은 10% 하락하였으나, 판매 수량은 50% 증가하였으므로 (매출액)=(판매액)×(판매 수량)=$(1-0.1)\times(1+0.5)=1.35$이다.
따라서 I씨의 쌀 매출액은 약 35% 증가한다.

02

정답 1,000

기회비용이란 어떤 행위를 선택함으로써 포기해야 하는 여러 행위 중 가장 가치가 높게 평가되는 행위의 가치를 의미한다.
따라서 A씨가 적금에 가입함으로써 포기해야 하는 연간 기회비용은 주식에 대한 기대수익인 $5,000\times0.2=1,000$만 원이다.

03

정답 ◎

긍정론의 주요 논거에는 책임과 권력의 균형, 보다 좋은 기업 환경 조성, 기업의 공공성 기대, 정부에 의한 규제 회피, 사회관심을 구하는 시스템의 상호의존성, 주주의 관심 등이 있다.

오답분석

㉠~㉦ 기업의 사회적 책임에 대한 부정론의 주요 논거이다.

04

정답 20

균형국민소득을 구하기 위해 먼저 총지출(AE)을 정리해 보면 다음과 같다.

$AE=C+I+G+NX$
$=15,000+0.6(Y-7,000)-4,000r+5,000-3,000r+5,000+600$
$\therefore AE=21,400+0.6Y-7,000r$

국민소득의 삼면등가의 법칙[(국내총생산)=(국내총소득)=(국내총지출)]에 따라 Y=AE이므로 이를 정리하면 다음과 같다.

$Y=21,400+0.6Y-7,000r$
$\rightarrow 0.4Y=21,400-7,000r$
$\rightarrow 0.4\times50,000=21,400-7,000r$
$\rightarrow 7,000r=21,400-0.4\times50,000=1,400$
$\therefore r=0.2$

따라서 통화당국이 설정해야 하는 이자율은 20%이다.

05

정답 1

균형재정승수란 정부가 균형재정을 유지하는 경우에 국민소득이 얼마나 증가하는가를 측정하는 것이다. 균형재정이란 정부의 조세수입과 정부지출이 같아지는 상황으로 $\Delta G = \Delta T$라고 할 수 있으며, 정부지출과 조세를 동일한 크기만큼 증가시키는 경우이다.

정부지출승수는 $\frac{\Delta Y}{\Delta G} = \frac{1}{1-MPC}$이고, 조세승수는 $\frac{\Delta Y}{\Delta T} = \frac{-MPC}{1-MPC}$이다.

따라서 정부지출과 조세를 동시에 같은 크기만큼 증가시키면, $\frac{\Delta Y}{\Delta G} + \frac{\Delta Y}{\Delta T} = \frac{1}{1-0.8} + \frac{-0.8}{1-0.8} = 5-4 = 1$이므로 균형재정승수는 1이다.

디지털 - 객관식

01	02	03	04	05	06	07	08	09	10
②	②	④	④	③	②	①	①	①	②
11	12	13	14	15	16	17	18	19	20
③	②	④	②	④	③	②	④	②	③
21	22	23	24	25	26	27	28	29	30
③	④	③	④	①	④	②	①	④	①

01

정답 ②

안티 앨리어싱(Anti-Aliasing)은 화면 해상도가 낮아 사선이나 곡선이 매끄럽게 표현되지 않고, 톱니 모양과 같이 거칠게 표시되는 느낌을 감소시키는 기법이다(샘플링 이론을 기초로 제안).

02

정답 ②

단계별 종료 시점을 명확하게 하는 것은 생명 주기 모형 중 폭포수 모형에 대한 설명이다.

03

정답 ④

해당 설명은 인스턴스(Instance)에 대한 설명이며, 추상화(Abstraction)는 다른 객체와 구분되는 속성으로 하위 객체의 공통된 특성을 묘사한다.

04

정답 ④

C언어는 절차 지향 언어이고, C++언어는 객체 지향 언어이다.

05

정답 ③

프로그램 개발 단계에서는 단계별 결과를 바로 확인해야 하는 프로그램 테스트 작업이 자주 수행되므로 컴파일러보다는 결과 확인에 시간이 적게 소요되는 인터프리터가 유리하다.

06

정답 ②

데이터의 개체는 서로 다른 사이트에 중복될 수 있으며, 중복 데이터의 일관성 유지는 사용자와 관계없이 시스템에 의해 수행된다. 트랜잭션이 데이터의 중복 개수나 중복 사실을 모르고도 데이터 처리가 가능하며 이를 중복 투명성(Replication Transparency)이라 한다.

07

정답 ①

#define은 상수 값을 정의 내리는 구성 요소로 프로그램에서 사용할 문자열을 치환할 때 사용한다.

오답분석

② #include : 다른 파일에 선언되어 있는 함수나 데이터 형을 현재 프로그램에 포함시킬 때 사용한다.

08

정답 ①

프로그램의 처리 순서는 다음과 같다.
원시(Source) 프로그램 → 컴파일러(Compiler) → 목적(Object) 프로그램 → 실행 가능한 프로그램 → 로더(Loader)

09

정답 ①

컴파일러는 원시 프로그램을 목적 프로그램으로 한꺼번에 번역하지만 인터프리터는 명령을 하나씩 번역하여 직접 실행하기 때문에 인터프리터의 실행 속도가 다소 느리다.

10

정답 ②

JSP(Java Server Pages)는 다이나믹 HTML을 생성하기 위한 자바 언어이다.

11

정답 ③

Gray 코드는 BCD 코드에 인접하는 비트를 X – OR 연산하여 만든 코드로서 입출력 장치, D / A변환기, 주변 장치 등에서 숫자를 표현할 때 사용한다.
주로 범용 컴퓨터에서 정보 처리 부호로 사용되며, 확장 2진화 10진 코드라고 불리는 것은 EBCDIC 코드이다.

12

정답 ②

10진수를 2진수로 표현하는 방법 중 하나이며, 임의의 10진수에 3을 더하고 이것을 2진화한 것이다. 따라서 10진수 3을 3 – 초과 코드로 표현할 때 3 3 6을 2진수로 표현하면 되고, 0110이 된다.

13

정답 ④

2의 보수는 1의 보수 과정을 거친 숫자에 1을 더하는 기법이다. 따라서 1의 보수보다 표현할 수 있는 수의 개수가 하나 더 많다.

14

정답 ②

딥러닝(Deep Learning)은 스스로 학습하는 능력이 있는 컴퓨터로 많은 데이터를 스스로 분류하여 상하 관계를 파악한다. 즉, 인간이 가르치지 않아도 방대한 데이터를 기반으로 스스로 학습하고, 이를 바탕으로 미래를 예측한다.

15

정답 ④

베이스레지스터 주소 지정

- 명령어 주소부에 있는 주소값 베이스레지스터(Base Register)이다.
- 프로그램의 재배치가 용이하다.
- 다중 프로그래밍 기법에 많이 사용된다.

16

정답 ③

메모리 버퍼 레지스터(MBR)는 기억장치에 출입하는 데이터가 일시적으로 저장되는 레지스터이다.

오답분석

① 프로그램 카운터(PC)에 대한 설명이다.
② 명령 레지스터(IR)에 대한 설명이다.
④ 메모리 주소 레지스터(MAR)에 대한 설명이다.

17

정답 ②

DDR4(Double Data Rate 4th)는 동작속도 등으로 규정한 D램 반도체의 규격으로, 정확히는 DDR4 SDRAM이라고 한다.

오답분석

① SATA : SATA는 PATA 인터페이스의 한계를 극복하고 하드디스크 및 ODD의 성능을 향상시키기 위한 새로운 표준 인터페이스에 대한 요구에 부응한 새로운 인터페이스이다.
③ EIDE : 데이터 전송을 위해 메인보드와 하드디스크(HDD), SSD를 연결하는 인터페이스로, SATA 방식보다 느려서 현재는 거의 사용하지 않는다.
④ SCSI : 컴퓨터와 주변장치들을 연결하는 인터페이스 규격으로, 일종의 하드디스크 컨트롤러이다.

18

정답 ④

중앙처리장치(CPU)는 주기억장치(레지스터), 제어장치, 연산(산술 / 논리)장치로 구성된다.
모뎀은 주변장치에 해당하며, 통신을 위해 사용한다.

19

정답 ②

강결합 시스템(Tightly – Coupled)은 모든 프로세서가 기억장치를 공유하는 공유 기억장치 방식으로 하나의 운영체제가 모든 프로세서와 하드웨어를 제어한다.

20

정답 ③

순차 파일(Sequential File)은 입력 데이터의 논리적 순서에 따라 연속적인 물리적 위치에 기록하는 파일 방식으로 주로 순차 접근이 가능한 자기 테이프에서 사용하지만 정보의 구현이 쉽기 때문에 어떤 매체라도 쉽게 사용할 수 있다.

21

정답 ③

LOOK은 SCAN 기법을 사용하되 진행 방향의 마지막 요청을 서비스한 후 그 방향의 끝으로 이동하는 것이 아니라 방향을 바꾸어 역방향으로 진행하는 기법이다.

오답분석

① SLTF(Shortest Latency Time First) : 섹터 큐잉(Sector Queuing)이라고 하며, 회전 시간의 최적화를 위해 구현된 기법으로 디스크 대기 큐에 있는 여러 요청을 섹터 위치에 따라 재정렬하고, 가장 가까운 섹터를 먼저 서비스한다.
② Eschenbach : 탐색 시간과 회전 지연 시간을 최적화하기 위한 최초의 기법으로 부하가 매우 큰 항공 예약 시스템을 위해 개발되었다.
④ SSTF(Shortest Seek Time First) : 탐색 거리가 가장 짧은 요청이 있을 시 큐의 제일 앞에 있지 않더라도 먼저 서비스를 받으며, 특정 요청들을 차별하는 경향이 있다.

22

정답 ④

오답분석

① 상호 배제(Mutual Exclusion) : 한 프로세스가 사용 중이면 다른 프로세스가 기다리는 경우로 프로세스에 필요한 자원의 배타적 통제권을 요구한다.
② 점유와 대기(Hold and Wait) : 프로세스들은 할당된 자원을 가진 상태에서 다른 자원을 기다린다.
③ 환형 대기(Circular Wait) : 각 프로세스는 순환적으로 다음 프로세스가 요구하는 자원을 가지고 있다.

23

정답 ③

완전 연결은 모든 사이트들 간에 서로 직접 연결되는 구조로, 하나의 링크가 고장 나도 다른 링크를 이용할 수 있으므로 신뢰성이 높고, 링크가 다수이므로 기본비용이 많이 드는 반면, 통신비용은 적게 든다.

24

정답 ④

두 개 이상의 목적 프로그램을 합쳐서 실행 가능한 프로그램으로 만드는 것은 링커(Linker)의 기능이다.

25

정답 ①

운영체제의 발달 과정

- 제1세대(1950년대) : 버퍼링, 스풀링, 일괄 처리 시스템
- 제2세대(1960년대 초) : 다중 프로그래밍, 다중 처리, 시분할 시스템
- 제3세대(1960년대 중반 ~ 1970년대 중반) : 다중 모드 시스템
- 제4세대(1970년대 중반 ~ 현재) : 가상 머신, 분산 데이터 처리

26

정답 ④

데이터를 암호화할 때 사용하는 키(암호키, 공개키)는 공개하고, 복호화할 때 키(해독키, 비밀키)는 비공개한다.

27

정답 ②

㉠ 블록체인이란 다수의 거래 데이터를 묶어 블록을 구성하고, 여러 블록들을 체인처럼 연결한 뒤, 모든 참여자들이 복사하여 분산 저장하는 알고리즘을 말한다. 기존의 금융거래가 은행 등 중간 매개자의 존재를 필요로 했다면, 블록체인 기술은 정보를 모든 참여자가 나누어 저장하므로 중앙 관리자가 필요하지 않다.
㉢ 다수의 참여자들이 동일한 데이터를 분산하여 저장하는 방식이므로, 모든 네트워크가 동시에 공격받지 않는 한, 해킹으로부터 안전하다. 그리고 블록체인에 참여하는 전 세계 모든 네트워크를 일시에 공격하는 것은 매우 큰 전력과 연산처리능력이 필요하므로 사실상 불가능한 일이다.

오답분석

㉡ 블록에 저장된 거래내역은 모든 참여자가 열람할 수 있도록 설계되어 있다. 또한 누락된 정보 등을 검사하기 위해 모든 사용자가 소지하는 거래내역을 비교하고, 오류가 발견되면 정상적인 거래내역을 복제하여 대체하는 방식이다. 이를테면, 블록체인 기술을 이용하는 대표적인 암호화폐인 비트코인은 10분에 한 번씩 블록을 구성하고 거래내역을 검사한다.
㉣ 블록에 기록되는 거래내역은 해시함수(다양한 데이터를 고정된 길이의 데이터로 변환하는 함수)에 의해 암호화되어 저장된다. 만일 해커가 해당 내역을 변조하려고 한다면, 해시값이 변경되어 곧바로 변조 여부를 파악할 수 있다.
㉤ 기존의 거래방식인 서버 – 클라이언트 구조에서는 서버로 데이터가 집중되기 때문에 서버가 의사결정권한을 가지는 형태였다. 블록체인은 중앙 관리자가 존재하지 않으므로 의사결정에 있어 모든 사용자가 참여한다. 특정 거래의 진위 여부, 유효성 등을 판별함에 있어 '작업증명'이라는 방식이 사용되기도 한다. 작업증명이란, 특정한 일련의 연산을 계속 반복함으로서 해당 작업에 참여했음을 증명하는 방식이다. 참여자는 이 대가로 암호화폐를 받게 되고, 이것을 '채굴'이라고 한다.

28

정답 ①

IEEE 802.3은 IEEE 802 위원회 산하 반송파 동시 공동 이용 / 충돌 탐지(CSMA / CD) 네트워크 소위원회에서 표준화한 CSMA / CD 방식의 매체 접근 제어 부분층(MACS) 및 물리 계층의 표준이다.

29

정답 ④

스니핑(Sniffing)은 네트워크 주변의 모든 패킷을 엿보면서 계정(Account)과 암호(Password)를 알아내는 행위로 1회용 암호를 사용하거나 지정된 암호를 자주 변경한다.

30

정답 ①

FIFO 알고리즘은 복수의 신호 혹은 잡(Job)이 처리대기로 되어 있을 경우, 처리의 우선순위를 붙이지 않고 메모리에 먼저 올라온 페이지를 먼저 내보내는 방식이다. 페이지가 활동적으로 사용되는데도 불구하고 가장 먼저 들어오면 교체되기 때문에 페이지 프레임을 더 많이 할당해도 페이지 부재율이 증가하는 모순적인 현상이 나타난다.

디지털 - 주관식

01	02	03	04	05
㉣	㉠, ㉢, ㉣	8	−2	㉡

01

정답 ㉣

자바스크립트(Javascript)는 HTML에 삽입되어 HTML을 확장하는 기능으로 HTML을 강력하고 편리하게 꾸밀 수 있다.

02

정답 ㉠, ㉢, ㉣

오답분석

㉡ 종합 정보통신망(ISDN)은 디지털 전송에 의한 통신망으로 전화, 데이터, 화상, 팩시밀리 등 전기 통신 서비스를 통합적으로 제공하는 디지털 통신망으로 전화 교환망에 디지털 기능을 추가하여 새로운 통신 서비스를 제공한다.

03

정답 8

#define 선행처리 지시자는 함수나 상수를 단순화해 주는 매크로를 정의할 때 사용한다. 매크로는 함수나 상수에 이름을 붙이며, 해당 매크로가 어떤 것을 가리키고 있는지를 명확하게 나타낸다. PI라는 매크로는 3.14로 단순 치환되므로 PI값인 3.14에 5를 더해 8.14가 출력된다.

04

정답 −2

대입연산자는 변수에 값을 대입할 때 사용하는 이항연산자이며, 피연산자들의 결합 방향은 오른쪽에서 왼쪽이다. 대입연산자 −=는 왼쪽의 피연산자에서 오른쪽의 피연산자를 뺀 후, 그 결괏값을 왼쪽의 피연산자에 대입한다. a는 3이고, 3−=5로 계산되므로 −2가 출력된다.

05

정답 ㉡

입자의 크기가 수 nm 수준으로 작아지게 되면 이들 입자의 전기·광학적 성질이 크게 변화하는데, 퀀텀닷(Quantum Dot)은 이러한 초미세 반도체 나노 입자를 지칭하는 용어로 양자점이라고도 한다.

오답분석

㉠ 트랜지스터(Transistor) : 반도체를 접합해 만든 전자회로 구성 요소
㉢ 도체(Conductor) : 전기 또는 열에 대한 저항이 매우 작아 전기나 열을 잘 전달하는 물체
㉣ N형 반도체(N − type Semiconductor) : 전기 전도현상을 지배하는 주된 운반체가 전자인 반도체
㉤ 다이오드(Diode) : 전자 현상을 이용하는 2단자 소자
㉥ P형 반도체(P − type Semiconductor) : 순수한 반도체 물질에 불순물을 첨가하여 정공이 증가하게 만든 반도체
㉦ 진성반도체(Intrinsic Semiconductor) : 음극의 전자 개수와 양극의 양공 개수가 거의 비슷한 상태인 반도체

제3회 모의고사 정답 및 해설

제 1 영역 NCS 직업기초능력

01	02	03	04	05	06	07	08	09	10
④	②	④	②	④	③	③	④	③	③
11	12	13	14	15	16	17	18	19	20
①	④	③	③	①	④	①	②	④	②
21	22	23	24	25	26	27	28	29	30
④	④	①	②	④	④	④	③	②	④
31	32	33	34	35	36	37	38	39	40
④	④	①	③	④	③	④	④	③	③

01
정답 ④

시민안전체험관이 아닌 신도림역과 인근 다양한 시민 참여형 체험 행사를 마련하였다.

02
정답 ②

클라우드를 '그린 IT 전략'으로 볼 수 있는 것은 남는 서버를 활용하고 개인 컴퓨터의 가용률을 높여 자원을 유용하게 활용하기 때문이다.

03
정답 ④

명시적 인센티브 계약을 하면 성과에 기초하여 명시적인 인센티브가 지급된다. 따라서 성과를 측정하기 어려운 업무를 근로자들이 등한시하게 되는 결과를 초래할 수 있다. 그러므로 성과를 측정하기 어려운 업무에 종사하는 근로자에 대한 보상에서는 암묵적인 인센티브가 더 효과적이다.

오답분석

①은 첫 번째 문단, ②는 세 번째 문단, ③은 두 번째 문단에서 확인할 수 있다.

04
정답 ②

암묵적 계약은 객관적으로 확인할 수 있는 조건보다는 주관적인 평가에 기초한 약속이다.

05
정답 ④

제시문은 첫 번째 문단에서 위계화의 개념을 설명하고 이러한 불평등의 원인과 구조에 대한 글이다. 따라서 제목으로 ④가 가장 적절하다.

06
정답 ③

나치 치하의 유태인 대학살과 라틴 아메리카의 다인종 사회의 예는 민족이나 인종의 차이가 단순한 차이가 아닌 차별과 불평등을 정당화하는 근거로 이용되고 있다는 내용이므로 (나)의 '개인의 열등성과 우등성을 가늠하게 만드는 사회적 개념이 되곤 한다.' 다음에 들어가는 것이 가장 적절하다.

07
정답 ③

(다)의 두 번째 문장을 통해 알 수 있다.

08
정답 ④

보기는 관심사가 하나뿐인 사람을 1차원 그래프로 표시할 수 있다는 내용이다. 이는 제시문의 1차원적 인간에 대한 구체적인 예시에 해당하므로 ㉣에 들어가는 것이 가장 적절하다.

09
정답 ③

금융부실관련자 책임추궁에 따르면 금융회사 부실의 부분적인 원인을 제공한 경우에도 조사 대상이 된다.

오답분석

① 금융부실관련자에 대한 예금보험공사의 책임추궁은 예금자보호법에 근거한다.
② 예금보험공사는 검찰과 협조하여 금융부실책임조사본부를 발족하여 부실채무기업에 대해 조사를 수행하고 있다.
④ 예금보험공사는 2013년에 부실채무기업의 증가에 따라서 전담조직인 조사2국을 신설하여 대응하였다.

10

정답 ③

ㄴ. 네 번째 문단에서 소비자물가가 아니라 소비자물가의 상승률이 남은 상반기 동안 1% 미만의 수준에서 등락하다가 하반기에 들어 1%대 중반으로 상승할 것임을 알 수 있다.

ㄷ. 세 번째 문단에 따르면, 국내의 수출이 하락세로 진입한 것이 아니라 수출의 증가세가 둔화된 것뿐이다.

오답분석

ㄱ. 두 번째 문단에 따르면, 미 연방준비은행의 통화정책 정상화가 온건한 속도로 이루어짐에 따라 국제금융시장의 변동성이 축소되는 경향이 지속되었음을 알 수 있다. 그러므로 미 연준의 통화정책의 변동성이 커진다면 국제금융시장의 변동성도 확대될 것임을 예측할 수 있다.

ㄹ. 마지막 문단에 따르면, 금융통화위원회는 국내 경제가 잠재성장률 수준에서 크게 벗어나지 않으면서 수요 측면의 물가상승압력도 크지 않기 때문에 통화정책 기조를 유지할 것이라고 하였다. 따라서 국내 경제성장률은 잠재성장률 수준을 유지하더라도, 수요 측면에서의 물가상승압력이 급증한다면 완화기조를 띠고 있는 통화정책 기조를 변경할 수 있을 것이라 추론할 수 있다.

11

정답 ①

조건에 따라 9월 달력을 그리면 다음과 같다.

월	화	수	목	금	토	일
				1	2	3
4	5	6	7	8	9	10
11	12	13 치과	14	15	16	17
18	19	20 치과	21	22	23	24
25	26	27	28 회의	29	30 추석연휴	

치과 진료는 수요일 연속 3주간 받는다고 하였으므로 셋째 주, 넷째 주 수요일은 무조건 치과 진료가 있다. 또한 8박 9일간 신혼여행을 간다고 하였으므로 적어도 9일은 쉴 수 있어야 한다. 위 달력에서 9일 동안 아무 일정이 없는 날은 1일부터 12일까지다. 신혼여행으로 인한 휴가는 5일 동안이므로 이 조건을 고려하면 노대리의 신혼여행은 9월 2일부터 10일까지이다. 결혼식 다음 날 신혼여행을 간다고 하였으므로 노대리의 결혼날짜는 9월 1일이다.

12

정답 ④

사원수를 a명, 사원 1명당 월급을 b만 원이라고 가정하면, 월급 총액은 $(a\times b)$가 된다.

두 번째 정보에서 사원수가 10명이 늘어나면 월급은 100만 원 작아지고 월급 총액은 기존의 80%로 줄어든다고 하였으므로, 이에 따라 방정식을 세우면 다음과 같다.

$(a+10)\times(b-100)=(a\times b)\times0.8$ ⋯ ㉠

세 번째 정보에서 사원수가 20명 줄어들면 월급은 동일하고 월급 총액은 60%로 줄어든다고 하였으므로 사원 20명의 월급 총액은 기존 월급 총액의 40%임을 알 수 있다.

$20b=(a\times b)\times0.4$ ⋯ ㉡

㉡에서 사원수 a를 구하면 다음과 같다.

$20b=(a\times b)\times0.4 \rightarrow 20=a\times0.4$

$\therefore a=\frac{20}{0.4}=50$

㉠에 사원수 a를 대입하여 월급 b를 구하면 다음과 같다.

$(a+10)\times(b-100)=(a\times b)\times0.8$

$\rightarrow 60\times(b-100)=40b$

$\rightarrow 20b=6,000$

$\therefore b=300$

따라서 사원수는 50명이며, 월급 총액은 $(a\times b)=50\times300=$1억 5천만 원이다.

13

정답 ③

2024년 4월 8일을 기준으로 A ~ D의 재직 기간을 구하여, 사용한 연가일수를 차감한 결과는 아래와 같다.

- A : 6개월 이상 ~ 1년 미만 → 6−1=5일
- B : 3년 이상 ~ 4년 미만 → 14−9=5일
- C : 5년 이상 ~ 6년 미만 → 20−13=7일
- D : 1년 이상 ~ 2년 미만 → 9−3=6일

따라서 연가일수가 가장 많이 남은 사람은 C이다.

14

정답 ③

해외취업연수 프로그램의 참여기준에 따르면 대학교 이하의 최종 학교 휴학생은 프로그램 참여가 불가능하므로 ③은 적절하지 않다.

15

정답 ①

1년 기본 마일리지 적립 외에 고려할 사항들은 PP카드 사용 여부, 연회비, 커피 및 영화로 인한 마일리지 추가 적립이다.

우선 천 원당 마일리지는 S카드가 가장 많고, 여기에 PP카드를 2번 사용한다고 했으므로 무료제공이 없는 K카드와 S카드는 모두 연회비에 각각 6만 원씩을 더한다. 카드별 B항공 마일리지와 비용을 정리해 보면 다음과 같다.

구분	마일리지 (천 원당)	PP카드 무료제공 유무	연회비+ PP카드 비용
C카드	1.6	○	150,000원
K카드	1.2	×	80,000원
E카드	$1.8\times1.2\times\frac{1,000}{1,500}$ $=1.44$	○	40,000원
S카드	2.5 (월 100만 원 지출)	×	110,000원

연회비와 PP카드 비용 합산 최고액(15만 원) 기준 나머지 차액들은 모두 마일리지로 적립 가능하다. 또한 K카드의 경우 11만 원(영화+커피)을 모두 추가 마일리지로 적립하므로 천 원당 3마일리지 적립이 가능하다. 먼저 금액이 월 지출에 포함되어 있어 1.2 마일리지를 제외하고, 추가로 마일리지를 적립하면, 한 달에 1.8×110=198마일리지가 더 적립된다.

최종적으로 갑돌이가 1년간 카드별 적립할 수 있는 B항공 총마일리지를 정리하면 다음과 같다.

구분	기본 적립	연회비+PP 카드 차액 추가 적립	커피+영화 추가 적립	총마일리지
C카드	1,600×12 =19,200	0	0	19,200
K카드	1,200×12 =14,400	70×1.2 =84	198×12 =2,376	16,860
E카드	1,440×12 =17,280	110×1.44 =158.4	0	17,438.4
S카드	2,500×12 =30,000	40×1.3 =52	0	30,052

따라서 갑돌이가 1년 동안 가장 높은 마일리지를 쌓을 수 있는 카드는 S카드, 두 번째는 C카드이다.

16

정답 ④

15번과 같이 고려해야 할 사항은 PP카드 사용 여부, 연회비, 커피 및 영화 그리고 공연으로 인한 마일리지 추가 적립이다. 여기서 PP카드 사용 조건이 6회이기 때문에 PP카드 무료제공이 없는 카드는 3×6=18만 원의 비용이 들며, E카드의 경우 3회가 무료이므로, 나머지 3회 비용 9만 원을 지불한다. 이를 정리하면 다음과 같다.

구분	마일리지(천 원당)	PP카드 무료제공 유무	연회비+ PP카드 비용
C카드	1.2	○	150,000원
K카드	$1.2\times\frac{1,000}{1,500}=0.8$	×	200,000원
E카드	$1.8\times1\times\frac{1,000}{1,500}=1.2$	○	130,000원
S카드	1	×	230,000원

K카드의 경우 3마일리지를 커피, 영화, 공연 지출 비용으로 추가 적립 가능하므로 기본 마일리지에서 매달 (3−0.8)×200=440마일리지를 추가로 얻는다. 또한 연회비와 PP카드 비용의 최고액 23만 원(S카드)을 기준으로 나머지 차액들을 각 카드에 추가 마일리지로 1년 마일리지를 얻을 수 있다.

1년간 마일리지 기본 적립과 기타 추가 적립을 정리하면 다음과 같다.

구분	기본 적립	연회비+PP 카드 차액 추가 적립	커피+영화 +공연 추가 적립	총 마일리지
C카드	1.2×700×12 =10,080	1.2×80 =96	0	10,176
K카드	0.8×700×12 =6,720	0.8×30 =24	440×12 =5,280	12,024
E카드	1.2×700×12 =10,080	1.2×100 =120	0	10,200
S카드	1×700×12 =8,400	0	0	8,400

따라서 을순이가 가장 많은 마일리지를 적립할 수 있는 카드는 'K카드 − E카드 − C카드 − S카드' 순이다.

17

정답 ①

연차별 예산범위를 만족시키면서 6년 내에 모든 지부의 전산시스템의 교체가 가능한 경우는 다음과 같다.

구분	1년 차	2년 차	3년 차	4년 차	5년 차	6년 차
수도권	○	○	○	○		
전남권		○	○			
충북권	○					
경남권				○	○	○
경북권					○	○
사용할 예산 (억 원)	26+5 =31	26+10=36	26+10 =36	26+17 =43	17+9 =26	17+9 =26
사용 가능 예산 (억 원)	32	40	38	44	28	26

ㄱ. 6년 내에 모든 지부의 전산시스템 교체를 위해서 수도권 지부는 1년 차에 시작하여야 하므로 옳은 설명이다.

ㄴ. 전남권 교체 작업은 수도권의 교체 기간을 벗어나 다른 시기에 이루어질 수 없다.

오답분석

ㄷ. 충북권의 교체 작업을 6년 차에 시작한다면 경북권을 6년 차에 교체할 수 없게 되고, 다른 기간에 경북권의 교체를 실시한다면 예산범위를 초과하는 연차가 생긴다. 따라서 6년 내에 교체가 불가능하다.

ㄹ. 충북권은 경남권이 아니라 수도권과 동시에 진행되므로 옳지 않은 설명이다.

18

정답 ②

변경된 연차별 예산범위를 만족시키면서 6년 내에 모든 지부의 전산시스템의 교체가 가능한 경우는 다음과 같다.

구분	1년 차	2년 차	3년 차	4년 차	5년 차	6년 차
수도권			○	○	○	○
전남권				○	○	
충북권			○			
경남권	○	○	○			
경북권	○	○				
사용할 예산 (억 원)	17+9 =26	17+9 =26	26+5 +17 =48	26+10 =36	26+10 =36	26
사용 가능 예산 (억 원)	28	26	50	39	36	30

수도권 교체를 1년 차 혹은 2년 차에 시작하면 기한 내에 경남권을 실시할 수 없다. 그러므로 수도권 교체를 3년 차에 시작하고, 예산을 고려하여 경남권을 1년 차에 시작하도록 배치한다. 그러면 2년 차에 남은 잔여 예산은 9억 원이므로 2년 차에 경북권을 배치할 수 있다. 3년 차에는 경남권과 수도권이 겹치는데, 둘의 필요 예산만 합하여도 43억 원이 된다. 따라서 잔여 예산은 7억 원이므로 경북권을 배치할 수 없어 1년 차와 2년 차에 경북권 교체를 실시한다.

그러면 6년 차 중 잔여 예산을 고려하였을 때 전남권을 배치할 수 있는 기간은 4년 차와 5년 차뿐이고, 충북권의 전산시스템 교체가 시행될 수 있는 연차는 3년 차뿐이다.

19

정답 ④

제36조 제1항 제1호에 따르면, ④의 신규 투자는 총사업비는 1,000억 원을 초과하지만 당사 부담금액이 500억 원 미만이므로 투자심의위원회의 심의를 반드시 거칠 필요는 없다. 따라서 옳은 설명이다.

오답분석

① 제20조 제1항에 따르면 예산 운영계획안은 예산안과 동시에 수립한다.
② 제20조 제3항에 따르면 예산 운영계획은 공정거래위원장이 아닌 산업통상자원부장관에게 보고해야 한다.
③ 제23조 제2항에 따르면 탄력적 예산운영을 위해 예산을 조정할 수 있는 것은 예산운영부서가 아닌 예산관리부서이다.

20

정답 ②

영역별 감독분담금 산정 기준이 투입인력 60%, 영업수익 40%이므로 영업수익과 투입인력 모두 많은 영역이 감독분담금을 더 많이 산정받는다.

오답분석

① 각 영역의 감독분담금 정도를 모르면 알 수 없다.
③ 보험영역 총부채가 증가하더라도 개별 회사의 총부채나 영업수익에 따라 감독분담금은 달라진다.
④ 보험회사 B와 C의 영업이익을 모르면 알 수 없다.

21

정답 ④

자료에 따른 회사별 감독분담금 배분 기준은 다음과 같다.

- 은행·비은행 : (은행·비은행 총부채)×(영역별 분담요율)
- 금융투자 : (금융회사 총부채×영역별 요율1)+(금융회사 영업수익×영역별 요율2)
- 보험 : (보험회사 총부채×영역별 요율1)+(보험회사 보험료수입×영역별 요율2)

이에 따라 감독분담금을 산정하면 다음과 같다.

- A은행 : 100만 원×0.5=50만 원
- B금융투자 : (130만 원×0.3)+(40만 원×0.4)=55만 원
- C금융투자 : (150만 원×0.7)+(20만 원×0.2)=109만 원
- D보험 : (210만 원×0.9)+(75만 원×0.1)=196.5만 원

따라서 D보험이 감독분담금을 가장 많이 부담한다.

22

정답 ④

ㄱ. 제6조 1항에 따르면 A는 입찰금액의 1할에 해당하는 450만 원을 입찰보증금으로 납부하여야 한다. 또한 동항의 단서 조항에 따라 자기앞수표에 따른 추심료를 납부하여야 한다. 그런데 추심료는 1할을 납부하는 것이 아니라 해당 금액을 납부하는 것이므로 A가 입찰서와 함께 납부할 금액은 입찰보증금과 추심료 45+4=49만 원이다.
ㄷ. 제3조의 단서에 따르면 제1호부터 제3호까지의 경우, 해당 사실이 있은 후 2년이 경과되기 전까지는 입찰에 참가할 수 없다. C의 경우, 제2호에 해당하며 2년이 경과한 이후의 입찰이므로 참여 가능하다. 따라서 적절하지 않은 설명이다.
ㄹ. 제5조 1항에 따르면 2명 이상의 공동명의로 입찰에 참가하려는 경우, 대표자를 정하여 대표 한 명의 명의로 입찰서를 작성하는 것이 아니라, 연명으로 기명날인한 후 공동입찰자명부를 입찰서에 첨부하여야 한다. 따라서 적절하지 않은 설명이다.

오답분석

ㄴ. 제3조의 단서에 따르면 제1호부터 제3호까지의 경우만 해당 사실이 있은 후 2년이 경과되기 전까지는 입찰에 참가할 수 없다. 그리고 제4호와 제5호는 2년이 경과되어도 참여할 수 없다. 여기서 B는 제4호의 경우에 해당하므로 2년이 경과하여도 참가할 수 없다.

23

정답 ①

- 1,000kg 기준 총요금
  - A : 3,000+(200×1,000)+1,000+(2,500×450) =1,329,000원
  - B : 2,000+(150×1,000)+1,500+(3,500×350) =1,378,500원

– C : 2,500+(150×1,000)+1,500+(5,000×250)
=1,404,000원
– D : 1,000+(200×1,000)+2,500+(3,000×400)
=1,403,500원
– E : 0+(200×1,000)+2,000+(6,000×200)
=1,402,000원
따라서 1,000kg 기준 A지역이 가장 저렴하다.

- 2,000kg 기준 총요금
앞의 1,000kg 기준 총요금에서 늘어난 1,000kg에 대한 요금만 추가하여 계산한다.
– A : 1,329,000+(1,000×200)=1,529,000원
– B : 1,378,500+(1,000×150)=1,528,500원
– C : 1,404,000+(1,000×150)=1,554,000원
– D : 1,403,500+(1,000×200)=1,603,500원
– E : 1,402,000+(1,000×200)=1,602,000원
따라서 2,000kg 기준 B지역이 가장 저렴하다.

24

정답 ②

- 오늘 전액을 송금할 경우 원화 기준 숙박비용
: 13,000엔×2박×(1−0.1)×1,120원/100엔=262,080원
- 한 달 뒤 전액을 현찰로 지불할 경우 원화 기준 숙박비용
: 13,000엔×2박×1,010원/100엔=262,600원

따라서 오늘 전액을 송금하는 것이 520원 더 저렴하다.

25

정답 ④

- 예금과 적금 비교 : 예금과 적금 중에서 이자수익이 많은 것은 예금이다. 동일한 투자기간 동안 동일한 금액을 동일한 금리에 투자한다고 하더라도 예금의 이자수익이 더 많다. 그 이유는 예금의 경우 가입 시에 원금을 전액 투자하기 때문에 투자기간 동안 전액에 대한 이자가 발생하는 반면, 적금은 일반적으로 월 단위로 불입하여 불입한 금액에 대해서 각각의 투자기간에 대한 이자가 발생하기 때문이다.
∴ 행복예금, 가득예금>차곡적금
- 연복리와 월복리 비교 : 연복리와 월복리 중 동일한 금리일 때에는 월복리가 더 많은 이자수익을 얻을 수 있다. 100원을 1년에 6%로 투자하면 연복리의 경우 106원이 되는 반면, 월복리는 $100\times(1+6\%/12)^{12}=106.17$원이 된다. 즉, 월복리가 0.17원만큼 더 많은 이익이 발생하는 결과를 얻게 된다.
∴ 가득예금>행복예금

따라서 이자수익이 높은 순서대로 나열하면 '가득예금 – 행복예금 – 차곡적금'이다.

26

정답 ④

아버지의 자리가 결정되면 그 맞은편은 어머니 자리로 고정된다. 어머니와 아버지의 자리가 고정되므로 아버지의 자리를 고정 후 남은 4자리는 어떻게 앉아도 같아지는 경우가 생기지 않는다. 따라서 자리에 앉는 경우의 수는 4!=24가지이다.

27

정답 ④

첫 번째 날 또는 마지막 날에 총무부 소속 팀이 봉사활동을 하게 될 확률은 1에서 마케팅부 소속 팀이 첫 번째 날과 마지막 날에 봉사활동을 반드시 하는 확률을 뺀 것과 같다.

i) 마케팅부 소속 5팀과 총무부 소속 2팀을 첫 번째 날부터 마지막 날까지 배치하는 경우의 수는 $\frac{7!}{5!\times2!}=21$가지이다.

ii) 마케팅부 소속 5팀 중 첫 번째 날과 마지막 날에 봉사활동 할 팀을 배치하는 경우의 수는 두 번째 날부터 여섯 번째 날까지 마케팅부 소속 3팀과 총무부 소속 2팀을 배치하는 경우의 수와 같으므로 $\frac{5!}{3!\times2!}=10$가지이다.

따라서 첫 번째 날 또는 마지막 날에 총무부 소속 팀이 봉사활동을 하게 될 확률은 $1-\frac{10}{21}=\frac{11}{21}$이다.

28

정답 ③

농도 12% 소금물 600g에 들어있는 소금의 양은 600×0.12=72g이다. 이 상태에서 소금물을 xg 퍼내면 소금의 양은 $0.12(600-x)$g이 되고, 여기에 물을 xg 더 넣으면 소금물의 양은 $600-x+x=600$g이 된다. 이 혼합물과 농도 4%인 소금물을 섞어 농도 5.5%의 소금물 800g을 만들었으므로 농도 4%인 소금물의 양은 200g이 되고, 다음과 같은 식이 성립한다.

$$\frac{0.12\times(600-x)+(200\times0.04)}{600+200}\times100=5.5$$

$\rightarrow 80-0.12x=44$
$\rightarrow 0.12x=36$
$\therefore x=300$

따라서 처음에 퍼낸 소금물의 양은 300g이다.

29

정답 ②

매년 말에 일정 금액(x)을 n년 동안 일정한 이자율(r)로 은행에 적립하였을 때 금액의 합(S)은 다음과 같다.

$$S=\frac{x\{(1+r)^n-1\}}{r}$$

연이율 r은 10%이고, 복리 합인 S는 1억 원이므로

$$1=\frac{x\{(1.1)^{20}-1\}}{0.1}\rightarrow x=\frac{1\times0.1}{5.7}=\frac{1}{57}\fallingdotseq0.01754\cdots$$

만의 자리 미만은 버림한다고 하였으므로, 매년 말에 적립해야 하는 금액은 175만 원이다.

30

정답 ④

고객 불만족 비용을 반영한 가격 표는 다음과 같다.

구분	CPU	RAM	카메라모듈	액정
MOON사	30만 원	27만 원	15만 원	30만 원
SUN사	38만 원	25만 원	13만 원	38만 원
EARTH사	22만 원	23만 원	17만 원	34만 원

따라서 CPU와 RAM은 EARTH사, 카메라모듈은 SUN사, 액정은 MOON사를 선정하는 게 가장 효율적이다.

31

정답 ④

1월 대비 4월의 도입단가 증가율$=\frac{55-40}{40}\times100=37.5\%$

$37.5\div3=12.5$이므로 1월 대비 4월의 손해액은 $100\times12.5=1,250$억 달러이다.

32

정답 ④

아시아·태평양의 연도별 전년 대비 인터넷 이용자 수의 증가량은 다음과 같다.

- 2017년 : 872−726=146백만 명
- 2018년 : 988−872=116백만 명
- 2019년 : 1,124−988=136백만 명
- 2020년 : 1,229−1,124=105백만 명
- 2021년 : 1,366−1,229=137백만 명
- 2022년 : 1,506−1,366=140백만 명
- 2023년 : 1,724−1,506=218백만 명

따라서 전년 대비 아시아·태평양의 인터넷 이용자 수의 증가량이 가장 큰 해는 2023년이다.

오답분석

① 2016년 중동의 인터넷 이용자 수는 66백만 명이고, 2023년 중동의 인터넷 이용자 수는 161백만 명이다. 따라서 2023년 중동의 인터넷 이용자 수는 2016년에 비해 161−66=9천5백만 명이 늘었다.

② 2022년 대비 2023년에는 아메리카만 감소했다.

③ 2019년 아프리카의 인터넷 이용자 수는 124백만 명이고, 2023년 아프리카의 인터넷 이용자 수는 240백만 명이다. 따라서 2023년의 아프리카의 인터넷 이용자 수는 2019년에 비해 $240\div124\fallingdotseq1.9$배 증가했다.

33

정답 ①

2022년 대비 2023년 자동차 수출액의 증감률은 다음과 같다.

$\frac{650-713}{713}\times100\fallingdotseq-8.8\%$

따라서 자동차 수출액은 9% 이하로 감소했으므로 적절하지 않다.

오답분석

ㄱ. 연도별 전년 대비 자동차 생산량의 증가량을 구하면 다음과 같다.

- 2017년 : 4,272−3,513=759천 대
- 2018년 : 4,657−4,272=385천 대
- 2019년 : 4,562−4,657=−95천 대
- 2020년 : 4,521−4,562=−41천 대
- 2021년 : 4,524−4,521=3천 대
- 2022년 : 4,556−4,524=32천 대
- 2023년 : 4,229−4,556=−327천 대

따라서 전년 대비 자동차 생산량의 증가량이 가장 큰 해는 2017년이다.

ㄷ. 제시된 자료를 통해 자동차 수입액은 지속적으로 증가했음을 알 수 있다.

ㄹ. 2023년의 자동차 생산 대수 대비 내수 대수의 비율은 $\frac{1,600}{4,229}\times100\fallingdotseq37.8\%$이다.

34

정답 ③

2022년도에 이동한 총 인구수를 x천 명이라 하자.

$\frac{628}{x}\times100=14.4 \rightarrow x=\frac{62,800}{14.4}$

$\therefore x\fallingdotseq4,361$

따라서 총 인구수는 4,361천 명이다.

35

정답 ④

8월 이동률이 16% 이상인 연도는 2014년과 2016년이다.

오답분석

① 2022 ~ 2024년 동안 8월 이동자 평균 인원은 다음과 같다.

$\frac{628+592+566}{3}=\frac{1,786}{3}\fallingdotseq595$

따라서 해당 기간 8월 이동자 평균 인원은 약 595명이다.

② 8월 이동자가 700천 명 이상인 연도는 704천 명인 2016년이다.

③ 2024년 8월 이동률은 13%이다.

36

정답 ③

비밀번호 설정 규칙에 따르면 대문자 1개 이상을 반드시 넣어야 하는데 'qdfk#9685@21ck'에는 알파벳 대문자가 없다.

37

정답 ④

오답분석

① Im#S367 : 비밀번호가 7자로 8자 이상 설정하라는 규칙에 어긋난다.

② asDf#3689! : 'asDf'는 쿼티키보드에서 연속된 배열로 규칙에 어긋난다.

③ C8&hOUse100%ck : 'hOUse'는 특정 단어가 성립되므로 규칙에 어긋난다.

38

정답 ④

나머지를 구하는 %연산자를 이용하여 2로 나누었을 때 나머지가 0일 경우는 짝수, 1인 경우는 홀수이다. %연산자를 이용하면 해결할 수 있다.

39

정답 ③

a	n
$\frac{1}{128}$	3
$4\times\frac{1}{128}=\frac{1}{32}$	$2\times3+3=9$
$4\times\frac{1}{32}=\frac{1}{8}$	$2\times9+3=21$
$4\times\frac{1}{8}=\frac{1}{2}$	$2\times21+3=45$
$4\times\frac{1}{2}=2$	$2\times45+3=93$

$\therefore$ $2+93=95$

40

정답 ③

Y씨는 입사 평가 시험에서 84점을 받았고(→ YES), 업무 관련 경험이 1년 이상이지만(→ YES) 3년 미만이다(→ NO). 따라서 Y씨는 C코스로 배정받는다.

제2영역 직무수행능력

금융일반 – 객관식

01	02	03	04	05	06	07	08	09	10
③	①	①	④	④	①	①	②	②	①
11	12	13	14	15	16	17	18	19	20
②	④	③	④	①	④	①	③	②	②
21	22	23	24	25	26	27	28	29	30
②	③	①	③	②	④	①	③	②	③

01

정답 ③

보기에서 설명하고 있는 것은 마샬－러너조건으로 평가절하를 실시할 때, 경상수지가 개선되기 위해서는 양국의 수입수요의 가격탄력성의 합이 1보다 커야 한다는 조건이다. 마샬－러너조건은 환율변화가 경상수지에 미치는 영향을 보여주는 것으로 외환시장의 안정조건이라고도 한다.

• 유동성함정 : 자금 공급을 확대해도 투자와 소비가 늘지 않고, 사람들의 화폐 보유만 늘어나는 현상

02

정답 ①

ㄱ. 레온티에프형 효용함수는 항상 소비비율이 일정하게 유지되는 완전보완재적인 효용함수이므로, X재의 가격이 변화해도 소비량은 일정하게 유지된다. 따라서 대체효과는 0이다.

ㄴ. 효용극대화 모형을 풀면 다음과 같다.

$MAX\ U(x,y)=MIN[x,y]\ \ s.t.p_x x+p_x y=M$

여기에 효용극대화조건 $x=y$를 제약식에 대입하면

$x=\frac{M}{P_x+P_y}$, $y=\frac{M}{P_x+P_y}$ 이다.

$P_x=P_y=10$, $M=1{,}800$을 대입하면 $x=y=90$이고, $P_x=8$, $P_y=10$, $M=1{,}800$을 대입하면 $x=y=100$이므로, 소득효과는 10이다.

오답분석

ㄷ. 효용극대화점에서 효용함수가 ㄱ자형으로 꺾인 형태이기 때문에 한계대체율은 정의되지 않는다. 따라서 옳지 않다.

ㄹ. 소비비율이 일정하게 유지되는 특성으로 가격변화 시 두 재화의 소비방향은 항상 같은 방향으로 변화한다. 따라서 옳지 않다.

03

정답 ①

우선순위는 투자 또는 예산지원의 우선순위를 결정하기 위한 것이며, 수익성 요인으로 기업외부를 분석할 때 필요한 정보이다.

기능별 분석
가장 간단하게 기업내부를 분석할 수 있는 방법으로 생산 및 기술개발 기능, 인적자원 및 조직관리 기능, 마케팅 기능, 재무/회계 기능으로 나눌 수 있다.

04

정답 ④

판매는 제품과 돈을 교환하는 교환활동으로 볼 수 있으며, 마케팅은 다양한 전략을 활용하여 고객니즈를 충족시키는 창조활동으로 볼 수 있다.

오답분석

① · ② 판매는 제품의 판매촉진을 목표로 하며, 마케팅은 고객니즈를 충족하기 위한 통합마케팅을 목표로 한다.
③ 판매는 특정 고객을 대상으로 하는 경우가 많으나, 마케팅은 일반대중 등 잠재고객을 대상으로 폭넓게 진행하는 경우가 많다.

05

정답 ④

샐리의 법칙은 우연히도 자신에게 유리한 일만 계속 생기는 법칙을 일컫는다.

오답분석

① 줄리의 법칙 : 간절히 원하는 일은 언제가 이루어진다는 일종의 경험 법칙
② 머피의 법칙 : 대부분의 일이 안 좋은 쪽으로 발생하는 현상
③ 검퍼슨의 법칙 : 일어나지 말았으면 하는 일일수록 잘 일어나는 법칙

06

정답 ①

사모펀드는 창업 초기 및 초기 성장 단계 투자를 제외한 모든 형태의 상장(비상장)기업에 대한 투자를 지칭한다.

07

정답 ①

주가연계증권(ELS; Equity Linked Securities)은 특정 주권의 가격이나 주가지수의 수치에 연계한 증권으로 자산을 우량채권에 투자하여 원금을 보존하고 일부를 주가지수 옵션 등 금융파생 상품에 투자해 고수익을 노리는 금융상품이다. 2003년 증권거래법 시행령에 따라 상품화되었다.

오답분석

② 주식워런트증권(ELW; Equity Linked Warrant) : 당사자 일방의 의사표시 때문에 특정 주권의 가격 또는 주가지수의 변동과 연계하여 미리 약정된 방법에 따라 주권의 매매 또는 금전을 수수하는 권리가 부여된 증서
③ 주가지수연동예금(ELD; Equity Linked Deposit) : 수익이 주가지수의 변동에 연계해서 결정되는 은행판매예금
④ 상장지수펀드(ETF; Exchange Traded Funds) : 특정 지수를 모방한 포트폴리오를 구성하여 산출된 가격을 상장시킴으로써 주식처럼 자유롭게 거래되도록 설계된 지수 상품

08

정답 ②

기회비용이란 여러 가지 가능성 중 하나를 선택했을 때, 그 선택으로 인해 포기해야 하는 다른 선택의 가치로 명시적 비용과 암묵적 비용의 합으로 계산한다.
민정이가 영화를 선택함으로써 명시적 비용은 10,000원이고, 두 시간 동안 아르바이트를 하지 못했으므로 암묵적 비용은 $7,000\times2=14,000$원이다.
따라서 기회비용은 $10,000+14,000=24,000$원이다.

09

정답 ②

인플레이션이 발생하면 현금 자산을 가지고 있는 사람들은 손해를 보지만 물리적 자산(주식, 부동산)을 소유하고 있는 사람들은 자산의 가치가 상승할 것이기 때문에 이득을 보게 된다. 이미 누군가가 소유하고 있는 자산을 다른 사람들이 소유하기 위해서는 더 큰 액수의 돈을 지불해야 하기 때문이다.

10

정답 ①

예산의 배정이나 재배정 등은 예산 집행상의 재정통제를 위한 동기로 이용된다.

오답분석

② 총괄예산은 포괄적 지출을 허용하는 제도로서, 명세성의 원칙이 아니라 항의수를 줄여 의결함으로써 행정부의 재량의 여지를 많이 부여하는 의결방식이다.

11

정답 ②

지출통제예산제도는 항목별 구분을 없애고 총액에 대한 통제를 통해 집행부의 자율적 예산집행을 최대한 보장하려는 제도이다.

12

정답 ④

환매조건부채권은 은행이나 증권회사 등의 금융기관이 수신 금융상품의 하나로 고객에게 직접 판매하는 것도 있다.

13

정답 ③

DTI(Debt To Income)는 총부채상환비율로, 총소득에서 부채의 연간원리금 상환액이 차지하는 비율을 말한다.

14 정답 ④

A는 B보다 작사와 작곡 두 가지 모두 우월하다. 이와 같은 경우에 A는 작사와 작곡 모두 절대우위에 있다고 한다. B는 A에 비해 작사와 작곡 모두에 절대열위 상태이지만, B는 A에 비해 작곡이 작사보다 더 생산 기회비용이 높다. 이때 B는 작곡에 비교우위가 있다고 한다.

15 정답 ①

차이니즈월(Chinese Wall)은 중국의 만리장성을 뜻하며, 만리장성이 구획을 구분하는 견고한 벽인 것처럼 기업 내 정보교환을 철저히 금지하는 장치나 제도를 의미한다.

오답분석

② 해킹 방지 방화벽 : 허가받지 않은 컴퓨터 통신 사용자가 기업 내 통신망(LAN)에 뚫고 들어오는 것을 막기 위해 설치해 둔 소프트웨어나 장비

③ 열 차단벽 : 열을 차단하기 위한 내열 소재의 차폐막이나 문

④ 방화벽 : 기업이나 조직의 모든 정보가 컴퓨터에 저장되면서, 컴퓨터의 정보 보안을 위해 외부에서 내부, 내부에서 외부의 정보통신망에 불법으로 접근하는 것을 차단하는 시스템

16 정답 ④

한국은행의 주요 기능

- 효율적인 통화신용정책의 수립과 집행을 통하여 물가안정을 도모한다. 이를 위하여 공개시장조작정책, 재할인정책, 지급준비정책 등의 정책수단을 활용한다.
- 한국은행법이 정하는 바에 의하여 대한민국 내에서 은행권과 주화를 발행할 수 있는 유일한 발행기관이다.
- 금융기관으로부터 예금을 수입하고 이를 통해 금융기관 간의 자금결제를 완결하는 전통적인 기능을 수행함과 아울러 금융기관 간 거액자금거래를 전자자금이체방식에 의해 수시로 결정하는 한국은행 금융결제망을 구축·가동함으로써 지급결제제도의 중핵이 되고 있다.
- 제한적인 은행감독의 기능을 가지고 있다.
- 한국은행법 및 외국환거래법에 의한 외국환업무와 기획재정부 장관이 한국은행 총재에게 위탁한 외국환은행 외화자금 조달 및 운용에 관한 관리업무를 수행하며 국제금융기구와의 거래 및 교류 관련 업무도 수행하고 있다.
- 기타 한국은행은 국내외 경제상황을 분석·전망하고 정책제안 및 중장기 발전과제를 연구하는 한편, GDP, 국제수지, 자금순환, 수입·지출 등 국민계정과 통화금융, 물가, 기업경영 등 주요 통계를 편제하고 새로운 통계자료를 개발하고 있다.

17 정답 ①

한계효용이란 소비량이 한 단위 증가(감소)할 때 변화하는 총효용의 증가(감소)분을 말한다.

18 정답 ③

풋옵션을 매수한 사람은 시장에서 해당 상품이 사전에 정한 가격보다 낮은 가격에서 거래될 경우, 그 권리를 행사함으로써 비싼 값에 상품을 팔 수 있다. 그러나 해당 상품의 시장 가격이 사전에 정한 가격보다 높은 경우는 권리를 행사하지 않을 수도 있다.

19 정답 ②

오답분석

③ 현금성자산 : 현금을 단기적으로 운용하여 이익을 얻기 위해 투자한 것으로 현금과 거의 유사한 환금성을 갖는 자산

20 정답 ②

오답분석

① 서킷브레이커(Circuit Breakers) : 코스피 또는 코스닥지수가 전일 종가 대비 10% 이상 하락한 상태가 1분 이상 지속되면 모든 주식 거래를 20분간 정지하는 제도

③ 어닝쇼크(Earning Shock) : 기업이 실적을 발표할 때 시장에서 예상했던 것보다 저조한 실적을 발표하는 것

④ 양적완화 : 중앙은행이 통화를 시중에 직접 공급해 신용경색을 해소하고, 경기를 부양하는 통화정책

21 정답 ②

오답분석

① 니치마켓 : 적소(틈새)시장, 특정 분야의 소규모 시장

③ 블랙마켓 : 암시장으로, 넓은 의미로는 불법적인 거래가 이루어지는 시장

④ 오픈마켓 : 판매자와 구매자에게 모두 열려 있는 인터넷 중개몰(온라인 장터)

22 정답 ③

제시문에서 방송 사업을 운영하기 위한 주파수 이용은 배제가 불가능한 반면 경합적이라는 점에서 주파수는 공유 자원에 해당한다. 또한 방송 신호 간에 간섭이 발생하여 방송 신호가 제대로 수신되지 못했다는 사실은 방송국 간에 부정적인 외부효과가 발생하였음을 의미한다.

23 정답 ①

당좌예금은 은행이 예금자의 요구에 따라 예금액의 일부 또는 전부를 언제든지 지급할 것을 약속하는 예금으로서 지급 시에는 수표 또는 어음으로 발행하며, 언제든지 자유로이 찾을 수 있다. 일반적인 예금은 이자나 저축을 목적으로 하는 반면, 당좌예금은 자금의 보관이나 지급 위탁을 주목적으로 하며, 기업이 주로 이용한다.

오답분석

② 별단예금 : 금융기관이 업무처리 과정에서 발생한 미결제 또는 미정리된 보관금이나 예수금 등을 처리하기 위해 개설한 일시적이고 편의적인 계정
③ 실세예금 : 은행의 예금총액에서 은행이 가지고 있는 미결제의 어음, 수표 등을 제외한 나머지로, 은행이 대출과 유가증권 투자 등에 실제로 운용할 수 있는 예금액
④ 회전예금 : 정기예금이 가입 당시의 금리가 만기까지 적용되는 것을 보완한 것으로, 금리 상승 시 실세 금리를 적용하는 예금

24

정답 ③

횡선수표는 수표의 발행인 또는 소지인이 수표의 표면에 두 줄(2조)의 평행선을 그은 수표로, 은행 또는 지급인의 거래처에 대하여서만 지급을 할 수 있고, 은행은 다른 은행 또는 자기의 거래처에서만 횡선수표를 취득할 수 있으므로, 수표가 도난・분실된 때에도 부정한 소지인이 받을 위험을 방지할 수가 있다.

25

정답 ②

제시문은 파놉티콘(Panopticon)에 대해 설명하는 글이다. 파놉티콘은 1971년 영국의 철학자 제레미 벤담이 죄수를 효과적으로 감시할 목적으로 고안한 원형 감옥을 말한다.

26

정답 ④

금융기관들이 기업으로부터 매출채권 등을 매입하고, 이를 바탕으로 자금을 빌려주는 것은 팩터링(Factoring)에 대한 설명이다. 팩터링은 기업들이 상거래 대가로 현금 대신 받은 매출채권을 신속히 현금화하여 기업활동을 돕자는 취지로 도입되었다.

27

정답 ①

영국의 피치 IBCA, 미국의 무디스와 스탠더드 앤드 푸어스(S&P)가 세계 3대 국제신용평가기관이다. 이들 기관은 세계를 대상으로 채무상환능력 등을 종합평가해 국가별 등급을 발표하고 있다. 세계은행(World Bank)은 국제통화기금(IMF), 세계무역기구(WTO)와 함께 세계 3대 국제경제기구로 꼽힌다.

28

정답 ③

오답분석

① 헤지펀드 : 소수의 투자자로부터 자금을 모집하여 투자하여 수익을 달성하는 사모펀드의 일종
② 주가연계증권 : 개별 주식의 가격 혹은 주가지수에 연계되어 투자 수익이 결정되는 유가증권
④ 랩어카운트 : 자산운용과 관련된 여러 가지 서비스를 종합하여 제공하고, 고객재산에 대해 자산구성・운용・투자자문까지 통합적으로 관리하는 서비스

29

정답 ②

ㄱ. 제시된 경제 현상은 물가의 변동으로 인해 소득의 실질가치는 변하지 않아도, 명목임금이 증가했을 때, 소득이 상승했다고 인식하는 화폐환상에 대한 내용이다.
ㄷ. 케인스학파는 물가하락으로 인해 명목임금이 하락하더라도 실질임금이 유지되나, 화폐환상으로 인해 근로자들이 이를 인지하지 못하고, 명목임금의 하방경직성에 따라 명목임금이 실업 발생 이전 수준을 유지하게 되므로 노동 수요가 증가하지 못해 실업이 자연 해소되지 않는다고 보았다. 케인스학파는 이를 토대로 정부개입의 필요성을 주장하였다.

오답분석

ㄴ. 화폐환상은 물가의 상승으로 인해 명목임금이 상승하였더라도 명목임금을 물가로 나눈 실질임금이 상승하지 않았지만, 명목임금의 상승만을 근거로 임금이 올랐다고 인식하는 현상을 가리킨다. 명목임금상승률과 물가상승률의 차이가 크더라도, 명목임금상승률이 더 높은 경우에는 실질임금이 상승한 것이므로 화폐환상에 해당하지 않는다.

30

정답 ③

시장모형에서 개별자산의 총위험은 표준편차(σ_i)의 제곱, 즉 분산[$Var(R_i)$]의 형태로 표시한다. 주식 A의 총위험[$Var(R_A)$]은 다음과 같이 체계적 위험과 비체계적 위험으로 구분할 수 있다.

총위험	=	체계적 위험	+	비체계적 위험
$Var(R_A)$	=	$\beta_A^2 Var(R_m)$	+	$Var(e_A)$

주식 A의 체계적 위험은 위 식의 $\beta_A^2 Var(R_m)$에 해당하여, 주식 A 베타의 제곱에 시장포트폴리오의 분산을 곱한 값으로 계산된다. 그리고 총위험과 체계적 위험의 차이는 비체계적 위험으로서, 이를 잔차분산($Var(e_A)$)이라고 한다.

문제에서 시장포트폴리오(m)와 주식 A의 표준편차 그리고 주식 A의 비체계적 위험이 제시되었으므로, 위 식을 이용하여 주식 A의 베타를 구할 수 있다.

총위험	=	체계적 위험	+	비체계적 위험
0.5^2	=	$\beta_A^2 \times 0.2^2$	+	0.09

$\therefore \beta_A = 2$

금융일반 - 주관식

01	02	03	04	05
11	㉡, ㉢	3,000	35	1,050

01
정답 11

- 당기법인세={490,000(회계이익)+125,000(감가상각비한도초과액)+60,000(접대비한도초과액)−25,000(미수이자)}×20%=130,000원
- 이연법인세자산=125,000(감가상각비한도초과액)×20%=25,000원
- 이연법인세부채=25,000(미수이자)×20%=5,000원
- 법인세비용=130,000+5,000−25,000=110,000원

02
정답 ㉡, ㉢

오답분석

㉠ 최저가격제란 공급자를 보호하기 위하여 시장가격보다 높은 수준에서 최저가격을 설정하는 규제를 말한다.
㉣ 최저가격제를 실시하면 소비자의 지불가격이 높아져 소비자는 소비량을 감소시키기 때문에 초과공급이 발생하고 실업, 재고 누적 등의 부작용이 발생한다.
㉤ 아파트 분양가격, 임대료, 금리, 공공요금 등을 통제하기 위해 사용되는 규제방법은 최고가격제이다.

03
정답 3,000

술 한 병당 3천 원의 건강세가 부과되어 가격이 6천 원으로 상승할 경우 A는 술 구입을 포기하지만, B는 여전히 술을 구입할 것이다. 따라서 세금이 부과된 이후 A, B의 하루 술 소비량은 한 병이므로 정부가 이로부터 얻는 조세수입은 3천 원이다.

04
정답 35

상금의 기대치는 (0.5×100)+{0.5×(−20)}=50−10=40만 원이나, 대회 참가비용으로 5만 원을 지불해야 하므로 기대소득은 35만 원이 된다. 이때, 기대소득과 기대효용이 같으므로 기대효용도 35만 원이 된다.

05
정답 1,050

이자율평가는 국가 간 자본의 이동이 자유로운 경우 국제 자본거래에서 이자율과 환율 간의 관계를 나타내는 것으로, 다음과 같이 구할 수 있다.

$$(\text{국내금리})=(\text{외국금리})+\frac{(\text{미래환율})-(\text{현재환율})}{(\text{현재환율})}$$

$$0.05=\frac{(\text{미래환율})-(\text{현재환율})}{(\text{현재환율})}=\frac{(\text{미래환율})-1{,}000}{1{,}000}$$

→ (미래환율)=1,050

따라서 예상되는 1년 후 환율은 1,050원이다.

디지털 - 객관식

01	02	03	04	05	06	07	08	09	10
④	③	①	③	①	①	①	④	③	②
11	12	13	14	15	16	17	18	19	20
④	①	②	③	①	①	④	④	④	③
21	22	23	24	25	26	27	28	29	30
③	②	④	②	③	④	④	②	③	④

01
정답 ④

분산 처리 시스템은 네트워크를 통해 분산되어 있는 것들을 동시에 처리하는 것으로 분산 시스템에 구성 요소를 추가하거나 삭제할 수 있다.

02
정답 ③

인덱스는 색인으로 레코드를 추가하거나 변경했을 때 자동으로 업데이트가 된다.

03
정답 ①

데이터그램 방식은 패킷교환 방식의 한 종류로, 연결 경로를 확립하지 않고 순서에 무관하게 독립적으로 전송하는 방식이다. 이 방식은 패킷수가 적을 때 유리하며 융통성과 신뢰성이 높다.

04
정답 ③

오답분석

① RS-232C, X.21 : 물리 계층에 해당한다.
② HDLC, BSC, PPP : 데이터 링크 계층에 해당한다.
④ TCP, UDP : 전송 계층에 해당한다.

05
정답 ①

통계적 시분할 다중화 방식은 전송할 데이터가 없는 경우에도 채널이 할당되는 동기식 시분할 다중화 방식의 문제점인 전송 효율의 감소를 방지하기 위해서 타임 슬롯을 동적으로 할당하여 전송할 데이터가 있는 터미널만 채널을 사용할 수 있도록 하는 방식이다.

오답분석

② 주파수 분할 다중화 : 전송 매체를 서로 다른 주파수 대역으로 구분되는 채널(Channel)로 분할하여 각각의 정보를 해당 주파수 대역의 전송파로 변환하여 전송하는 방식이다.
④ 광파장 분할 다중화 : 다른 곳에서 온 여러 종류의 데이터를 하나의 광섬유에 함께 싣는 기술로서, 통신 용량과 속도를 향상시켜 주는 광전송 방식이다.

06
정답 ①

오답분석

② 분리 수행 처리기 : Master / Slave 처리기의 비대칭성 구조를 보완한 방식으로 한 프로세서의 장애는 전체 시스템에 영향을 주지 못한다.
③ 대칭적 처리기 : 분리 수행 처리기의 구조 문제를 보완한 방식으로 여러 프로세서들이 하나의 운영체제를 공유한다.
④ 다중 처리기 : 여러 프로세서가 한 운영체제에서 하나의 공유 메모리를 사용하는 방식으로 여러 개의 처리기를 사용하므로 처리 속도가 빠르다.

07
정답 ①

파일 디스크립터는 파일 시스템이 관리하므로 사용자가 직접 참조할 수 없다.

08
정답 ④

색인 순차 파일은 기본 영역, 색인 영역, 오버플로 영역으로 구분된다.

09
정답 ③

직접 파일(Direct File)은 레코드 접근 시 레코드에 보관되어 있는 주소를 직접 접근하는 형태로 어떤 블록도 직접 접근할 수 있으며, 판독이나 기록 순서에 제약이 없다.

10
정답 ②

SSTF(Shortest Seek Time First)는 탐색 거리가 가장 짧은 트랙에 대한 요청을 먼저 서비스하는 기법이다. 따라서 SSTF 이동 순서는 28 → 40 → 42 → 14 → 6 → 73 → 97 → 99 → 158이고, 총 이동 거리는 12+2+28+8+67+24+2+59=202이다.

11
정답 ④

SELECT [ALL / DISTINCT] 속성 FROM 테이블명(릴레이션) [WHERE] 조건식

12
정답 ①

DROP은 스키마, 도메인, 테이블, 뷰, 인덱스의 전체 제거 시 사용한다.

오답분석

② DELETE : 테이블 내의 레코드를 삭제

13
정답 ②

데이터베이스 정규화는 관계형 데이터베이스를 설계할 때, 중복을 최소화하도록 데이터를 구조화하는 작업이다. 정규화는 이상 값을 제거하기 위해 실시한다.

14
정답 ③

널(NULL)은 '없다'는 의미로 0(Zero)을 의미하지 않는다. 0은 0이라는 값을 의미하기 때문이다.

15
정답 ①

기본 키로 선택된 속성은 중복되면 안 되고, 정의되지 않은 값(NULL)이 있어서도 안 된다. 그러므로 '성명'을 기본 키로 하게 되면 동명이인이 존재하는 경우 동일 값이 존재할 수 없는 기본 키의 전제 조건을 어기게 된다.

16
정답 ①

데이터베이스 설계 단계

1) 요구 조건 분석 : 데이터베이스 범위, 요구 조건 명세서, 데이터 활용에 대한 정보 수집과 변환을 하는 단계이다.
2) 개념적 설계 : 개념 스키마, 트랜잭션 모델링, E – R 모델 등을 수행하는 단계이다.
3) 논리적 설계 : 목표 DBMS에 맞는(종속적인) 스키마를 설계하는 단계이다.
4) 물리적 설계 : 목표 DBMS에 맞는 물리적 구조의 데이터로 변환하는 단계이다.
5) 구현 : 목표 DBMS의 DDL로 데이터베이스를 생성하는 단계이다.

17
정답 ④

데이터 제어어(DCL)는 데이터를 보호하고 데이터를 관리하는 목적으로 사용되며, 데이터베이스를 공용하기 위한 데이터 제어를 정의하고 기술하는 언어이다.

18
정답 ④

코덱(Codec)은 아날로그 데이터를 디지털로 저장 후 아날로그로 재생하는 기술 또는 장치이다. 주로 음성이나 동영상을 저장하고, 재생하는 데 이용된다.

19
정답 ④

- XML : 웹에서 애플리케이션에 데이터 교환이 가능하도록 하는 표준 언어로 HTML과 SGML의 장점을 결합하여 만든 언어이다.
- SGML : 다양한 형태의 멀티미디어 문서들을 원활하게 교환할 수 있도록 제정한 국제 표준 언어이다.

20 정답 ③

Java 언어는 객체 지향 언어로 추상화, 상속화, 다형성과 같은 특징을 가지며, 특정 컴퓨터 구조와 무관한 가상 바이트 머신 코드를 사용하므로 플랫폼이 독립적이다.

가상 바이트 머신 코드
바이트 코드를 해석하여 실행하는 소프트웨어를 자바 가상 머신이라고 하며, 이러한 소프트웨어가 설치된 경우 운영체제와 상관없이 자바 프로그램의 실행이 가능하다.

21 정답 ③

패킷교환의 경우 독점선로인 서킷스위칭과 달리 회선 오류 발생 시 다른 경로로 전송이 가능하다.

22 정답 ②

IP(Internet Protocol) 데이터그램 구조에는 버전, 헤더길이, 서비스유형(TOS), 전체 길이, 식별(Identification), 플래그옵셋, 수명시간, 프로토콜, 헤더검사, 목적지 주소, 발신지 주소 등이 포함된다.

23 정답 ④

TCP / IP는 OSI 계층 구조에서 총 4개의 계층(링크 계층, 인터넷 계층, 전송 계층, 응용 계층)으로 이루어진다.

24 정답 ②

근거리 통신망(LAN)은 건물, 기업, 학교 등 비교적 가까운 거리에 있는 컴퓨터들끼리 연결하는 통신망으로 전송 거리가 짧아 전송로의 비용이 부담되지 않고 수 km 범위 이내의 지역으로 한정되므로 거리에 제한이 있다.

25 정답 ③

물리 계층은 통신 회선, 채널 등과 같이 시스템 간에 정보 교환을 위한 전기적인 통신 매체로 전화선이나 동축 케이블 등의 물리적 특성을 관리한다.

26 정답 ④

한 bit가 한 개의 신호 단위인 경우 baud와 bps는 같게 되므로 1,200[baud]는 1,200[bps]가 된다. 그런데 1,200[bps]는 초당 1,200개의 신호를 전송하므로 한 개의 신호를 전송하기 위한 시간은 T=1/B=1/1,200[sec]가 된다.

27 정답 ④

멀티 포인트 회선에서 회선 경쟁 제어를 하면 여러 회선이 한 분기점에서 분리되므로 트래픽이 많은 멀티 포인트 회선 네트워크에서는 비효율적이다.

28 정답 ②

회선(전송) 제어 5단계 절차

1) 회선 접속 : 송・수신 간 물리적 경로 확보
2) 데이터 링크 확립 : 송・수신 간 논리적 경로 확보
3) 데이터 전송 : 오류, 순서를 확인하면서 데이터 전송
4) 데이터 링크 해제 : 설정된 논리 경로 절단
5) 회선 절단 : 송・수신 간 물리적인 경로 절단

29 정답 ③

전이중(Full-Duplex) 통신은 양방향으로 동시에 정보 전송이 가능한 방식으로 반이중 통신에 비해 전송 효율은 좋으나 회선 비용이 많이 소요된다. 또한, 전화기처럼 전송량이 많고, 통신 회선의 용량이 클 때 사용된다.

30 정답 ④

오답분석

① 중계기를 사용함으로써 신호의 왜곡과 잡음 등을 줄일 수 있다.
② 아날로그 전송보다 많은 대역폭을 필요로 한다.
③ 가격이 점차 저렴해지고 있다.

디지털 - 주관식				
01	02	03	04	05
㉡	㉡, ㉠	10	−1	20

01
정답 ㉡

유지 보수(Maintenance)의 유형
- 수정 보수(Corrective Maintenance)
- 완전화 보수(Perfective Maintenance)
- 적응 보수(Adaptive Maintenance)
- 예방 보수(Preventive Maintenance)

02
정답 ㉡, ㉠

A는 C언어이고, B는 Java이다.

오답분석

㉢ PHP(Hypertext Preprocessor) : 동적으로 HTML 데이터를 생성하여 동적 웹페이지를 제공하는 것을 주된 목적으로 하는 서버 측 스크립트 언어이자 범용 프로그래밍 언어

㉣ 스크립트(Script) : 컴퓨터 프로세서나 컴파일러가 아닌 다른 프로그램에 의해 번역되고 수행되는 명령문의 집합

㉤ SQL(Structured Query Language) : 데이터베이스에 접근할 수 있는 데이터베이스 하부 언어

㉥ 아키텍처(Architecture) : 컴퓨터 시스템 전체의 설계 방식

㉦ 넷스케이프(Netscape) : 월드 와이드 웹에서 정보를 검색하는 브라우저

03
정답 10

화면의 문장을 출력하는 print로 50을 5로 나누므로 10이 출력된다.

04
정답 −1

#define 선행처리 지시문에 인수로 함수의 정의를 전달함으로써 함수처럼 동작하는 매크로를 만든다. SUB(a,b)와 PRT(c)의 매크로 함수를 정의한다.

SUB(a)에는 a1인 1값을 사용하고, SBU(b)에는 a2인 2값을 사용한다. 결과는 1−2의 값으로 −1 result에 저장된다. PRT(c)에는 result값이 나오므로 −1이 출력된다.

05
정답 20

제시된 연산자는 두 개의 토큰을 하나의 토큰으로 결합해 주는 선행처리기 연산자다. 이 연산자는 함수 같은 매크로뿐만 아니라 객체 같은 매크로의 대체 리스트에도 사용할 수 있다. 이 연산자를 사용하면 변수나 함수의 이름을 프로그램의 런타임에 정의할 수 있다. XN(n)이라는 매크로 함수를 사용하여 변수의 이름을 저장하므로 XN(2)에는 20이 저장되어 있다. 따라서 x2에 저장되어 있는 20이 출력된다.